Enunciação e gramática

Conselho Acadêmico
Ataliba Teixeira de Castilho
Carlos Eduardo Lins da Silva
Carlos Fico
Jaime Cordeiro
José Luiz Fiorin
Tania Regina de Luca

Proibida a reprodução total ou parcial em qualquer mídia
sem a autorização escrita da editora.
Os infratores estão sujeitos às penas da lei.

A Editora não é responsável pelo conteúdo deste livro.
Os Autores conhecem os fatos narrados, pelos quais são responsáveis,
assim como se responsabilizam pelos juízos emitidos.

Consulte nosso catálogo completo e últimos lançamentos em **www.editoracontexto.com.br**.

Valdir do Nascimento Flores
Silvana Silva
Sônia Lichtenberg
Thaís Weigert

Enunciação e gramática

Copyright © 2008 dos Autores

Todos os direitos desta edição reservados à
Editora Contexto (Editora Pinsky Ltda.)

Capa e diagramação
Gustavo S. Vilas Boas

Revisão
Os autores
Daniela Marini Iwamoto

Dados Internacionais de Catalogação na Publicação (CIP)
(Câmara Brasileira do Livro, SP, Brasil)

Enunciação e gramática / Valdir do Nascimento
Flores...[et al.]. – 2. ed., 1ª reimpressão. – São Paulo :
Contexto, 2023.

Outros autores: Silvana Silva, Sônia
Lichtenberg, Thaís Weigert
Bibliografia
ISBN 978-85-7244-405-7

1. Análise do discurso 2. Gramática 3. Linguística
I. Flores, Valdir do Nascimento. II. Silva, Silvana.
III. Lichtenberg, Sônia. IV. Weigert, Thaís.

08-05073   CDD-401.41

Índices para catálogo sistemático:
1. Enunciação : Discurso : Linguística   401.41
2. Estudos enunciativos : Discurso : Linguística   401.41

2023

Editora Contexto
Diretor editorial: *Jaime Pinsky*

Rua Dr. José Elias, 520 – Alto da Lapa
05083-030 – São Paulo – SP
PABX: (11) 3832 5838
contato@editoracontexto.com.br
www.editoracontexto.com.br

*Os poetas sempre souberam da rebeldia da palavra, de sua
"resistência" em colocar-se sob o domínio daquele que a
utiliza: ela diz mais ou diz menos, diz outra coisa; ela não cessa
de produzir sentidos através do tempo, sentidos esses nunca
acabados, jamais detidos. Se, de um lado, não se pode realizar
uma fala "satisfatória", de outro lado, a palavra "justa" insiste
em se dizer e é para encontrá-la que seguimos falando.*

Marlene Teixeira,
Psicanálise e análise do discurso.

Sumário

APRESENTAÇÃO 9

A PERSPECTIVA ENUNCIATIVA DE ESTUDO DA LINGUAGEM 13

Os fundamentos epistemológicos do campo da enunciação 13

A heterogeneidade do campo 29

O quadro geral do campo da Linguística da Enunciação 32

O lugar da descrição linguística nos estudos enunciativos 36

Aspectos metodológicos gerais da análise enunciativa 38

O lugar de Benveniste no campo da enunciação 42

UMA LINGUÍSTICA DA ENUNCIAÇÃO 49

O quadro da enunciação 50

O quadro da língua 57

A língua em funcionamento..67

Linguística da Enunciação:

a unidade, o objeto, a noção fundante 73

ANÁLISES DA SUBJETIVIDADE NA LÍNGUA 77

Análises linguísticas do pronome....................................77

Análises linguísticas do verbo 80

Apontamentos para a análise de outras categorias linguísticas 90

A FRASE NOMINAL NA TEORIA DA ENUNCIAÇÃO.........................93

Corpus e método de análise da frase nominal 93

A frase nominal pelos olhos de Benveniste 94

A viabilidade de uma análise enunciativa da não pessoa 101

OS INDEFINIDOS SUBMETIDOS À ENUNCIAÇÃO.........................105

Os indefinidos: expressão de sentidos...105

Os indefinidos: a descrição de seu funcionamento......................106

Observações sobre usos de indefinidos 127

AS PREPOSIÇÕES: ESTUDO ENUNCIATIVO 133

Unidade e metodologia de análise...133

Corpus de análise 135

Análises individuais das preposições 136

Análises comparativas da preposição..149

Consequências descritivas e teóricas...159

ENUNCIAÇÃO E ASPECTO VERBAL 161

Antecedentes da questão..161

Das questões fundamentais sobre as categorias
tempo e aspecto e sua relação com a dêixis.........................162

Sobre a noção de dêixis e sua relação com o aspecto..................164

A análise enunciativa do aspecto verbal......................................166

Considerações sobre o uso da categoria aspecto.........................177

ENUNCIAÇÃO E O ENSINO DE LÍNGUA PORTUGUESA 179

BIBLIOGRAFIA...183

OS AUTORES 189

Apresentação

Enunciação e gramática contempla dois aspectos do estudo da linguagem: o *uso* e sua *organização* em uma dada situação espaçotemporal e com relação ao sujeito que enuncia. Os termos – enunciação e gramática – são circunscritos teoricamente e definidos considerando-se objetivos e finalidades de uso, o que é feito, em grande parte, no escopo da teoria enunciativa de Émile Benveniste em *Problemas de linguística geral I* e *Problemas de linguística geral II*.

Esta teoria e outras do campo da enunciação têm sido estudadas por nós há algum tempo. Há mais de dez anos, o Grupo de Estudos Enunciativos da Linguagem (GEEL), sediado na Universidade Federal do Rio Grande do Sul (UFRGS), que reúne pesquisadores de diferentes instituições, vem lendo detidamente a obra de Émile Benveniste com o propósito de desenvolver princípios teórico-metodológicos de descrição da língua portuguesa pelo viés enunciativo. Os resultados deste trabalho são verificáveis na produção de teses, dissertações, livros, artigos etc.

O livro *Introdução à linguística da enunciação*, de Valdir do Nascimento Flores e Marlene Teixeira, publicado pela Editora Contexto – produção divulgada ao público –, apresenta algumas das principais teorias enunciativas da atualidade e fundamenta a existência de uma unidade constituída por diferentes teorias: fala-se em teorias da enunciação (no plural) e em linguística da enunciação (no singular). Estabelece-se no livro a hipótese de que há várias teorias da enunciação – representadas pelos trabalhos (totais ou parciais) de Charles Bally, Roman Jakobson, Émile Benveniste, Oswald Ducrot, Jacqueline Authier-Revuz, Antoine Culioli, Kerbrat-Orecchioni, entre outros –, reunidas a partir de alguns traços comuns, de tal forma que se pode pensar em um objeto próprio a uma linguística.

Enunciação e gramática parte da hipótese formulada em Flores e Teixeira, e seu objetivo primeiro é o de apresentar a um público maior, e em linguagem simples, alguns aspectos da Teoria da Enunciação de Émile Benveniste e sua consequente aplicação à língua portuguesa. Pode, portanto, também ser visto como uma introdução à leitura de Benveniste.

Há também um segundo objetivo que é o de divulgar o conjunto dos trabalhos de pesquisa desenvolvidos pelo GEEL. Ora, sabemos que muito se tem discutido em torno das relações entre o uso da linguagem e gramática, no entanto são ainda escassos os materiais que, para além dos bancos acadêmicos, estão ao alcance dos professores de língua materna. Este livro foi gerado no âmago da universidade e dirige-se especialmente aos professores dos níveis médio e superior, trazendo uma série de práticas de análise da linguagem e refletindo teoricamente sobre as decisões metodológicas tomadas. Além destes leitores, devem se interessar pelo que é aqui apresentado os estudantes de graduação e de pós-graduação da área de Letras.

Sobre a Teoria da Enunciação de Émile Benveniste, cabe lembrar que ela foi lida pela Linguística brasileira de maneira singular. No final da década de 1970, surgem no Brasil numerosas publicações que recorrem, direta ou indiretamente, ao nome de Benveniste. Os autores veem em Benveniste a possibilidade de abordar aspectos referentes à subjetividade na linguagem. Para tanto, recorrem, em especial, aos estudos do verbo e dos pronomes, ambos constantes em textos clássicos do linguista.

Este é um tempo de renovação. A boa nova é que a língua pode, e deve, ser estudada com relação ao uso que o sujeito dela faz. Os efeitos deste princípio são sentidos tanto na descrição linguística quanto na pedagogia da língua. A Teoria da Enunciação exerceu papel importante no movimento de abertura da Linguística brasileira às teorias do uso da linguagem, no entanto recebeu severas críticas de determinadas correntes dos estudos da linguagem, principalmente quanto ao tema da subjetividade, entendida, naquela época, como psicológica, solipsista e egocêntrica. No Brasil, as teorias da enunciação, em geral, e a de Benveniste, em particular, começaram a ser tratadas ou como uma fase, ultra-passada, da história dos estudos linguísticos, ou como exemplo de concepção de sujeito a ser rechaçada, uma avaliação que em nenhum momento mediu o potencial descritivo de teorias como a de Charles Bally, a de Émile Benveniste, a de Antoine Culioli e a de Claude Hagège, apenas para citar algumas.

Em outras palavras, o campo da enunciação não obteve por parte da linguística brasileira mais que uma atenção paralela, embora existam exceções.

Por isso, no Brasil, os estudos em torno de Émile Benveniste, apesar de o autor estar constantemente presente como fonte bibliográfica na literatura especializada, não receberam tratamento sistematizado. Percebe-se, na verdade, a incorporação de parte das reflexões do autor em um domínio outro: Linguística do Texto, Pragmática, Análise do Discurso etc.

Há, portanto, em nossa opinião, lacuna considerável quanto à aplicação dos estudos da enunciação à descrição do português. Este livro contribui para a supressão dessa lacuna. Para tanto, está organizado em duas grandes partes: uma geral, outra específica.

- Geral: em que é apresentado o campo da Linguística da Enunciação, seus principais autores, os fundamentos epistemológicos, bem como seu lugar em relação aos outros estudos da linguagem. Situamos, também, a teoria de Émile Benveniste no conjunto dos estudos da enunciação. Integra esta parte o primeiro capítulo "A perspectiva enunciativa de estudo da linguagem";

- Específica: em que são apresentados os aspectos teórico-metodológicos referentes à perspectiva linguística benvenistiana. Integram esta parte os demais capítulos do livro.

Alguns esclarecimentos devem ser feitos:

- O estudo da linguagem do ponto de vista enunciativo contempla o *uso* relativo a tempo, espaço e sujeito da enunciação e a consideração de que enunciar é um ato singular de utilização da língua e como tal deve ser analisado;

- O termo *gramática,* cujo sentido não é o dos compêndios da tradição gramatical, nem o que recebe de teorias formalistas, nem mesmo de teorias outras (funcionalistas, variacionistas etc.) comprometidas com o estudo do uso da linguagem será abordado no capítulo "A perspectiva enunciativa de estudo da linguagem";

- Os capítulos de análise linguística têm o valor de ser uma representação das possibilidades de análise que se abrem a partir da consideração à enunciação. Mostram-se os procedimentos implicados neste tipo de análise sem que se esgotem todas as possibilidades, pois se a enunciação é única, única também é análise que dela se faz. A relação enunciação/gramática, como veremos, retém, na análise que faz, o processo de marcação da enunciação no produto, o enunciado.

Finalmente, necessário se faz registrar que, com este livro, esperamos impulsionar a pesquisa na área da Linguística da Enunciação no Brasil.

A perspectiva enunciativa de estudo da linguagem

O objetivo deste capítulo é apresentar, em linhas gerais, o campo[1] dos estudos da enunciação, enfocando os fundamentos epistemológicos, os principais autores e alguns conceitos fundantes.[2] É também situar a teoria de Émile Benveniste com relação às diferentes teorias da enunciação, além de referir os princípios metodológicos sobre os quais os demais capítulos estão alicerçados.

Os fundamentos epistemológicos do campo da enunciação

Fuchs (1985) considera que a enunciação é herdeira, numa ordem decrescente de importância, da Retórica, da Gramática e, mesmo que em pequena parcela, da Lógica.

A Retórica, diz a autora, "[...] se sustenta, enquanto princípio, na consideração daquilo que chamamos hoje 'a situação de enunciação'" (1985: 112), pois as três grandes partes da Retórica – elocução, provas e disposição – assentam-se sobre a seguinte distinção: aquele que fala, o assunto sobre o qual se fala e aquele a quem se fala.

Na Gramática, em que se encontra o estabelecimento das regras da língua mais do que mecanismos de produção do discurso, lembra Fuchs, é possível verificar a existência de fenômenos enunciativos em alguns pontos específicos. Por exemplo, o fenômeno da dêixis, o das modalidades – este associado à Lógica – e a problemática do sujeito.

A dêixis,[3] que se configuraria como a pedra de toque de toda a reflexão enunciativa – os *shifters* em Roman Jakobson e os *indicadores de subjetividade*

14 Enunciação e gramática

em Benveniste –,[4] ocupou a Gramática,[5] em especial, as partes dedicadas ao estudo dos pronomes e da categoria de pessoa no verbo e no pronome.

As modalidades[6] são abordadas na Gramática, em uma vertente lógico-gramatical: nos estudos dos estoicos, quando distinguem "a asserção, o endereçamento, o pedido-desejo, a interrogação e a ordem" (1985: 114); nas reflexões de Varrão, quando fala de três tipos de ações (pensar, dizer e fazer); na Idade Média, quando os teóricos analisam, na proposição, o *modus* e o *dictum*.

Quanto ao sujeito, Fuchs (1985) afirma que a tradição gramatical não opera com a separação entre o sujeito e a língua, nem mesmo com a separação entre a língua e o discurso. Ao contrário, muitas vezes de modo intuitivo, faz apelo ao sujeito para analisar certas construções linguísticas. É o caso da análise feita, na *Gramática de Port-Royal,* da ambiguidade da proposição complexa *Todos os filósofos nos afirmam que as coisas que têm peso tombam por si mesmas.* Sobre esta proposição, cabe indagar: qual é o julgamento principal? Qual é o incidental? Segundo Fuchs, esta diferença é remetida, na *Gramática,* à intenção de quem a pronuncia.[7]

Fuchs refere os autores dedicados à enunciação em que os fenômenos antes listados são encontrados. Além dos já lembrados *shifters* e os *indicadores de subjetividade*, há a distinção *modus/dictum* retomada por Charles Bally, as modalidades desenvolvidas por Antoine Culioli, a análise do verbo de Gustave Guillaume, entre outros.

Para Fuchs, em se tratando de lógica, os postulados da Lógica clássica são antienunciativos, devido principalmente ao privilégio do ponto de vista extensional – "primazia da asserção sobre as outras modalidades, cálculo das expressões em termos de valores de verdade, a atenção dada à denotação das expressões, à função referencial, à transparência da linguagem" (1985: 116) – e à independência entre sintaxe, semântica e pragmática. A autora, entretanto, considera que as semânticas intensionais, que distinguem sentido e referência, quando se dedicam ao estudo do sentido em fenômenos como os de sinonímia ou como os de opacidade, por exemplo, delimitam um problema de pesquisa que pode ser estudado tanto por um viés lógico quanto por um viés enunciativo. Finalmente, Fuchs fundamenta uma proximidade entre os estudos enunciativos e os da Filosofia ordinária a partir das conferências de John Langshaw Austin, sobretudo com as noções de performativo e ilocucional.

A *Encyclopédie Philosophique Universelle* (1990),[8] no verbete *énonciation*, diz que a abordagem enunciativa em Linguística supõe uma relação essencial entre a *língua* e a *fala*, sendo a primeira um resultado social dos atos individuais de enunciação que são renovados a cada enunciação. A exemplo do que faz Fuchs, a *Encyclopédie* também remete as origens da enunciação à Retórica, especialmente, quanto à ligação entre o que é dito e a situação particular na qual o dito ocorre.

No campo da Linguística, a *Encyclopédie* remete a origem de uma abordagem enunciativa ao filólogo e historiador francês Ernest Renan (1823-1892), em estudo da ligação entre os sons e as palavras que, na opinião do filólogo, não é nem arbitrária, nem convencional, mas motivada. Mas é com Michel Bréal (1832-1915) que uma abordagem enunciativa da Linguística Histórica se constitui. Bréal mostra que novos valores sintáticos surgem do emprego das formas. Em *Ensaio de semântica* (1992), o autor propõe-se a detalhar as leis da linguagem, os mecanismos de construção de sentido das palavras, além dos problemas da relação entre a sintaxe e a semântica. Destaca-se, no livro, o capítulo "O elemento subjetivo", em que Bréal define o que entende por parte subjetiva da linguagem – "a parte mais antiga" – a qual pode ser representada por palavras, membros de frase, formas gramaticais e pelo plano geral das línguas.

Finalmente, a *Encyclopédie* considera que são os discípulos de Ferdinand de Saussure – Charles Bally e Albert Sechehaye – os iniciadores de um pensamento propriamente enunciativo, nas primeiras décadas do século XX, já no quadro do saussurianismo.

Longe de esgotar o que poderia ser um esboço epistemológico do campo da enunciação, com suas ramificações na Filosofia, Literatura, Lógica etc., as observações anteriores mostram que as reflexões enunciativas sobre a linguagem datam de época anterior a dos domínios da Linguística contemporânea. Como podemos ver, os fundamentos epistemológicos do campo da enunciação são amplos e, com certeza, não caberiam integralmente em um livro introdutório.

Agora, é mister fazer um pequeno recorte para apresentar ao leitor alguns fundamentos das reflexões enunciativas. Situado o pensamento saussuriano como um divisor de águas no estabelecimento de uma Linguística da Enunciação, traçaremos pontos em que defendemos a hipótese de que a Linguística da Enunciação não só é tributária do sistema saussuriano – mesmo que não se encerre nele – como somente pode ser definida em sua relação com ele.

16 Enunciação e gramática

O campo da enunciação, por várias formas, liga-se a Ferdinand de Saussure. Enfocaremos apenas três pontos: a relação língua/fala, a importância da noção de estrutura e a problemática do sujeito.

Enunciação, língua e fala: o campo da enunciação é uma sobra do *Curso de linguística geral*?

Há quem considere que a enunciação é o que "sobrou" inconcluso no *Curso de linguística geral*.[9] Lembramos, então, de Bally e de Sechehaye, quando falam da "ausência de uma 'Linguística da Fala'", no "Prefácio à primeira edição do Curso".

O fato é que Saussure nomeia uma "linguística da fala", ao se ocupar da relação entre o campo da Linguística e o da exterioridade, em seu *Curso*. No capítulo da introdução do *Curso*, intitulado "Linguística da língua e linguística da fala", Saussure afirma que todos os elementos que integram a fala devem estar subordinados à ciência linguística. Para ele, "[...] a língua pode ser comparada a uma sinfonia, cuja realidade independe da maneira por que é executada; os erros que podem cometer os músicos que a executam não comprometem em nada tal realidade" (Saussure, 1975: 26). Textualmente, o *Curso* considera que a atividade de quem fala somente poderia ser estudada em um conjunto de disciplinas, cujo lugar não estaria assegurado na Linguística senão pela relação que mantém com a língua. Por isso, Saussure divide o estudo da linguagem em duas partes: a primeira, cujo objeto é a língua; a segunda, cujo objeto é a parte individual, a fala.

Entretanto o *Curso* pretende estabelecer uma ciência das regularidades, por isso exclui a possibilidade de uma articulação entre as duas partes: "Cumpre escolher entre dois caminhos impossíveis de trilhar ao mesmo tempo; devem ser seguidos separadamente", diz Saussure (1975: 28). Desse prisma, continua Saussure, a definição de língua implica a eliminação de tudo o que seja estranho ao sistema, ou seja, tudo o que pertence à "Linguística Externa".

A necessidade de escolha não impede Saussure de admitir a importância de estudos dessa natureza, pois as relações da língua com a Etnologia, com a História Política e com as instituições (igreja, escola etc.) apenas poderiam ser contempladas pelo que é denominado "Linguística Externa".

Sustentar, portanto, que o campo da enunciação esteja integralmente contido na ideia de "Linguística da Fala" ou na de "Linguística Externa", tangencialmente formuladas por Saussure, é relativamente difícil. Há na fala, tal como é apresentada no *Curso*, um componente de irregularidade, às vezes nomeado "individual", que não se coaduna com a enunciação. Quando o *Curso* considera que "a língua é [...] a linguagem menos a fala" (1975: 92), tendo antes considerado que "a linguagem tem um lado individual e um lado social" (1975: 16) e dito que "a língua, distinta da fala, é um objeto que se pode estudar separadamente" (1975: 22), isso o afasta de uma perspectiva propriamente enunciativa.[10]

A Linguística da Enunciação não estuda "irregularidades" nem seu objeto circunscreve algo que poderia ser chamado de "o individual". Benveniste, para dar um exemplo, fala em *aparelho formal de enunciação*, isto é, um dispositivo que as línguas têm que é disponibilizado pela estrutura mesma da língua para a atualização que o sujeito faz do sistema no uso. Portanto a ideia de *aparelho formal de enunciação* inclui a de língua e a de fala, mas não se esgota nelas, já que o aparelho pertenceria simultaneamente às duas. Quando Saussure, no *Curso de linguística geral*, se preocupa em delimitar o objeto da Linguística, não cremos que, por esse gesto, a "fala" seja "a sobra" destinada aos estudos de enunciação.

Sem dúvida, podemos, sim, ver no *Curso* algo que poderíamos chamar de "uma intuição enunciativa de Saussure". É o caso do célebre exemplo que introduz o capítulo da segunda parte, "Identidade, realidade, valores". Saussure, como sugere o título, preocupa-se em definir a unidade de análise da Linguística e diz:

> Quando, numa conferência, ouvimos repetir diversas vezes a palavra *Senhores!*, temos o sentimento de que se trata, toda vez, da mesma expressão, e, no entanto, as variações do volume de sopro e da entonação a apresentam, nas diversas passagens, com diferenças fônicas assaz apreciáveis quanto as que servem, aliás, para distinguir palavras diferentes (cf. fr. *pomme*, 'maçã', e *paume*, 'palma', *goutte*, 'gota' e *je goute*, 'eu gosto', *fuir*, 'fugir', e *fouir*, 'cavar' etc.); ademais, esse sentimento de identidade persiste, se bem que do ponto de vista semântico não haja tampouco identidade absoluta entre um *Senhores!* e outro [...] (*Saussure*, 1975: 125-6).

Parece, então, possível insistir que a dicotomia língua/fala receba outro estatuto no campo da enunciação, qual seja, o de superação da dicotomia em favor de uma ideia de estrutura que comporte sua atualização. Trata-se

18 Enunciação e gramática

não mais de opor a língua à fala, mas de ver que a língua comporta a fala e vice-versa. E talvez isso esteja, mesmo que de forma embrionária, no próprio *Curso* em passagens como a citada anteriormente e quando aborda as relações sintagmáticas como pertencentes ao discurso, no capítulo "Relações sintagmáticas e relações associativas da segunda parte".

Se assim não fosse, como justificar que Saussure tenha dado um estatuto linguístico a disciplinas que são exteriores à Linguística *stricto sensu*? Admitido este raciocínio, o objeto da Linguística da Enunciação aparece como não redutível à língua como sistema, mas também não identificado à fala como o uso individual do sistema. As categorias de tempo, espaço e pessoa, por exemplo, não são elementos que se somam à língua, mas que a constituem sem, no entanto, existirem independentemente do uso que delas se faz.

Flores e Teixeira (2005) defendem que há vinculação da Linguística da Enunciação quanto à formulação do objeto de estudo, à dicotomia saussuriana língua/fala, sem, contudo, haver identificação completa: os fenômenos estudados nas teorias da enunciação pertencem à língua, mas não se encerram nela, pertencem à fala na medida em que só nela e por ela têm existência, e questionam a existência de ambas já que emanam das duas.

Entre os autores do campo enunciativo, o que podemos perceber em suas obras é a existência de um duplo movimento — de conservação e de alteração — em relação a Saussure. Observemos alguns exemplos iniciais: Benveniste, normalmente considerado o primeiro a lançar as bases do tratamento enunciativo da linguagem, diz:

> Quando Saussure introduziu a ideia de signo linguístico, ele pensava ter dito tudo sobre a natureza da língua: não parece ter visto que ela podia ser outra coisa ao mesmo tempo, exceto no quadro da oposição bem conhecida que ele estabelece entre língua e fala. **Compete-nos ir além do ponto a que Saussure chegou na análise da língua como sistema significante** (1989: 224, grifo nosso).

Ducrot (1987), desde muito cedo, em sua teoria da argumentação na língua, afirma, em texto intitulado "Estruturalismo, enunciação e semântica", que "a descrição semântica de uma língua, considerada como conjunto de frases ou de enunciados, não só não pode ser acabada, como não pode ser empreendida de forma sistemática, se não mencionar [...] certos aspectos da atividade linguística realizada graças a essa língua". E acrescenta: "Se utilizarmos, para exprimir tal tese, a terminologia saussuriana tradicional, seremos levados a afirmar [...] que **uma linguística da língua é impossível se não for também uma linguística da fala**" (1987: 63, grifo nosso).

Fuchs lembra que o questionamento da oposição língua/fala realiza-se em duas direções: a) na da constatação de que existem na língua categorias que remetem ao funcionamento da própria língua e que não podem ser estudadas sem que se leve em consideração a situação de enunciação; b) na admissão de que, no plano do funcionamento concreto do discurso, é impossível dissociar o plano objetivo do subjetivo: "o sujeito está sempre presente em tudo, mesmo quando se mascara" (1985:120).

Em resumo, o *Curso de linguística geral* não esconde que a fala é uma atividade de realização necessária ao estabelecimento da língua. Isso está claro no *Curso* e mesmo em fontes manuscritas. E talvez a definição de fala como "um ato individual de vontade e inteligência" (Saussure, 1975: 22) não esteja tão distante da de enunciação como "o colocar a língua em funcionamento por um ato individual de utilização" (Benveniste, 1989: 82). Há, sim, entre ambas, algo em comum: a ideia de um ato individual que evidencia atualização e sujeito. Porém não podemos reduzir uma a outra: a Linguística da Enunciação, em qualquer uma de suas vertentes, não é uma Linguística da Fala, na versão que dela é dada no *Curso*.

Há no campo da enunciação, em especial em teorias mais recentes como é o caso da teoria de Authier-Revuz, a tentativa de articular sujeito e estrutura. É isso que já está previsto em Benveniste, é isso que encontramos em Culioli, é isso que Authier-Revuz formula com primor. A enunciação é um estudo que prevê que estrutura e sujeito não são disjuntos, mas que estão imbricados e implicados.

As palavras são muitas para expressar a presença da dicotomia língua/fala no campo enunciativo. Falamos anteriormente em articulação língua e sujeito; há quem fale em implicação; alguns sugerem que a enunciação consiste na passagem do virtual (língua) ao atual (fala), nesse caso, teríamos uma visão transacional, e não opositiva.

Em suma, continuidade ou ruptura com Saussure? Há espaço para identificarmos ambas as possibilidades. Porém uma coisa é certa: inde-pendentemente do vínculo que o campo da enunciação tem com Saussure, as teorias da enunciação constituem um novo objeto, que não encontra, ao menos não totalmente, abrigo na dicotomia língua/fala. Este novo objeto tem um nome: enunciação.[11]

O campo da enunciação comporta a noção de estrutura?

Do que foi dito, facilmente podemos concluir que a Linguística da Enunciação conserva muitos aspectos oriundos da Linguística Saussuriana, e o principal deles é, sem dúvida, a noção de sistema, chamada estrutura pelos pós-saussurianos. Todos os linguistas da enunciação subscrevem a ideia de que a língua comporta uma estrutura. A palavra estrutura é sobejamente utilizada na literatura da área.

Ducrot perfila-se entre os que mais a utiliza. Nele, encontramos expressões como "estrutura da enunciação" (1984: 386), há os capítulos "Structuralisme, énonciation, communication (à propos de Benveniste et Prieto)" (1989), "Estruturalismo, enunciação e semântica" (1987), o livro *Logique, structure, énonciation: lectures sur le langage* (1989), entre outros. Authier-Revuz fala em um pensamento neoestruturalista (1998: 16). Benveniste a todo o momento remete seu pensamento às bases da Linguística Estrutural, procedimento este também visível em Bally e Jakobson.

Neste caso, pode-se dizer que a Linguística da Enunciação é estruturalista? Dubois (1969) considera que a oposição entre o texto e sua estruturação se refere basicamente a dois aspectos do estruturalismo: o princípio de que o funcionamento da linguagem se assenta sobre as estruturas; o princípio de que o texto manifesta a estrutura que pode ser estudada na imanência dos enunciados. Isso posto, Dubois se pergunta sobre a função da dupla enunciado/enunciação no escopo do estruturalismo. Destacamos duas funções: a) a enunciação como o engendramento de um texto por um sujeito que se submete às regras da estrutura, nesse caso, valoriza-se a ideia de enunciado, uma vez que ele refletiria o processo da enunciação em sua totalidade; b) a enunciação como o impacto do sujeito no texto. É o caso da noção jakobsoniana de *shifters*, ou seja, pontos perceptíveis do sujeito no texto. O *shifter* seria um elemento que, pertencente à estrutura linguística, indicaria outra forma de analisar a enunciação.

Soma-se a isso a lembrança de Fuchs (1985), para quem:

> as relações entre teorias da enunciação e teoria (em particular estruturalistas) do signo não são claras. Ora opõem-se categoricamente as duas perspectivas como antinômicas, ora, ao contrário, vê-se na enunciação uma espécie de prolongamento do estruturalismo. O que acontece, em todo caso, é que um certo número de autores participa, de fato, das duas correntes teóricas, mesmo se, como Benveniste, eles

continuam opondo-as como duas técnicas que se aplicam a níveis diferentes da análise linguística. É, sem dúvida, Guillaume que, a seu modo, articula, mais sutilmente, as duas perspectivas e, através dele, todos os autores que trabalham com a noção de "valor central" em língua, suscetível de receber certo número de "valores secundários" ou de "efeitos" segundo as circunstâncias enunciativas (1985: 122).

Portanto, para respondermos à pergunta que intitula este item, cabe dizer que a noção de *estrutura* é importante para os estudos de enunciação, mesmo que a de *estruturalismo* não seja integralmente abrigada no campo. Em outras palavras, *estruturalismo* é um termo que tem inúmeros sentidos, difíceis de precisar, que não se limitam ao escopo dos estudos da linguagem. Como bem lembra Prado Coelho, "falar de estruturalismo implica [...] um conhecimento aprofundado do desenvolvimento teórico da etnologia, da psicanálise, da linguística, do materialismo histórico, da sociologia etc., que nos permita elaborar conceptualmente a *diferença* que, na linha evolutiva dessas ciências ou pseudociências, o 'estruturalismo' introduziu" (1967: VIII; grifo nosso).

Dosse, em *História do estruturalismo* (1993), apesar de falar em diferentes tipos de estruturalismos, em distintas esferas do conhecimento, adverte que, para além das

> diferenças, pode-se identificar uma comunidade de linguagem e de objetivos que dá, por vezes, a impressão de se ler o mesmo livro apesar das variações de estilo e de disciplina que separam um Barthes, um Foucault, um Derrida, um Lacan... O estruturalismo terá sido a *koïné* de toda uma geração intelectual, mesmo que não exista solidariedade de doutrina e menos ainda de escola ou de combate entre seus diversos representantes (1993: 17).

Em resumo, falar em enunciação, ao menos em Linguística, é falar em estrutura, porque os autores que integram o campo da enunciação consideram a estrutura linguística no desenvolvimento de seus trabalhos. Vale ressaltar, porém, que, ao mesmo tempo em que há a conservação deste princípio, há transformações importantes. No caso da Linguística da Enunciação, deve ser lembrado que o próprio conceito de estrutura passa a ser objeto de reconceituação, uma vez que, no contexto teórico dos estudos da enunciação, a estrutura comporta um sujeito que enuncia, portanto deixa de ser sinônima de repetição – tal como fora interpretada em algumas perspectivas imanentistas.

Sem dúvida, mereceria estudo detalhado o entendimento da noção de *estrutura* por cada autor do campo da enunciação. Há diferenças de leitura impossíveis de detalhamento aqui.

22 Enunciação e gramática

Especificamente quanto à teoria de Émile Benveniste, perspectiva de maior interesse neste momento, pode-se dizer que o tema é no mínimo polêmico. De um lado, há textos de Benveniste que criticam a confusão, corrente à época, entre a noção de *estrutura* e a de *sistema*. Exemplos dessa crítica são os capítulos "'Estrutura em linguística", de 1962, e "Estruturalismo e linguística", de 1968, presentes em *Problemas de linguística geral I* e *Problemas de linguística geral II*, respectivamente. De outro lado, percebe-se em Benveniste grande interesse pelo método estruturalista, em especial pelo que ele poderia renovar do comparativismo.

Como lembra Aya Ono (2007), a distinção entre *sistema* e *estrutura* é cara a Benveniste, e, em seus trabalhos relativos à enunciação, encontra-se grande ênfase na noção de *sistema*, a única realmente utilizada por Saussure. Ono diz que, tendo-se a necessidade de designar Benveniste por meio de uma sufixação em "-ismo" ou em "-ista", mais correto seria designá-lo como um *saussurianista*, e não propriamente como um estruturalista.

Enfim, mesmo que o assunto exija maiores explicações, é possível dizer, sem incorrer em equívoco, que Benveniste, ao propor a noção de *aparelho formal da enunciação*, considera que a língua, como sistema que é, tem em sua organização (estrutura) um aparelho formal que possibilita ao sujeito enunciar nesta língua. O aparelho (indicadores de subjetividade, tempos, modos etc.) como tal pertence à língua, mas seu uso é dependente da enunciação. Ou seja, o conceito de enunciação está ligado ao princípio da generalidade do específico.

Em outros termos, o aparelho formal da enunciação é, a um só tempo, geral – uma vez que é inerente a todas as línguas – e específico. A especificidade se apresenta em dois planos distintos e interligados: a) no plano das línguas, já que cada língua tem o seu aparelho; b) no plano do sujeito, já que, para este, o aparelho é sempre único a cada instância de uso (tempo e espaço). Assim, a enunciação é um conceito, a um só tempo, universal e particular. Isso pode receber a seguinte formulação axiomática: *é universal que todas as línguas tenham dispositivos que permitam sua utilização singular pelos sujeitos; é particular a configuração destes sistemas e o uso que os sujeitos deles fazem.*

O sujeito na Linguística da Enunciação

Finalmente, na tentativa de delimitar epistemologicamente alguns elementos que configuram o campo da Linguística da Enunciação, é preciso falar do sujeito.[12] É trivial lermos que o sujeito, através da dicotomia língua/fala, teria sido excluído do objeto da Linguística por Saussure e que a Linguística da Enunciação teria reintroduzido o sujeito neste objeto. Várias perguntas são possíveis quanto a isso: se há uma "reintrodução" do sujeito no objeto, isso não o alteraria? Que objeto linguístico é esse que comporta sujeito?

Este tema é polêmico e apenas indicaremos algumas vias da discussão. Dois objetivos nos conduzem: a) avaliar as consequências epistemológicas decorrentes do fato de se teorizar acerca do sujeito no campo do linguístico; b) esboçar um raciocínio sobre as implicações teóricas oriundas de se optar entre abordar o sujeito, em enunciação, com relação a campos exteriores à Linguística ou com relação a um quadro intralinguístico.

Há duas justificativas para tal discussão:

a) uma rápida vista de olhos em trabalhos acadêmicos que requerem pertencimento à enunciação, em suas mais diferentes vertentes, é suficiente para comprovar que o termo *sujeito da enunciação* – com alguma variação para *sujeito do enunciado*, cuja distinção não carece ser feita por ora – ocupa lugar de destaque em construções teóricas de diferentes níveis de profundidade (livros, artigos, teses acadêmicas etc.). No entanto é menos comum lermos reflexão sobre o que é imposto, do ponto de vista epistemológico, quando se opta por incluir o sujeito no campo da Linguística. As perguntas que demandam resposta são as seguintes: o sujeito é indiscutivelmente um objeto de estudo linguístico? O que o recurso ao sujeito pode contribuir para a análise da linguagem, nos moldes em que a Linguística a toma?

b) facilmente são encontradas na bibliografia da área afirmações como "Benveniste é responsável pela inclusão do sujeito nos estudos linguísticos" ou "Em enunciação o sujeito é fonte e origem do sentido". As perguntas que se apresentam aqui são as seguintes: o que se quer dizer com tais afirmações do ponto de vista da circunscrição do específico desse autor? É do sujeito em si que fala a Linguística de Benveniste?

Isso parece justificar suficientemente um momento de reflexão para avaliar o que significa falar em sujeito em um campo como o da Linguística e, em especial, como o da Linguística da Enunciação. É bom lembrar antes que o termo *sujeito* não aparece sozinho na literatura da área. Casos há em que se faz acompanhar de outros termos – enunciador, falante, locutor –, estabelecendo com estes relação de sinonímia ou de verdadeiro antagonismo.

24 Enunciação e gramática

Certamente haverá quem se apresse a avisar que tais termos não são nem sinônimos nem antônimos, uma vez que derivam de referenciais teóricos distintos, o que de imediato esvazia qualquer possibilidade de compará-los entre si e mesmo de colocá-los sob o mesmo rótulo.

Isto não é aqui ignorado: não pretendemos fazer comparações ou mesmo justaposições. A questão norteadora é anterior a qualquer definição de natureza metodológica. Trata-se na verdade de saber o que tem a Linguística da Enunciação a dizer sobre o sujeito. Em outras palavras: de que sujeito se está falando, quando a Linguística diz estudá-lo? Qual a sua configuração epistemológica? Ou ainda: que diferenças há entre definir o sujeito como sendo do enunciado ou da enunciação?

Tais perguntas talvez não tenham respostas diretivas e conclusivas, mas com certeza identificam um campo de indagações.

A hipótese aqui defendida é que a configuração epistemológica da Linguística da Enunciação não suporta tomar o sujeito como objeto de análise. Em enunciação, não podemos dizer com tranquilidade que fazemos "uma análise do sujeito". Tal hipótese recebe ainda a seguinte formulação: considerar o sujeito no campo da Linguística da Enunciação implica recurso à exterioridade teórica à Linguística, o que, de imediato, exige que sejam explicitados os termos pelos quais a Linguística estará em relação com outras áreas do conhecimento.

Tomemos, de início, algumas considerações feitas a respeito do tema em questão na teoria de Benveniste. Normand, profunda conhecedora da obra benvenistiana, diz, em um texto intitulado *Os termos da enunciação em Benveniste*: não há o sintagma *sujeito da enunciação* em momento algum da obra de Benveniste, e acrescenta:

> Se nos interrogamos sobre a coincidência dessa ausência e dessa presença repetitiva em outros lugares, procurando compreender por que ele não usou essa expressão que lhe é atribuída, pode-se fazer algumas conjecturas. **Queria ele fazer uma teoria do sujeito?** Não lhe foram atribuídas **abusivamente** as interrogações que preocupavam nos anos 60, na França, aqueles que procuravam juntar a psicanálise, o marxismo e a linguística? (Normand, 1996: 145, grifos nossos).

A afirmação da autora é, no mínimo, inquietante. Ora, sempre foi propagado que Benveniste é responsável por incluir o sujeito da enunciação na reflexão da Linguística. Normand, em seu texto, afirma não existir nem mesmo o termo *sujeito da enunciação* na obra do autor. A pergunta que sobra é a seguinte: queria Benveniste fazer uma teoria do sujeito?

A perspectiva enunciativa de estudo da linguagem **25**

Logo, se há unanimidade em torno do fato de Benveniste ter delineado uma nova Linguística, a da Enunciação,[13] ou, como diria Barthes, "[...] uma linguística [...] que não existe em nenhum outro lugar a não ser na sua obra" (1984: 151), parece ser menos unânime o lugar dado ao sujeito nesta teoria.

Por enquanto basta aludirmos à polêmica, que pode ser sintetizada numa formulação antitética: se há vasta bibliografia afirmando que a teoria de Benveniste é uma teoria do sujeito, não se pode negar que há também autores que afirmam o contrário. Essa polêmica torna-se fundamental para o que estamos colocando em relevo, porque cada uma das perspectivas sinaliza uma forma diferente de interpretar a teoria do autor. Os integrantes do primeiro grupo – os que defendem que Benveniste desenvolve uma teoria do sujeito – localizam na obra de Benveniste uma visão egocêntrica, idealista, psicologizante[14] do sujeito;[15] os do segundo grupo – anteriormente representado pela referência a Normand – reconhecem a amplitude das ideias de Benveniste – inclusive colocando-as em diálogo com exterioridades teóricas –, recusam a dita teoria egocêntrica e veem nas reflexões do autor um potencial teórico-metodológico que não teve a oportunidade de ser avaliado nem mesmo pelo próprio Benveniste.

Outro expoente da Linguística da Enunciação é Antoine Culioli. Conhecida como Teoria das Operações Predicativas e Enunciativas, a proposta de Culioli (Franckel, 1998: 52) é uma teoria da enunciação na medida em que se dá como objeto o enunciado, visto não como o resultado de um ato de linguagem individual, mas como um agenciamento de formas a partir do qual os mecanismos enunciativos que o constituem podem ser analisados no quadro de um sistema de representações formalizáveis. A justificação do termo *operação* se dá a partir da hipótese de que o valor referencial não é dado, mas construído. Isso significa que as formas agenciadas que o materializam remetem menos aos valores que às operações de constituição do valor referencial. Estudar a enunciação, nesta perspectiva, é estudar as modalidades de constituição deste valor.

A teoria de Culioli é sabidamente formal e parte do princípio de que "[...] a enunciação não é da alçada do sujeito, nem mesmo do discurso, mas antes de tudo da linguagem [...]" e que o sujeito "[...] é atualizável do mesmo modo que as operações de construção linguística, o que significa que ele não comporta, em princípio, outra espessura que não seja a de ser suporte destas operações" (Dahlet, 1997: 76).

Em um texto bastante esclarecedor, "O sujeito na teoria enunciativa de A. Culioli: algumas referências", Fuchs explica que Culioli, ao recusar

26 Enunciação e gramática

a oposição sintaxe/semântica/pragmática em favor da problemática das operações predicativas/operações enunciativas, e ao recusar a oposição função referencial/função intersubjetiva em prol da problemática da coenunciação, desenvolve uma teoria na qual o sujeito encontra-se no âmago da teoria, porque ela se encontra comprometida com a articulação entre o estável e o variável nos planos da descrição-comparação das línguas, das operações construtoras do enunciado e da coenunciação.

Com esse pequeno percurso em torno das teorias de Benveniste e Culioli e munidos das opiniões de alguns bons leitores destes autores, reunimos elementos suficientes para concluir que o sujeito não pode ser, tacitamente, considerado o objeto de estudo de uma teoria linguística, nem mesmo de uma teoria da Linguística da Enunciação, tomada em sentido estrito. Parece ser levado em conta sempre é a representação[16] que a enunciação dá do sujeito na língua. Estuda-se, ao menos nas duas teorias até aqui lembradas, as marcas da enunciação e do sujeito no enunciado, e não o sujeito propriamente dito. É o *aparelho formal de enunciação*, em Benveniste, e as *operações,* em Culioli. Isso está em sintonia com o que formula Fuchs, quando propõe um quadro geral das teorias enunciativas:[17]

> Sabemos que a hipótese de base de toda teoria enunciativa é a inscrição do sujeito no próprio âmago do sistema linguístico, manifestada em particular pela existência de certas categorias gramaticais específicas, que marcam a relação do sujeito com seu próprio enunciado (pessoas, modalidades, temporalidade, dêixis, etc... cf. 'O aparelho formal da enunciação' de Benveniste (Fuchs, 1985: 77).

Tudo indica, portanto, que a Linguística não tem instrumentos suficientes para abordar o sujeito em si, exatamente porque esse conceito considera aspectos exteriores ao linguístico (filosóficos, antropológicos, psicanalíticos etc.).

Evidentemente, não estamos argumentando em favor da volta a um purismo tão conhecido de todos os que se formaram no apogeu da tradição estrutural imanentista.[18] Também não estamos condenando ao descrédito científico quem se propõe ao estudo do sujeito. Nossa conclusão é de outra natureza e gostaríamos de ratificá-la para o devido entendimento: o sujeito, independentemente da configuração que tenha, transcende os quadros da Linguística; para estudá-lo, é necessário convocar exteriores teóricos à Linguística.

Não estamos desacompanhados. Observemos duas opiniões que, mesmo descontextualizadas, podem corroborar o que dissemos.

A primeira é de Dahlet, que, ao analisar as noções de sujeito em vários autores do campo da enunciação, afirma a respeito de Benveniste e de Culioli:

[...] eles evidenciam a contribuição da organização interna das línguas e da enunciação na dessimetria virtual das posições enunciativas. Nessa ótica, o sujeito não corresponde mais, em princípio, a nenhuma posição dada no exterior da atividade enunciativa. Considerando que tudo o que de outro se possa dizer está condicionado a uma exigência dêitica incontornável, já que inscrita na língua, os trabalhos de Benveniste e de Culioli (im)põem um sujeito estritamente linguístico [...] (1997: 83).

A segunda opinião, mais geral, é de Fiorin, que, em *As astúcias da enunciação*, afirma que "[...] levar em conta a enunciação significa criar um novo objeto para a linguística ou, ao menos, alargá-lo; estuda-se o mecanismo da enunciação e, principalmente, sua função na discursivização e a maneira como aí opera" (1996: 22). Ao que acrescenta, adiante em seu livro, referindo-se a Kerbrat-Orecchioni,

tem razão Kerbrat-Orecchioni, quando mostra a impossibilidade de descrever o ato de enunciação em si mesmo. A descrição do ato em si violaria o princípio da imanência, base da constituição científica da linguística como ciência autônoma. É preciso, no entanto, matizar a questão da descrição do ato de enunciação (Fiorin, 1996: 31).

Enfim, queremos dizer que a Linguística não comporta o estudo do sujeito tomado como uma entidade, eis que transcende seu quadro teórico, todavia a tarefa de estudar as marcas da enunciação do sujeito no enunciado é da Linguística da Enunciação. Queremos lembrar ainda que é absolutamente legítima a convocação de exteriores à Linguística para, na articulação ou implicação de diferentes saberes, produzir formas de abordagem do sujeito na linguagem. No entanto é a devida explicitação do procedimento a garantia do rigor epistemológico.[19]

Esta conclusão ainda necessita de outra observação: afirmar que os autores – no caso Benveniste e Culioli – não abordam o sujeito, não implica dizer que suas teorias sejam fechadas a isso. Elas podem suscitar articulações/ implicações teóricas que, mesmo que não tenham sido pensadas pelos autores, não violam os princípios sobre os quais se assentam suas teorias. É o que, corretamente, lembra Normand:

o sujeito da enunciação, longe de se limitar a uma categoria de unidades linguísticas cujo lugar e papel são bem delimitados (os famosos shifters), pode se manifestar e multiplicar as significações em qualquer lugar, onde menos se

28 Enunciação e gramática

esperaria; isso intuía, eu acredito, Benveniste quando distinguia o semântico e o semiótico, mas sem aceitar todas as consequências dessa inquietante descoberta (Normand, 2001: 29).

Sujeito da enunciação e exterioridade linguística

Se o que foi dito anteriormente for aceito, fica claro que o campo da enunciação, ao menos nas teorias antes lembradas, ao mesmo tempo em que não aborda o sujeito não se fecha a ele. Parece ser esta a interpretação de Authier-Revuz.

Authier-Revuz – em estudo que, segundo a autora, situa-se nos quadros de uma teoria enunciativa neoestruturalista "[...] que parte das formas da língua (marcada pelos nomes de Bally, Benveniste, Culioli...)" (1998a: 16) e da metalinguagem estudada por Rey-Debove – diz que seu trabalho, na perspectiva linguística, concerne a dois campos para o estudo das formas da reflexividade metaenunciativa ou da modalização autonímica da enunciação atravessada por sua autorrepresentação opacificante: o da metalinguagem e o da enunciação. A estes campos, Authier-Revuz justapõe exterioridades teóricas nas quais sua descrição está apoiada: a teoria do sujeito estruturalmente clivado elaborada por Lacan, a teorização do interdiscurso da Análise do Discurso de Pêcheux e o dialogismo bakhtiniano.

Certamente, não incorreríamos em erro ao dizer que a teoria de Authier-Revuz, do ponto de vista linguístico, estuda a enunciação e a metalinguagem e, do ponto de vista da exterioridade à Linguística, convoca as teorias de Lacan, de Bakhtin e de Pêcheux.

Desta pequena lembrança do trabalho de Authier-Revuz, retemos alguns pontos importantes no quadro teórico da autora e fundamentais para a conclusão que está sendo formulada:

a) Authier-Revuz não hesita em se nomear linguista e faz isso incluindo-se no campo do que Fuchs denomina de corrente "enunciativa no sentido estrito" (Authier-Revuz, 1998a: 16).

b) A autora delimita **exterioridades** teóricas à Linguística. Authier-Revuz é clara quando diz que seu ponto de vista impõe "[...] que sejam explicitados os **exteriores teóricos da linguística propriamente dita**, nos quais a [sua] descrição é obrigada a se apoiar [...]" (1998a:16, grifos nossos).

Do nosso ponto de vista, Authier-Revuz é a única autora do campo da enunciação que explicitamente se propõe a falar do sujeito. No entanto não faz isso sem antes esclarecer que seu trabalho concerne ao campo heterogêneo da enunciação *em que a língua encontra o sujeito* (1998a: 183). E acrescenta:

> Esse ponto de encontro é o lugar de importantes clivagens teóricas e toca – em inter-relação – ao estatuto que é consagrado ao conceito de língua e à concepção posta em jogo, de sujeito e de sua relação com a linguagem e com o sentido; essas escolhas teóricas diversas têm incidências marcantes sobre a descrição dos fenômenos enfocados (1998a: 183).

Assim, concluímos, em consonância com o que propõe Authier-Revuz, corroborando a hipótese formulada anteriormente, que considerar o sujeito no campo da Linguística da Enunciação implica recurso a uma exterioridade teórica à Linguística, o que, de imediato, exige que se explicitem os termos pelos quais a Linguística estará em relação com outras áreas do conhecimento.

A heterogeneidade do campo

Como podemos notar, as teorias da enunciação são múltiplas e bastante heterogêneas entre si. Muitas podem ser as formas de agrupá-las.

Fuchs (1985) divide-as em duas grandes correntes, ampliando de tal forma este quadro a ponto de nele colocar teorias pragmáticas, em nossa opinião bastante distantes do referencial enunciativo propriamente dito.[20] Para ela, há duas vertentes da abordagem enunciativa:

a) a perspectiva em sentido estrito: incluem-se aí os estudos que, conforme Fuchs, consideram os subsistemas de unidades e as formas da língua. Denomina-as de teorias "neoestruturalistas", às quais pertenceriam os trabalhos de Bally, Benveniste, Culioli, entre outros;

b) a perspectiva em sentido amplo: inclui-se aí a pragmática que recorre a conceitos lógico-linguísticos, aos atos de fala ou à interação.

Dahlet faz igualmente uma distinção interna a "uma disciplina que já nasce plural" (1998: 69). Para ele, há uma grande clivagem no campo da enunciação, que dá origem a dois domínios: há a perspectiva indicial – na qual Dahlet inclui as teorias de Bally e Benveniste – e há a perspectiva operatória – na qual se incluem as teorias de Guillaume e Culioli.

Como o leitor pode perceber, há um vasto elenco de critérios que, aplicados às teorias enunciativas, podem gerar diferentes taxionomias. De nossa parte, propomos também uma divisão no campo. De acordo com os propósitos que temos, podemos dividir o campo da Linguística da Enunciação em dois grupos, segundo o critério da existência, ou não, da formulação de um modelo de análise da enunciação.

Considerado este critério, há dois grupos. No primeiro grupo, encontram-se os autores cuja reflexão é voltada à enunciação, mas que não formularam um modelo de análise. Isto é, a Teoria da Enunciação que estes autores autorizam é, em boa parte, derivada da leitura do conjunto de seus escritos, e não do estabelecimento explícito de uma metodologia. Parece ser este o caso de Benveniste, Bally, Sechehaye e Guillaume, entre outros. Notadamente são autores que figuram dentre os "fundadores" do campo. No segundo grupo, há autores cujas propostas teórico-metodológicas de análise enunciativa são explicitamente elaboradas e, muitas vezes, reelaboradas. Estão nesse grupo autores como Jakobson, Ducrot, Authier-Revuz, Culioli, Fuchs, Hagège, Kerbrat-Orecchioni, entre outros.

A diferença entre os grupos é de ordem epistemológica. Aos primeiros não pode ser atribuída a construção de uma metodologia de análise propriamente dita. Tomemos o caso da teoria de Benveniste como exemplo: o que se convencionou chamar de Teoria da Enunciação em Benveniste não é mais do que o conjunto de cerca de vinte artigos publicados em *Problemas de linguística geral I* e *II*, escritos ao longo de quarenta anos. Em cada texto, o autor esforça-se em fazer teoria e análise[21] ao mesmo tempo em que reflete sobre a análise da linguagem e das línguas.[22] Ora, essa atitude frente à teoria é extremamente diferente se a comparamos com Ducrot, por exemplo, autor que em mais de três décadas tem revisado seu pensamento com vistas à melhor explicitação de sua proposta.[23]

Os *Problemas I* e *II* de Benveniste são fonte inesgotável de inspiração teórica e isso se deve também ao fato de Benveniste não desenvolver um modelo de análise da enunciação, ao menos não nos moldes que a Linguística comumente entende a palavra "modelo". Há, em tal configuração teórica, pontos positivos e negativos. Um ponto positivo é, sem dúvida, a possibilidade que a obra de Benveniste dá ao leitor de que este possa interpretá-la com certa liberdade: como não há um modelo ao qual recorrer como instância de validação de leituras, é sempre de uma interpretação que se está a falar. E é por isso que há múltiplas interpretações; algumas nem sempre convergentes.

O ponto negativo decorre do anterior: dada a ausência de uma instância ratificadora da interpretação feita, a obra de Benveniste tem sido alvo de leituras que, muitas vezes, estão em diametral oposição aos princípios teóricos do autor. Cristalizam-se leituras, lê-se de segunda mão e comete-se equívoco de toda ordem.[24]

No interior desta divisão de ordem epistemológica, propomos uma segunda clivagem. Desta vez, entre autores cuja teoria é integralmente e tão somente ligada à enunciação e autores cuja teoria não pode ser assimilada, na sua totalidade, a uma teoria enunciativa.

Deste segundo critério obtemos também dois grupos. No primeiro, figuram os nomes de Benveniste, Bally, Sechehaye, Guillaume, mas também de Jakobson, Récanati, Flahaut, Hagège, entre outros. No segundo, encontramos Ducrot, Authier-Revuz, Antoine Culioli, por exemplo. A diferença, neste caso, é que os autores constantes do primeiro grupo desenvolveram um pensamento em torno de temáticas muito mais amplas que as circunscritas ao campo da enunciação. Analisemos alguns dos autores citados.

A obra de Jakobson comporta números que falam por si: são mais de seiscentos livros e artigos dos quais apenas a metade encontra-se reunida nos sete volumes dos *Selected writings*.[25] São incontáveis os temas de estudo: a poesia, a pintura, a métrica, a teoria linguística, o folclore, a fonologia, a patologia da linguagem, a aquisição da linguagem, as línguas no mundo, a semiótica, entre outros. Benveniste, além dos trabalhos reunidos em *Problemas de linguística Geral I* e *II*, assina os dois tomos do *Vocabulário das instituições indo-europeias* e publica ainda *Origines de la formation des noms en indo-européen* e *Noms d'agent et noms d'action en indo-européen*. Em todos, Benveniste demonstra preocupação com aspectos diacrônicos, sintáticos, lexicais etc. Em Bally, encontramos um autor que se dedicou a fazer do francês alvo de suas reflexões não apenas com relação ao que chama de estilística, mas também com relação à didática da língua, à literatura e ao francês falado.

Em outras palavras, não é possível reduzir tais autores à Linguística da Enunciação, uma vez que suas obras demonstram interesses muito amplos. O caso de Jakobson é inversamente paradigmático: sua "teoria da enunciação" é, na verdade, consubstancial à proposição da noção de *shifter*, termo que o autor importa de Jespersen, no texto "Shifters, verbal categories, the russian verb".[26] O interessante, neste caso, é que não conhecemos outros trabalhos de Jakobson que versem sobre a enunciação. Sua notoriedade no campo deriva somente deste artigo, complexo sem dúvida, mas limitado se comparado com o número de problemas estudados por seus contemporâneos.

Em suma, a diferenciação que propomos no interior do campo da enunciação atende aos nossos objetivos, já que, a partir da interpretação que fazemos, cabe dizer que estabelecemos aqui uma leitura da Teoria da Enunciação de Benveniste. Trata-se, pois, de uma interpretação, a que julgamos mais adequada, se for considerado o conjunto das reflexões do autor.

O quadro geral do campo da Linguística da Enunciação

Com o propósito de sistematizar o que foi dito nos itens anteriores, procedemos, a seguir, à apresentação do esboço de um quadro geral da Linguística da Enunciação. Trata-se de um repertório de temas que, em nossa opinião, são comuns ao campo e dizem respeito à boa parte das teorias que requerem pertença à enunciação. Como o leitor verá, todos os tópicos merecem maior aprofundamento principalmente quando situados no escopo de teorias específicas, no entanto podemos reivindicar um mérito do quadro que segue: oferecer uma visualização didática das questões transversais ao campo.

Diversidade *versus* unicidade

O sintagma *teorias da enunciação* precisa ser visto sob dois enfoques: a) a diversidade que o plural incita; b) a unicidade que o complemento sugere. Em outras palavras, há teorias, e isso as diferencia, todavia são todas da enunciação, e isso as unifica. Neste sentido, o termo *Linguística da Enunciação* enfatiza a unicidade que o complemento evoca. Essa unicidade não implica equivalência nem ignorância da diferença. Apenas é nomeado um campo.

Nem mesmo o conceito de *enunciação* pode ser generalizado; cada teoria formula-o de maneira a atender os objetivos que tem e a descrição que pretende. Com efeito, há inclusive distanciamentos teóricos que impedem a simples justaposição de alguns quadros teóricos. É o caso, por exemplo, da Teoria das *Não Coincidências do Dizer,* de Authier-Revuz, que explicitamente formula crítica à Teoria da *Argumentação na Língua,* elaborada por Ducrot. Diz a autora: "O ponto de vista aqui expresso [...] está em oposição [...] com a concepção explicitada por Ducrot em sua teoria intralinguística da enunciação e do sentido, de uma autonomia do linguístico, aí compreendido o campo enunciativo" (Authier-Revuz, 1998a: 16).

Não nos cabe aqui avaliar os termos pelos quais se dão esta e outras oposições no cerne do campo da enunciação, mas apenas registrar que há diferenças, de forma alguma sutis, as quais impedem que a *Linguística da Enunciação* seja vista como mero recurso homogeneizador.[27] Ora, esta diversidade não é ignorada pelos autores que pensam a epistemologia do campo, mesmo assim a unicidade parece ser preservada, e isso não sem clivagens no interior desse mesmo campo.

Fiorin fala em *Linguística do Discurso.* Após reconhecer a importância de trabalhos pioneiros como o de Bally, considera o autor que:

> [...] foi só depois das reflexões de Benveniste e Jakobson que o domínio da enunciação se ampliou e que se reconheceu a centralidade dessa categoria na constituição do discurso. Percebe-se então que a enunciação pode ser tratada como sistema, isto é, que sob a diversidade infinita dos atos particulares de enunciação opera sempre o esquema geral, que permanece invariante. A partir daí, um novo objeto constitui-se para a Linguística, o uso linguístico. Começa, então, o que se pode chamar genericamente Linguística do Discurso (Fiorin, 1996: 30).

Resumidamente, o campo da enunciação é amplo e nele cabem teorias distintas, não complementares e com objetivos diversos. Nos itens seguintes, essa heterogeneidade será mais bem explicitada, pois diversidade *versus* unicidade é uma questão transversal ao campo.

A linguagem analisada do ponto de vista do sentido

Estudar a linguagem do prisma de uma teoria da enunciação é estudá-la do ponto de vista semântico. Isso não significa que os demais níveis de análise linguística não sejam contemplados pelas teorias enunciativas. É uma questão de ponto de vista: o núcleo de qualquer teoria enunciativa é o sentido. Dessa forma, todos os níveis da análise linguística (morfologia, sintaxe, fonologia etc.) estão submetidos ao sentido.

34 Enunciação e gramática

Tal configuração merece ser exemplificada. Kerbrat-Orecchioni, em *L'énonciation: de la subjectivité dans le langage* (1980), descreve, a partir do quadro enunciativo, substantivos, verbos, adjetivos, advérbios, ambiguidades, ironia, modalização, implícitos etc. Culioli, nos volumes de *Pour une linguistique de l'énonciation* (1990, 1999a, 1999b), analisa a negação, a representação metalinguística em sintaxe, a quantificação, a temporalidade, o aspecto. Danon-Boileau, em *Énonciation et référénce* (1987), estuda o aspecto, as referências nominais. Authier-Revuz, em *Ces mots qui ne vont pas de soi: boucles réflexives et non-coïncidence du dire* (1995), aborda as incisas, a pseudoanáfora, correções, glosas. Ducrot, ao longo de seus inúmeros trabalhos dos últimos trinta anos, trata os conectores, os operadores, os modalizadores, a negação, os pressupostos etc. Fuchs, em *La paraphrase e l'énonciation* (1994), desenvolve uma abordagem singular do fenômeno da paráfrase. Hagège, em *L'homme de paroles*, dedica-se a estudar o fenômeno da variação social, da conotação, da díade tema-rema, do tempo etc.

Tomemos, ainda, Benveniste, autor de especial interesse para nós. Há nele uma diversidade muito grande de descrições enunciativas da língua em uso e em diferentes níveis de análise. Encontramos em Benveniste estudos sobre derivação, temporalidade verbal, pronomes (aí incluídas as discussões sobre a categoria de pessoa), modalidade, fraseologia, advérbios, funções sintáticas, negação etc.

Se, de um lado, podemos ver a Linguística da Enunciação como um campo constituído por diferentes teorias semânticas da enunciação, um fator unificador, por outro lado, não cabe tomá-las em bloco, quando o que está em questão é o tipo de análise semântica que fazem, fator de diferenciação entre elas. Nada há em comum entre a descrição semântica feita por Ducrot e a feita por Authier-Revuz, por exemplo. Inúmeros são os distanciamentos entre ambos: concepção de sujeito, conceito de enunciação, entendimento do que é língua etc.

Neste caso, é oportuno o comentário de Fuchs para quem a concepção de semântica das teorias da enunciação "está longe de ser unificada: há provavelmente tantas concepções da semântica quantas são as teorias" (1985: 121).

Os mecanismos de produção do sentido no discurso

Em decorrência do que dissemos no item anterior, podemos situar outro aspecto caracterizador da Linguística da Enunciação: o fato de todas as teorias apresentarem formas de abordagem dos mecanismos de produção do sentido

A perspectiva enunciativa de estudo da linguagem **35**

da enunciação, isto é, na língua em uso. Tais mecanismos são de diferentes naturezas e adquirem relevância no escopo da teoria em que foram concebidos.

Durante muito tempo, foram considerados mecanismos de produção de sentido na enunciação apenas algumas marcas linguísticas, aquelas estudadas pelos fundadores do campo: os indicadores de subjetividade em Benveniste (os pronomes, os tempos verbais, os verbos de fala, os advérbios de tempo e de lugar, as funções sintáticas de interrogação, de intimação ou de asserção, as modalidades); os *shifters* em Jakobson (as categorias verbais de tempo, modo, pessoa); os fenômenos estudados na Estilística linguística de Bally (*dictum* e *modus*, tema e rema), também o que se convencionou chamar de *dêixis* (mesmo que o termo, de origem lógica, precise ser melhor contextualizado nas teorias enunciativas).

Em teorias mais recentes, é possível encontrar uma vasta lista de problemas linguísticos que passam a integrar a abordagem enunciativa, o que nos leva a concluir que não há um mecanismo *a priori* que seja mais adequado à análise enunciativa. Conforme Flores e Teixeira (2005), qualquer fenômeno linguístico de qualquer nível (sintático, morfológico, fonológico etc.) pode ser abordado do ponto de vista enunciativo.

A língua não é enunciada apenas parcialmente; o *aparelho formal de enunciação*, para nos limitarmos a Benveniste, não é um compartimento da língua. Ele pertence à língua toda. Para Benveniste "a enunciação supõe a conversão individual da língua em discurso" (1989: 83). Por ora, basta assinalarmos isto: pode ser estudado na enunciação todo o mecanismo linguístico cuja realização integra seu próprio sentido e que se autorreferencia no uso que o sujeito faz da língua. Tal conclusão deverá será mais bem explicitada nos capítulos seguintes, pois, para sua adequada compreensão, é necessário precisar as noções de *referência* e *correferência*.

Neste livro, daremos algumas sugestões de análises enunciativas nos capítulos finais. O leitor logo perceberá que optamos por fornecer um quadro analítico bem diverso de análises da língua portuguesa. Contemplamos pronomes indefinidos, preposições, aspecto verbal, frase nominal, além de detalharmos análises feitas por Benveniste.

A diferença entre enunciado e enunciação

Os linguistas do campo enunciativo se interessam por fenômenos linguísticos cuja descrição implique referência ao ato de produzir o enunciado.

36 Enunciação e gramática

Estes estudiosos analisam o processo (a enunciação), e não o produto (o enunciado). Evidentemente, o processo somente pode ser analisado a partir das marcas que deixa no produto. Em outras palavras, a enunciação – ou melhor dizendo, a estrutura enunciativa – é uma instância pressuposta que está na origem de todo e qualquer enunciado. Ela não é um observável em si, ela é, por natureza, efêmera. O observável são as marcas da enunciação no enunciado.

O lugar da descrição linguística nos estudos enunciativos

É chegado o momento de precisar conceitualmente termos empregados até agora de forma relativamente vaga. E são especialmente dois: *gramática* e *uso*. Que princípios norteiam uma concepção de *gramática* que, ancorada nos pressupostos da Linguística da Enunciação, considera os aspectos formais da língua no processo de enunciação desta língua, ou seja, no uso? O que é *gramática* em uma perspectiva enunciativa de estudo? Que concepção de *uso* a enunciação evoca?

Como sabemos, tais perguntas insistem na discussão em torno da didática da língua já há muito tempo e a demanda de resposta, não menos insistente, é sintoma dos problemas que continuam rondando o ensino de língua materna.

No entanto não se trata aqui de expor a visão que temos do ensino de gramática em nossas escolas de ensino fundamental e médio, nosso propósito diz respeito a uma etapa anterior: a da explicitação conceitual.

O leitor deve ter notado que temos usado *enunciação* e *gramática* e não *gramática da enunciação*. Isso se deve a certos sentidos que poderiam se agregar a esta última expressão, sentidos estes contraditórios com o que supõe a análise enunciativa. Em outras palavras, poder-se-ia facilmente atribuir ao sintagma *gramática da enunciação* um sentido compatível com algo como "obra de referência" na qual seriam encontradas descrições enunciativas, ou seja, descrições de um aspecto do uso linguístico.

Fazer tal obra não cabe ao campo da enunciação, segundo temos mostrado, em nenhuma de suas teorias. Os diferentes aparatos teórico-metodológicos da Linguística da Enunciação não tomam para si a tarefa de elaborar uma gramática de forma a fornecer um material de consulta. A palavra *gramática*, por exemplo, não consta da obra de Benveniste senão com sentidos que poderíamos chamar de "previsíveis" para a época. Benveniste utiliza esta palavra apenas para falar de *Gramática Comparada*, *Gramática Gerativa*, *Gramática Tradicional* etc.

A impossibilidade de elaborarmos uma *gramática da enunciação* decorre da própria noção de enunciação. Embora cada autor a defina diferentemente em relação a quadros teóricos singulares, em todas as versões das teorias enunciativas é possível perceber o traço da irrepetibilidade. A enunciação é um acontecimento irrepetível, porque são irrepetíveis as condições de tempo, espaço e pessoa de cada enunciação.

Tomemos um exemplo caricatural: o enunciado *está chovendo* é da ordem do repetível, afinal ele pode aparecer quantas vezes o locutor assim o desejar; no entanto o presente da enunciação com referência ao qual se define o presente do verbo é sempre único a cada vez que o enunciado é proferido. A enunciação é irrepetível.

Ora, o que foi dito não impede que pensemos que a enunciação tem uma *gramática*, agora entendida como arranjo linguístico promovido pelo sujeito. Vejamos como Benveniste pode nos auxiliar a fundamentar isso: em "O aparelho formal da enunciação", texto de 1970, Benveniste concebe uma oposição entre a Linguística das Formas e a Linguística da Enunciação. À primeira caberia a descrição das regras responsáveis pela organização formal da língua, ou seja, ela se preocuparia com um objeto estruturado do qual seriam descritas as regras imanentes a ele. A segunda pressuporia a anterior e incluiria no objeto de estudo a enunciação.

Para Benveniste, a enunciação entendida como o "colocar em funcionamento a língua por um ato individual de utilização" (1989: 82) possibilita separar ao mesmo tempo o ato – objeto de estudo da Linguística da Enunciação – do produto, isto é, o enunciado. Este ato é o próprio fato de o locutor relacionar-se com a língua a partir de determinadas formas linguísticas da enunciação que marcam essa relação. Enunciar é, nesta concepção, transformar individualmente a língua – mera virtualidade – em discurso. A *semantização* da língua é exatamente o nome dado a esta passagem da língua para o discurso. Desse modo, não cabe mais falar em oposição língua/discurso, mas na relação constitutiva língua-discurso. A enunciação, vista dessa ótica, é ato de apropriação da língua pelo locutor a partir do aparelho formal da enunciação, o qual tem como parâmetro um locutor e um alocutário. É a alocução que instaura o outro no emprego da língua.

38 Enunciação e gramática

Este quadro teórico supõe também o processo de referenciação como parte da enunciação, isto é, ao mobilizar a língua e dela se apropriar, o locutor estabelece uma relação com o mundo via discurso, e o alocutário correfere no diálogo, única realidade linguística. Conforme Benveniste, "[...] o ato individual de apropriação da língua introduz aquele que fala em sua fala. [...] A presença do locutor em sua enunciação faz com que cada instância de discurso constitua um centro de referência interno" (Benveniste, 1989: 84). Nesse caso, a teoria de Benveniste não só acentua a subjetividade linguística como também a condição da intersubjetividade na determinação de um quadro dialógico constitutivo da língua. É a intersubjetividade que viabiliza o uso da língua. O sujeito é constitutivo da língua porque sua existência dela depende e nela se realiza. Isso já está previsto em Benveniste quando afirma que "na enunciação consideraremos, sucessivamente, o próprio ato, as situações em que ele se realiza, os instrumentos de sua realização" (1989: 83). Estudar a língua nesses termos é considerá-la constitutivamente marcada pela enunciação.

Tomando por base o quadro teórico sumariamente exposto anteriormente, podemos conceber uma *gramática* que seja sempre da língua-discurso, no sentido que Benveniste atribui a este termo. Em outras palavras, se a *semantização* da língua prevê a enunciação, "supõe a conversão individual da língua em discurso" (Benveniste 1989: 83), então *fazer* a gramática de uma língua, do ponto de vista enunciativo, é tratar dos aspectos envolvidos no seu uso em dada situação.

Logo, um livro que queira explicitar a relação entre *gramática* e enunciação deve esclarecer como se faz uma análise enunciativa, e a análise propriamente dita passa a ser uma ilustração. É isso o que faremos nos capítulos seguintes: explicitaremos os aspectos da teoria de Benveniste que permitem esboçar a análise enunciativa e, em seguida, daremos exemplos de análises a partir do dispositivo teórico-metodológico desenhado.

Aspectos metodológicos gerais da análise enunciativa

Este item responde a uma demanda de clareza.[28] É comum pedir a um domínio que proceda à definição e à delimitação de seu campo de atuação, ou seja, o fazer científico exige que os procedimentos adotados para análise sejam explícitos e, obviamente, unívocos. No entanto, em Linguística da Enunciação, percebe-se certa flutuação no uso de determinados termos – enunciado, enunciação, sujeito, locutor, enunciador etc. –, bem como na forma como estes termos têm sido importados por outras áreas dos estudos da linguagem. Talvez esta flutuação seja fruto da diversidade de estudos que requerem para si pertença ao campo da enunciação. Diferentes autores situam-se nesta perspectiva, e, muitas vezes, torna-se difícil ver em cada um deles algum princípio que permita estabelecer propriedades comuns. Portanto este item é uma tentativa de explicitar aspectos teórico-metodológicos quanto à forma de abordagem da linguagem pelo viés linguístico-enunciativo e conforme a interpretação que fazemos da teoria de Benveniste.

E por que é necessário fazer isso? Ora, há uma necessidade teórica e há uma necessidade didática.

A necessidade teórica: não é raro encontrar quem indague como se faz uma análise enunciativa da linguagem, como é a metodologia da teoria da enunciação, o que é um *dado* na perspectiva enunciativa. Tais perguntas adquirem especial relevância quando remetidas ao quadro teórico de Benveniste, carente que é de clareza quanto a esses aspectos metodológicos. Então, é necessário explicitar como, ao menos em linhas gerais, se faz uma análise enunciativa da linguagem e, nesse caso, uma análise com base em Benveniste.

A necessidade didática: os questionamentos anteriores também nos são formulados por alunos e colegas dos mais diferentes níveis de ensino. Perguntam-nos também o que a perspectiva enunciativa pode acrescentar aos estudos de descrição da língua portuguesa que outros trabalhos já não o tenham feito e qual o diferencial entre olhar para a linguagem com os olhos da enunciação e olhar com os olhos de outra teoria linguística.

Para procedermos aos esclarecimentos, cabem ainda algumas observações: o que propomos aqui sobre *dado*, *método*, *objeto*, *corpus*, *transcrição*, entre outros termos, não é universalmente válido para todas as teorias da enunciação, logo não é uma tentativa de planificar as diferenças entre as teorias da enunciação. Evidentemente, cada teoria explicita – umas mais, outras menos – essas noções. Nossa proposta está limitada à leitura que fazemos de Benveniste.

O método

O método de análise pertence a cada teoria em particular. Cada teoria enunciativa constrói recursos metodológicos próprios sem que isso implique algum tipo de generalização para o campo. Em outras palavras, o que um teórico

40 Enunciação e gramática

define como método da análise linguístico-enunciativa não tem validade para além dos limites da teoria em questão. Com isso, queremos dizer que não há, em Linguística da Enunciação, um método, um objeto ou mesmo um conceito qualquer que seja universalmente válido para todas as teorias da enunciação. Cada teoria forja o seu instrumental metodológico.[29]

No caso de Benveniste, o entendimento de seu método de análise da linguagem é algo complexo e constitui o objetivo dos demais capítulos deste livro. Porém, com base no próprio autor, podemos adiantar alguns pontos gerais:

a) a análise empreendida por Benveniste visa à língua e à linguagem, simultaneamente. Com isso, o autor consegue dar às suas descrições o caráter da generalidade. Em "A natureza dos pronomes", diz ele

> a universalidade dessas formas e dessas noções faz pensar que o problema dos pronomes é ao mesmo tempo um problema de linguagem e um problema de línguas, ou melhor, que só é um problema de línguas por ser, em primeiro lugar, um problema de linguagem (1988: 277).

b) o ponto de vista assumido é o descritivo, porque há sempre, em seus artigos, vasta exemplificação do fenômeno em estudo. É também o explicativo, porque o autor busca explicitar os mecanismos que possibilitam a ocorrência do fenômeno. Assim procede Benveniste em "Os verbos delocutivos", em que ele situa o fenômeno na sua especificidade e na sua generalidade simultaneamente. Considera Benveniste:

> o termo dado como título a este artigo não é ainda corrente em linguística. Nós o introduzimos aqui para definir uma classe de verbos que se trata de fazer reconhecer na sua **particularidade** e na sua **generalidade**. Os exemplos nos quais encontramos esses verbos são tomados uns às línguas clássicas, outros às línguas modernas do mundo ocidental [...] veremos que **não se trata de fatos raros** mas, ao contrário, de formações, cuja banalidade de emprego **pode velar a singularidade da natureza** (1988: 306, grifos nossos).

c) é uma teoria que dá visibilidade ao processo e ao ato de utilização da linguagem, não sendo, portanto, meramente classificatória. Nas palavras do autor, "na enunciação consideraremos o próprio ato, as situações em que ele se realiza, os instrumentos de sua realização" (1989: 83).

Os dados, a noção de fato e o *corpus* de fatos

Em enunciação o *dado* não é jamais "dado". Em outras palavras, inexistem formas de acesso a dados coletados de modo a fazer com eles o que se convencionou chamar de "análise de dados". Assim, é difícil pensar em um "banco de dados" que seja construído desde a perspectiva das teorias da enunciação. A dificuldade deve-se à natureza do ponto de vista adotado, aqui apresentada em dois aspectos:

a) da observação: o tratamento dos dados em uma teoria, seja ela qual for, depende, primeiramente, de certa forma de observar este dado; uma observação não é teoricamente neutra, ela já é um início de descrição. Neste caso, a perspectiva enunciativa é levada desde sempre a supor que os sujeitos que falam uma língua não estão ausentes daquilo que dizem e, portanto, se marcam na estrutura do que dizem. O que enfatizamos com isso é a irrepetibilidade da enunciação. Eis a hipótese primeira da metodologia enunciativa: o observável é a maneira pela qual o sujeito se marca naquilo que diz;

b) da descrição: estamos aqui no nível da construção de mecanismos internos de tratamento do dado. Este trabalho é feito tendo em vista as necessidades de explicitação do que foi mencionado no item anterior. A este aspecto podemos chamar fato. Constitui um fato enunciativo de linguagem todo o fenômeno que servir para explicitar a maneira pela qual o sujeito se marca naquilo que diz. Neste caso, é possível fazer um corpus de fatos, entendido como uma reunião de mecanismos que coloca em relevo as maneiras de o sujeito se marcar naquilo que diz.

Há uma diferença de natureza entre os dois aspectos: o primeiro é impossível de ser abandonado sem que, com isso, se abandone também o objeto a ser estudado; o segundo pode (e deve) ser abandonado sempre que não comportar a realização do primeiro.

O *fato enunciativo de linguagem* se configura no produto de um ponto de vista, o que cria o objeto a ser analisado. O *fato* é, de certa forma, um começo de análise já que ele é o produto de uma interpretação. Tais fatos podem ser apresentados em *recortes* que possibilitam que se enfoque mais detidamente a cena enunciativa desenvolvida na situação.[30]

A transcrição dos dados

É de conhecimento de todos que a Linguística, em suas mais distintas versões, quando trabalha, em especial com *corpus* de natureza falada, utiliza recursos de transcrição, normalmente entendidos como formas de representação gráfica, mesmo que parcial, dos sons da língua. Tais recursos são variados e

42 Enunciação e gramática

constituídos por sistemas de símbolos especiais que, em tese, representariam o quadro teórico no qual a pesquisa está inserida. Assim, há diferentes sistemas de transcrição que atendem a necessidades específicas (fonéticas, fonológicas, sintáticas, conversacionais, variacionais etc.) e diferentes expectativas a respeito do que deve ser preservado na passagem da fala ao transcrito.

A partir disso vale perguntar o que é transcrever na perspectiva enunciativa? Mesmo que este não seja um assunto tematizado na teoria benvenistiana, podemos adiantar alguns pontos. Ora, considerada a irrepetibilidade da enunciação, a transcrição precisa ser entendida como um ato de enunciação como qualquer outro, portanto como algo também da ordem da singularidade. Considerando-se que a enunciação é um ato que não pode ser visto desvinculadamente do sujeito que a produz, cabe dizer que a transcrição é, nesse caso, um ato de enunciação que carrega as marcas daquele que enuncia. Além disso, certamente, a situação de discurso a ser transcrita tem seu estatuto enunciativo alterado, uma vez que se trata de uma enunciação sobre outra enunciação.

Transcrever, nesta perspectiva teórica, é enunciar e, portanto, é ato submetido à efemeridade da enunciação. Assim, consideramos o seguinte:

a) transcrever é condição da análise empreendida, sendo até mesmo uma etapa da análise, podendo ser estendida a estudos de diferentes *corpora*, inclusive de natureza gráfica;

b) cada transcrição é sempre única, singular e não linearmente extensível;

c) a transcrição não pode ser considerada integral, nem mesmo pode ser generalizável.

O lugar de Benveniste no campo da enunciação

Finalmente, alguns esclarecimentos,[31] mesmo que introdutórios, sobre a teoria de Benveniste,[32] pois, como diz Milner, "entre os atores capitais do programa estruturalista, E. Benveniste é o que menos falou de si mesmo" (2003: 89).[33] Falemos um pouco nele.

Benveniste, graças aos estudos comparativistas, foi um linguista de notório reconhecimento pelos seus pares, influenciado, de um lado, pelo comparativismo de Meillet e, de outro lado, pelo pensamento saussuriano. Foi professor no Collège de France, e suas aulas, compiladas por Lucien Gerschel, foram a origem dos dois volumes de *O vocabulário das instituições indo-europeias*. A seus cursos acorriam linguistas do porte de Ducrot, Hagège, Coquet, Yaguello, entre outros.

A influência de Benveniste no cenário da Linguística francesa é definitiva. Dosse, não sem razão, utiliza a expressão "filhos de Benveniste" para nomear aqueles que, influenciados por seu ensino, foram responsáveis pela execução, cada um a seu modo, do plano do mestre de "fazer ingressar o sujeito no interior do horizonte teórico dos linguistas" (1994: 68).

Este é o caso de muitos linguistas que consideramos integrantes da Linguística da Enunciação como Ducrot, que elabora uma teoria que se inscreve "mais na esteira de uma filiação francesa que remonta a Benveniste, que terá assim inspirado toda uma corrente da enunciação na qual trabalham cada vez mais investigadores a partir dos anos 70" (Dosse, 1994: 70), "ou ainda as pesquisas de Catherine Kerbrat-Orecchioni, que se situam na linhagem direta de Benveniste" (Dosse, 1994: 70-1), e o trabalho de Culioli "[...] cuja preocupação é também construir uma teoria da enunciação fundamentada em esquemas em profundidade de vocação universal, os chamados 'mecanismos de produção', todo um aparelho formal da enunciação que é uma herança de Benveniste" (Dosse, 1994: 71). Finalmente, Dosse lembra Hagège, que "numa perspectiva [...] mais próxima do espírito de Benveniste" (Dosse, 1994: 72), torna-se seu sucessor no Collège de France.

Dosse destaca com veemência – em *História do estruturalismo* – a singularidade do trabalho de Benveniste na França do século XX. É enfatizado, em especial, o reconhecimento fora do campo linguístico que Benveniste obteve devido aos trabalhos relativos à subjetividade na linguagem. É por esse viés que surpreendemos um Benveniste leitor da filosofia analítica anglo-saxã, colaborador do psicanalista Jacques Lacan e citado por Paul Ricoeur. Neste aspecto, é Normand (1985b) quem nos oferece um curioso panorama da recepção das ideias de Benveniste na França.

A autora mostra, a partir de um levantamento das anotações feitas por ocasião de dois cursos na Universidade de Nanterre – um do filósofo Paul Ricoeur, outro do linguista Jean Dubois –, que Benveniste era muito mais estudado no curso do filósofo do que no curso do linguista:

44 Enunciação e gramática

> Ora, se Benveniste é linguista, seria antes filósofo com uma posição singularmente avançada em relação aos anos 66-67. Essa evidência seria acrescentada ao que sabemos já sobre seus diálogos através dos textos devidamente publicados. Coloca-se, então, naturalmente a seguinte questão: no mesmo momento, na mesma Universidade de Nanterre, a alguns passos de distância, o que os linguistas diziam de Benveniste, quando se dirigiam a seus alunos? (Normand, 1985b: 34).

Normand mostra que na França dos anos 1960 não é a Benveniste que se referiam os autores quando falavam de enunciação, mas a Jakobson, especialmente em função do texto em que ele elabora a noção de *shifters*. Segundo Normand (1985b: 34) "é esse texto que é evocado correntemente nos anos 60 quando se trata de questionar o estruturalismo 'redutor' [...]".

Na verdade, a autora enfatiza que "Benveniste foi mal conhecido (mais do que desconhecido) antes de 1970, ao passo que Jakobson, quando era citado com relação aos embreantes, parecia lido, frequentemente, através das análises mais esclarecedoras daquele que o tinha precedido nesse caminho". E conclui:

> Dizemos que a *enunciação*, como conjunto teórico referindo-se a Benveniste, é somente pouco ou não conhecida dos linguistas franceses antes de 1970 e que as referências, quando as encontramos, não são feitas senão a Jakobson. Entretanto, outros teóricos, psicanalistas e filósofos, disso se ocupam ou a isso se referem (Normand, 1985a: 9).

Normand não para nesta constatação. Para ela, em função da leitura feita por psicanalistas, é possível verificar ainda uma dupla utilização de Benveniste relativamente à noção de sujeito: "sujeito pleno ou sujeito clivado? A referência a Benveniste comportará sempre uma interpretação ligada a essa escolha teórica" (1985b: 14).

Enfim, estes pequenos comentários que reunimos, feitos por excelentes leitores de Benveniste, podem ser um ponto de explicação para o não menor desconhecimento da teoria de Benveniste no Brasil. Entre nós, muito há que se estudar ainda para que tal teoria seja contemplada na sua amplitude e na sua imanência.[34]

Realmente, Benveniste é responsável por um conjunto de questões concernentes a uma linguística bastante diferenciada da que até então era feita. Os temas da subjetividade/intersubjetividade, da referência, da significação, da relação universal/particular, tomam outras proporções a partir de suas reflexões.

Conforme Flores (2006a), projetam-se de sua obra, no mínimo, duas perspectivas: as reflexões linguísticas *stricto sensu,* incluindo as comparatistas, e, em especial, as referências à obra de Saussure. É este lado da obra de Benveniste que permite listá-lo junto aos linguistas mais notáveis de seu tempo. Nesse sentido, é possível dizer que o sistema de pensamento benvenistiano configura-se numa epistemologia, ou ainda, que produziu uma epistemologia. Há, também, um fazer interdisciplinar das ciências do homem em que a linguagem tem papel fundamental. É o diálogo teórico posto em prática. Por esse prisma podemos afirmar que Benveniste produz em um terreno limítrofe, que lhe permite falar de filosofia, antropologia, sociologia, psicanálise, cultura etc., numa interdisciplinaridade. Finalmente, há a prospecção de uma nova Linguística: a da enunciação. Nesta terceira perspectiva está a reflexão comumente denominada pelo termo *Teoria da Enunciação*.

Pequena cronologia da vida e da obra de Émile Benveniste

1902 – Nascimento de Ezra Benveniste, em Alep, Síria.

1913 – Chegada a Paris para cursar estudos secundários na École Rabbinique de France.

1918 – Participação em um curso de Antoine Meillet na École des Hautes Études.

1924 – Naturalização francesa e troca de nome para Émile Benveniste.

1927 – Ingresso na École des Hautes Études em substituição a Antoine Meillet.

1937 – Ingresso no Collège de France em substituição a Antoine Meillet.

1935 – Publicação de *Origine de la formation des noms en indo-européen*.

1948 – Publicação de *Noms d'agent et noms d'action en indo-européen*.

1966 – Publicação de *Problèmes de linguistique générale I*.

1969 – Publicação de *Le vocabulaire des institutions indo-européennes*.

1974 – Publicação de *Problèmes de linguistique générale II*.

1976 – Morte de Émile Benveniste.

Notas

[1] Utilizamos a palavra *campo* em construções como *campo enunciativo, campo da enunciação, campo da Linguística da Enunciação*, entre outros, inspirados por Jacqueline Authier-Revuz, que assim procede em *Ces mots qui ne vont pas de soi: boucles réflexives et non-coïncidence du dire*. A autora fala em "balisages dans le champ du métalinguistique" e em "balisages dans le champ énonciatif" (1995: 3), que traduzimos por "balizagens no *campo* do metalinguístico" e "balizagens no *campo* enunciativo", respectivamente. A autora, inclusive, intitula um texto usando a palavra *campo* de maneira muito próxima a que fazemos neste livro. Trata-se de *Psychanalyse et champ linguistique de l'énonciation: parcours dans la méta-énonciation* (1998), publicado por ocasião do Colloque International de Cerisy-La Salle.

[2] Para um estudo exaustivo sobre a gênese, delimitação e história da Linguística da Enunciação, ver: Lia Cremonese (2007).

46 Enunciação e gramática

[3] Neves (1987), quando apresenta o tratamento dado pela gramática grega de Dionísio o Trácio aos pronomes, para ele divididos em duas espécies – os primitivos (pessoais) e os derivados (possessivos) –, diz que os *primitivos* distinguem o gênero pela própria indicação, a *dêixis*. Quanto a Appollonius Dyscole, a autora afirma que, segundo o gramático, "enquanto o nome expressa a qualidade de um sujeito corpóreo, o pronome apenas *indica a coisa*" (1987: 170). Tal indicação acontece quando a coisa está presente (*deíxis*) ou quando já foi apresentada (*anaphorá*). Para avaliar a presença das questões da dêixis na gramática portuguesa, ver também Fávero (1996).

[4] Não estamos, com isso, assimilando, *pari passu*, à dêixis os *shifters* e os *indicadores de subjetividade*.

[5] Em *A propósito da noção de dêixis* (1979), Lahud dedica um capítulo de seu livro, "Algumas teorias clássicas do pronome", para estudar o tratamento gramatical do fenômeno da dêixis, em especial, na *Gramática de Port-Royal*, de Arnauld e Lancelot.

[6] Em *A vertente grega da gramática tradicional* (1987), Neves precisa a contribuição da filosofia estoica para os estudos da linguagem e esboça o plano de uma teoria da significação dos estoicos. A autora apresenta os esquemas que levaram os estoicos à classificação dos enunciados proposicionais. Tal classificação inclui distinções entre proposições simples (negativas, afirmativas, indicativas, privativas, indefinidas) e não simples (relações de implicação, inferência, conjunção, disjunção, causa, comparação etc.).

[7] Exemplos como esse que Fuchs apresenta não faltam na *Gramática de Port-Royal*: no capítulo que trata do pronome relativo, encontramos outro recurso ao "espírito do sujeito" para definir o que é principal e o que é incidental: "quando digo que: *Deus invisível criou o mundo visível* – formam-se três julgamentos em nosso espírito contidos nessa proposição. Primeiramente, julgo que *Deus é invisível*; segundo, que *criou o mundo*; terceiro, que o *mundo é visível*. Dessas proposições, a segunda é a principal e a essencial da proposição: mas a primeira e a terceira não passam de incidentes [...] essas proposições incidentais estão muitas vezes em nosso espírito sem ser expressas por palavras, como no exemplo dado" (1992: 64).

[8] Encontra-se na *Encyclopédie* (1990) o seguinte início do verbete: "*ÉNONCIATION [ling] subs. fem.* A palavra *enuntiatio* e seu sucessor *énonciation* tiveram sentidos muito diversos [...] em lógica (onde concorre com *proposição*) e em gramática. O sentido linguístico se fixará por volta de 1920, com Bally. A partir de 1800, a palavra desliza para *fugacidade do proferimento* e se especifica na metade do século XIX, por exemplo, em H. Weil, no sentido mais moderno de 'condições essenciais da fala', que 'configuram o lugar onde se encontram quem fala e quem escuta'. A enunciação é, portanto, o conjunto dos atos que o sujeito falante efetua para construir num enunciado um conjunto de representações comunicáveis. Uma concepção enunciativa da linguagem consiste em sustentar que é na enunciação, e não nas realidades abstratas pré-construídas como a língua ou a proposição, que se constituem essencialmente as determinações da linguagem humana".

[9] Estamos nos referindo à primeira publicação do *Curso de linguística geral*, organizada por Bally e Sechehaye e publicada em 1916, sem contemplar as mudanças operadas pela inclusão no mercado editorial dos *Escritos de linguística geral* e dos *Anagramas*. O propósito é mesmo verificar a relação do campo da enunciação com o *Curso*, como marco que foi de instauração da ciência linguística. Há outros trabalhos nossos que contemplam as demais publicações de Saussure.

[10] É importante citar aqui Arrivè (1999) que considera um erro dizer que Saussure, através da hierarquia língua/fala, exclui do campo da Linguística tudo o que é da ordem da utilização da língua pelo sujeito falante. Para ele, "essa posição é contrariada de modo absoluto pelo *CLG*. Saussure não modifica a hierarquia que estabeleceu entre língua e fala. Até a reafirma com ênfase. Mas toma o cuidado de intitular um capítulo da Introdução como 'Linguística da língua e linguística da fala', sem se deixar deter pela estranha figura quase oximórica da expressão 'linguística da fala': é que aqui o termo *linguística* deve ser tomado no sentido extensivo de 'ciência da linguagem'. Por isso, a linguística é autorizada a encarregar-se dos dois componentes: da língua, sem dúvida, mas também da fala". E acrescenta Arrivè: "temos aqui, claramente, a instauração da linguística da enunciação, sob o nome de linguística da fala" (1999: 37). Concordamos parcialmente com o raciocínio de Arrivè, em especial quanto à importância dada por Saussure ao estudo da fala. No entanto, não cremos que a Linguística da Enunciação, nos termos em que a estamos definindo, possa ser integralmente associada à ideia de Linguística da Fala presente em Saussure. Talvez isso seja possível para algumas teorias da enunciação, como, por exemplo, a teoria dos *shifters* de Jakobson e mesmo alguns pontos da estilística de Bally. Porém tal assimilação adquire contornos mais duvidosos quando pensamos em teorias como a de Authier-Revuz e a de Culioli.

[11] Para saber sobre as relações entre Saussure e Bally, ver: Sylvie Durrer (1998). Para saber sobre Saussure e G. Guilhaume, ver: André Dedet (1995). Para saber sobre Saussure e Benveniste, ver: Claudine Normand (1992). Para saber sobre Saussure e Jakobson, ver Gadet (1995). Sobre as bases do modelo de Culioli, ver: Fuchs e Le-Goffic (1975).

[12] Este item reúne reflexões e aproveita trechos de estudos de Flores (2006a).

A perspectiva enunciativa de estudo da linguagem   **47**

¹³ É a própria Normand quem afirma a respeito de Benveniste: "substituto contemporâneo de Saussure, comparatista tornado estruturalista sem renúncia, preocupado sem ostentação em colocar em dia as falhas do sistema para remanejar o que funciona como novo 'paradigma', sobre esse ou aquele ponto que se revelarão essenciais, Benveniste elabora, desde 1946, ao longo de artigos que se tornaram célebres, o que será mais tarde retomado e designado sob o termo global da *teoria da enunciação*" (Normand, 1985a: 7).

¹⁴ Uma crítica contumaz a tal interpretação pode ser encontrada em Fiorin: "Essas ideias de Benveniste já foram acusadas de idealistas e psicologizantes. No entanto, parece-nos que tais acusações carecem de fundamento. Não pode haver psicologismo num sujeito fundado na linguagem; só é idealista um autor que concede à linguagem autonomia em relação à vida material, o que não acontece em Benveniste" (Fiorin, 1996: 57).

¹⁵ Para uma excelente crítica a tal interpretação da teoria benvenistiana, é obrigatória a leitura de Sírio Possenti. O autor diz que a interpretação segundo a qual o sujeito é a fonte do sentido, interpretação esta geralmente atribuída a Benveniste, "[...] é a ele atribuída de forma injusta [...]" (2001: 188).

¹⁶ O termo "representação" mereceria maior especificação, uma vez que ele é usado para sustentar argumentos distantes entre si. Aqui, ele é tomado em sentido muito delimitado, qual seja, como propriedade de se marcar. Não se trata de ver na representação algo que teria existência *a priori*. A enunciação, como processo que é, dá a conhecer, no enunciado, o produto, as marcas deste processo.

¹⁷ Paralelamente, gostaríamos de destacar que, mesmo concordando com a hipótese de base de Fuchs, temos reservas quanto à existência de "categorias específicas" para marcar a relação entre o sujeito e o seu enunciado. Há em Benveniste, em especial no texto citado por Fuchs, uma considerável ampliação desta visão "localizacionista" da enunciação. Essa ideia é desenvolvida por Flores e Teixeira (2005). Concordamos também com Maldidier, Normand e Robin, quando reconhecem a amplitude do aparelho formal de enunciação. Para as autoras, "O estudo do aparelho formal da enunciação conduz Benveniste na última etapa de suas pesquisas a examinar, para além dos elementos indiciais, que são os pronomes, os tempos verbais, os verbos de fala e os advérbios de tempo e de lugar, outros fenômenos linguísticos cuja formalização é mais difícil, tais como as funções sintáticas de interrogação, de intimação ou de asserção e o conjunto disso que se pode chamar de modalidades" (1994: 72).

¹⁸ Têm razão Maldidier, Normand e Robin quando consideram que "A elaboração do conceito de enunciação é sem dúvida a tentativa mais importante para ultrapassar os limites da linguística da língua. Após Bally, que dá uma primeira formulação do problema, Jakobson e Benveniste foram justamente saudados como os pioneiros das pesquisas neste domínio" (1994: 72).

¹⁹ Aliás, cabe lembrar que é em uma perspectiva de interface com a exterioridade da Linguística que Flores se situa em *Linguística e psicanálise: princípios de uma semântica da enunciação* (1999). Neste livro, a partir de reinterpretação da teoria de Benveniste, o autor propõe uma abordagem semântica, chamada à época de metaenunciativa, recorrendo à psicanálise lacaniana, com a finalidade de responder à seguinte questão: o que é o sujeito da enunciação numa teoria da enunciação?

²⁰ Concordamos com Guimarães, quando, explicando a teoria conversacional de Grice, diz que "este campo que caracterizo como o da pragmática e que, desde já, distingo dos estudos da enunciação procura repor [...] na significação a questão do sujeito" (1995: 33).

²¹ Para uma visão do conjunto da obra de Benveniste, a partir do paradigma da enunciação, ver Lichtenberg (2006).

²² A distinção língua/linguagem é de suma importância no pensamento de Benveniste. Ao contrário de Saussure, que, ao menos na versão das ideias apresentadas no *Curso de linguística geral*, exclui do objeto da Linguística a linguagem em função de sua natureza "multiforme e heteróclita" (Saussure, 1975: 17), Benveniste interessa-se pela linguagem e pela língua simultaneamente. A intersubjetividade por ele estudada é da ordem da linguagem; o título de um de seus artigos mais célebres, datado de 1958, "Da subjetividade na linguagem", atesta isso. Ainda como exemplo, vale citar uma das inúmeras passagens dos *Problemas* em que linguagem e língua estão imbricadas na análise benvenistiana: ao falar dos pronomes, em texto de 1956, "A natureza dos pronomes", considera: "a universalidade dessas formas e dessas noções faz pensar que o problema dos pronomes é um problema de línguas, ou melhor, que só é um problema de línguas por ser, em primeiro lugar, um problema de linguagem" (Benveniste, 1988: 277).

²³ Para uma introdução ao pensamento de Ducrot, ver Barbisan (2004a).

²⁴ Para uma visão geral de alguns temas da obra de Benveniste, ver Flores e Teixeira (2005).

²⁵ Para uma relação completa da obra de Jakobson, ver Rudy (1990).

²⁶ Publicado, originalmente, em inglês, em 1957, este artigo recebeu tradução para o francês, em 1963, "Les embrayers, les categories verbales et le verbe russe", e integra a publicação dos *Essais de linguistique générale*. *Shifters* foi traduzido por Nicolas Ruwet como *embrayeurs*, termo este que recebeu tanta notoriedade quanto o primeiro. Em português, recebeu várias traduções – embreantes, embreadores etc. (Lahud, 1979). Optamos por manter o termo em inglês.

48 Enunciação e gramática

[27] Flores e Teixeira (2005), às páginas 102-103, listam uma série de ocorrências do sintagma *Linguística da Enunciação* em uso semelhante ao que se está fazendo.

[28] Este item reúne reflexões e aproveita trechos de estudos de Flores (2006b).

[29] Para mais informações acerca da heterogeneidade do campo, remetemos a Flores e Teixeira (2005).

[30] A expressão "fato linguístico" é autorizada pelo próprio Benveniste, quando, em "Os níveis de análise linguística", diz: "quando estudamos com espírito científico um objeto como a linguagem, bem depressa se evidencia que todas as questões se propõem ao mesmo tempo a propósito de cada **fato linguístico**, e que se propõem em primeiro lugar relativamente ao que se deve admitir como **fato**, isto é, aos critérios que o definem como tal" (1988: 127, grifos nossos).

[31] Utilizaremos, para tanto, as informações constantes em Milner (2003) e Dosse (1994).

[32] Conforme Dosse (1994), Benveniste é judeu sefaradita nascido em Alep, Síria.

[33] Milner acrescenta: "a biografia de E. Benveniste (1902-1976) atravessa várias fases da história da França no século XX: as comunidades judias da Europa, os movimentos revolucionários, a Escola Linguística de Paris, o estruturalismo, o ocaso das instituições intelectuais de língua francesa" (2003: 89).

[34] Ver Flores (2004).

Uma Linguística da Enunciação

Benveniste, em uma coletânea de artigos publicada nos *Problemas de linguística geral I* e nos *Problemas de linguística geral II*, escreve uma teoria linguística, que se convencionou chamar de Teoria da Enunciação.

Estes artigos – transcrições de conferências proferidas, publicações em revistas especializadas etc. – são reunidos em blocos temáticos, propostos pelo próprio linguista, constituindo seis partes: "Transformações da linguística", "A comunicação", "Estruturas e análises", "Funções sintáticas", "O homem na língua", "Léxico e cultura". Tal organização propicia a todos os que se dedicam ao estudo desta Teoria da Enunciação a escolha de um percurso de leitura. A opção, qualquer que seja, não implica prejuízo quanto à leitura, pois os fundamentos básicos da teoria se fazem presentes em cada um dos textos.

Sendo assim, aqui o primeiro texto tomado – adota-se um percurso – é "O aparelho formal da enunciação", no qual Benveniste apresenta a definição de enunciação: "A enunciação é este colocar em funcionamento a língua por um ato individual de utilização" (1989: 82). A definição de enunciação é tomada como norte para o tratamento dos fundamentos da Teoria da Enunciação, de Benveniste.

Esta abordagem da Teoria da Enunciação considera a definição apresentada como um ponto de partida e se inicia pelo estudo do *ato individual de utilização*. Este ato, como será visto a seguir, instaura um quadro teórico – noções linguísticas relativas ao ato e das quais emanam todas as demais noções que constituem esta Teoria.

Pelo estudo do *ato*, se esboça, preliminarmente, o *quadro da enunciação*, em oposição ao que se denomina o *quadro da língua*. A partir do estudo do *ato*, passa-se a examinar a noção de *língua em funcionamento*, ou seja, *toda* a língua submetida à enunciação. Assim, o que é apresentado como dicotomia – quadro da enunciação/quadro da língua – assume, teoricamente, caráter provisório, uma vez que *língua em funcionamento* implica consideração à sobreposição destes quadros, ou melhor, a enunciação comporta a língua, entendida como sistema de signos virtuais.

Explicitados tais pressupostos teóricos, são promovidas, no final deste capítulo, reflexões que guindam os estudos realizados por Benveniste à condição de Linguística da Enunciação. Com esse intuito, apresentam-se o objeto, a unidade e o princípio que funda *uma* Linguística baseada na significância da língua em uso.

O quadro da enunciação

O quadro da enunciação, comumente formalizado em *eu-tu-aqui-agora*, é relativo à língua em ação.

 Inicialmente é considerado como distinto do quadro da língua – o sistema-tesouro que cada indivíduo tem armazenado em seu cérebro e que é comum a todos os que compõem uma comunidade linguística –, uma vez que pressupõe a tomada da palavra. Embora assim seja proposto, pelo modo que é descrito, infere-se que traz a língua implicada.

A noção de pessoa

O *ato individual de utilização da* língua está relacionado a uma proposição extraída de um questionamento feito por Benveniste à apresentação da noção clássica de *pessoa*.[1] Essa noção é conhecida por todos que já se detiveram a examinar pressupostos apresentados pela teoria gramatical, mesmo que este exame se caracterize por superficialidade.

A noção de *pessoa*, nos estudos clássicos, é relativa ao verbo e aos pronomes pessoais. Estas classes de palavras, segundo estes estudos, apresentam três pessoas – a que fala, a com quem se fala, a de quem se fala – simetricamente tratadas. É esta simetria que é criticada pelo linguista, que, ao abordar a pessoa verbal – e estas afirmações podem ser estendidas ao tratamento dado aos pronomes – diz que:

> [...] o caráter sumário e não linguístico de uma categoria assim proposta deve ser denunciado. A alinharmos numa ordem constante e num plano uniforme "pessoas" definidas pela sua sucessão e relacionadas com esses *seres* que são "eu", "tu" e "ele", não fazemos senão transpor para uma teoria pseudolinguística diferenças de

natureza *lexical*. Essas denominações não nos informam nem sobre a necessidade da categoria, nem sobre o conteúdo que ela implica nem sobre as relações que reúnem as diferentes pessoas. É preciso, portanto, procurar saber como cada pessoa se opõe ao conjunto das outras e sobre que princípio se funda a sua oposição, uma vez que não podemos atingi-las a não ser pelo que as diferencia (1988: 248).

Refutando esta homogeneidade apontada pela teoria clássica, Benveniste apresenta a gramática árabe como suporte para uma reflexão sobre a noção de *pessoa*. Nela, a primeira pessoa é tomada como "aquele que fala"; a segunda, como "aquele a quem nos dirigimos"; a terceira, como "aquele que está ausente".

O princípio sobre o qual se funda a oposição entre "eu", "tu", "ele" – o que Benveniste afirma que é preciso procurar saber – considera o *discurso, a língua em emprego e em ação*. Com base no discurso, Benveniste opõe a "primeira pessoa" e a "segunda" à "terceira" – *eu, tu/ele* –, pois tanto a "primeira pessoa" como a "segunda" estão implicadas no discurso, e a "terceira" dele não participa. Além disso, como se busca um critério que diferencie "pessoa", de modo que se justifique a existência da "primeira" e da "segunda", é a enunciação apontada como fator de oposição – *eu/tu*.

Eu e *tu* constituem a *noção de pessoa*; *ele* é a *não pessoa* (1ª oposição); embora *eu* e *tu* constituam a noção de *pessoa*, *eu* e *tu* são distintivos (2ª oposição). É a enunciação, segundo Benveniste, que fundamenta tais oposições.

Eu diz eu é a proposição apresentada, que demove a simetria e instaura o princípio da diferença. Esta proposição que pode ser considerada simples e até banal, pois, a todo o momento, como *eu* nos dizemos, assim como *eu* se diz aquele a quem a nós se dirige pela tomada da palavra. Ainda que assim possa ser vista, esta proposição tem implicações teóricas relevantes.

Veja-se que, antes de qualquer coisa que se possa considerar, esta proposição apresenta o verbo *dizer*. Os estudos linguísticos de base saussuriana, até então restritos ao estudo da língua como depositária de virtualidades, tem o seu campo ampliado: a língua passa a ser usada.[2] Há referência, e esta não é qualquer uma porque o que *eu* diz é *eu*.

A par da noção de referência, *eu diz eu* desencadeia a noção de *sujeito*. A tomada da palavra propõe *eu*, que se apresenta como referente, utilizando-se de uma *forma* da língua para referir: *eu*. A enunciação apresenta, então, *eu* como referente e *eu* como referido. Vê-se que a língua passa a "funcionar" pelo ato individual de utilização da própria língua, pois *eu* é signo que é usado para atribuir referência àquele que como *eu* se propõe.

52 Enunciação e gramática

Embora até então *eu* assim seja apresentado, Benveniste não escreve uma teoria do sujeito.[3] Para se designar como aquele que se enuncia, *eu* só pode fazê-lo propondo um diferente. *Eu,* ao dizer *eu*, diz *tu.* O uso da língua prevê um par linguístico indissociável: a categoria de *pessoa.*

Como a proposição *eu diz eu* tem como necessária outra proposição – *eu diz eu e diz tu –, eu* e *tu* são opositivos – *eu/tu* – e, ao mesmo tempo, complementares. Atribuir referência a um é atribuir referência a outro: o ato que promove *eu* à existência, concomitantemente, promove à existência *tu. Eu/não eu* ou *eu/tu* – a diferença necessária para que *eu* se identifique como o que toma a língua; – *eu-tu* – um par linguístico que justifica a tomada da palavra.

Assim como esta Teoria da Enunciação não pode ser descrita como uma teoria do sujeito, a constituição recíproca de *eu-tu* impede a caracterização desta Teoria como uma teoria da comunicação. O que é considerado por Benveniste é o ato que promove a utilização da língua, signos – tal como foram apresentados por Saussure – que, na e pela enunciação, além de sua condição de língua compartilhada por toda uma comunidade linguística, instauram uma circunstância de uso da língua, língua materializada para atribuição de referência; ao mesmo tempo, forma e substância.

A noção de *pessoa*, tal como é apresentada, implica constituição recíproca: o ato por meio do qual *eu* se constitui como sujeito constitui *tu. Eu* e *tu* são mutuamente constitutivos, *tu* é implícito ao dizer de *eu*. O dizer que é relativo à noção de subjetividade – *eu/não eu* – também é relativo à noção de intersubjetividade *eu↔não eu*.

Esta implicação pode também ser verificada nas características que Benveniste atribui à categoria de *pessoa*. A primeira é *unicidade*: *eu* e *tu* são sempre únicos, se renovam a cada situação enunciativa; a segunda, *reversibilidade*, aponta também para o fato de que a situação enunciativa é sempre outra, sempre nova: se *tu* toma a palavra, já não é mais *tu*, e sim *eu*. O que se propunha como *eu* agora é *tu*; a relação é refeita, é nova, já não é mais a mesma.

Mesmo que o estudo da enunciação não se centre no sujeito, num primeiro momento, por força de explicitação teórica, o dizer de *eu* instaura a noção de subjetividade. Teoricamente, a noção de subjetividade é noção necessária e, daí, anterior à noção de intersubjetividade.

Subjetividade, segundo Benveniste, "é a capacidade do locutor para se propor como 'sujeito'" (1988: 286). A manifestação desta capacidade é ato individual de exercício da língua; individual enquanto manifestação desta capacidade, dual enquanto ato. Como é a tomada da palavra que instaura a noção de subjetividade, esta noção precede a noção de intersubjetividade, precedência teórica, já que a enunciação prevê sempre *eu-tu*.

Flores, em *Linguística e psicanálise*, situa em dois momentos a relação entre o par linguístico que constitui a noção de *pessoa*: no primeiro, em uma relação temporalmente definida, apresenta-se a transcendência de *eu* quanto a *tu*; no segundo, tem-se a subjetividade como relação. Assim, inicialmente *tu* é apresentado como privado da língua – o que justifica a descrição da noção de *pessoa* como par opositivo; – em seguida, pela possibilidade de reversibilidade, a noção de pessoa passa a ser vista como unidade constitutiva, o que permite a relação de oposição *pessoa/não pessoa*.

 A subjetividade, no estudo feito por Flores, é "de um lado, a subjetividade/ temporalidade como o 'sempre novo', de outro, a subjetividade/relação como o 'já-dado'" (1999: 199).

Esta crítica que situa subjetividade em dois tempos – o "sempre novo", subjetividade que se propõe; o "já-dado", subjetividade que se constitui pela e na proposição – permite afirmar que Benveniste apresenta a noção de *pessoa* sob a noção de *intersubjetividade*, dada a impossibilidade de dissociar *eu-tu*. Intersubjetividade, entretanto, não é noção restrita à noção de *pessoa*, perpassa todas as demais noções que virão a ser estudadas aqui.

 Da análise da pessoa verbal e dos pronomes pessoais, em uma perspectiva linguística, Benveniste propõe a noção de enunciação, entendida como "colocar em funcionamento a língua por um ato individual de utilização" (1989: 82). Deste ato, decorre a noção de pessoa, sempre dual e indissociável, e assim a língua é, em uma situação enunciativa, intersubjetiva. Intersubjetividade da e na língua não se restringe à noção de pessoa, é relativa a tempo e espaço, referência atribuída, também, na e pela enunciação.

A noção de espaço-tempo

Por meio da compreensão de que *eu-tu* são sempre únicos, infere-se que a enunciação também o é. O ato enunciativo cria a noção de pessoa, que se renova a cada ato. Cada ato é responsável, também, pela instauração da noção de *espaço-tempo*, o espaço-tempo da enunciação.

Benveniste, ao tratar a noção de pessoa apresentada pelos estudos clássicos, esclarece que o critério a ser buscado, para o estudo desta categoria, é essencialmente linguístico, não baseado unicamente em diferenças de natureza lexical. Considerando-se a enunciação e sua relação com espaço e tempo, vê-se que há sempre e somente *presente*, na e pela enunciação sucessivamente renovado.

A enunciação instaura *aqui-agora*, o tempo linguístico, cuja singularidade é "o fato de estar organicamente ligado ao exercício da fala, o fato de se definir e de se organizar como função do discurso" (1989: 74).

 Este *presente* de que Benveniste fala é diferente do presente gramatical; o emprego deste no discurso indica que há concomitância entre o ato de dizer e o que é dito. Ao se atribuir referência a acontecimentos passados – o que é memória – ou ao se projetar o futuro, é o *presente linguístico* que está em questão; ele é o eixo para todas as relações espaciais e temporais, ele é "gerador" destas relações, promovendo deslocamentos no espaço e no tempo.

Aqui-agora – espaço e tempo na e pela enunciação – estabelece coordenadas para as expressões espaciais e temporais e, como estas expressões estão vinculadas a *eu-tu*, é pela via da intersubjetividade que têm referência. O sujeito é que dispõe espaço e tempo, ou seja, ao expressar-se, ele "temporaliza" os acontecimentos e os "espacializa". No uso da língua, tempo e espaço são relativos à enunciação.

Estudando-se o presente da enunciação, se vê a manifestação de subjetividade, a intervenção do sujeito no espaço e no tempo. Percebe-se também que à subjetividade que se expressa se sobrepõe a intersubjetividade: aquele a quem *eu* se dirige assume a temporalidade e a espacialidade indicadas no discurso e por elas regula seu dizer, ao propor-se como sujeito, pela tomada da palavra.

A classe de pronomes demonstrativos, denominação clássica, também é relativa à noção de espaço-tempo que, na e pela enunciação, emana. *Este* – e suas variações – tem indicação de "coisa" presente à situação enunciativa e mantém relação com *eu*. Esse pronome e seus correlatos – *esse* e *aquele* – tomam o sujeito como eixo, indicando proximidade ou distanciamento espacial ou temporal.

Os indicadores de subjetividade

O quadro teórico até então estudado apresenta as noções de pessoa e de tempo-espaço: *eu-tu-aqui-agora*.

Estas noções são constitutivas da enunciação. Descrevê-las desta maneira representa considerá-las implícitas ao ato de conversão da língua em discurso, isto é, mesmo que o enunciado não apresente a marca *eu*, por exemplo, *eu* subjaz ao enunciado.

Eu-tu-aqui-agora é sempre autorreferencial, cada vez único. Assim, "a enunciação faz com que cada instância de discurso constitua um centro de referência interno" (Benveniste, 1989: 84), constitua um "mundo" que tem como parâmetro o ato enunciativo.

Ao estudar os pronomes e a pessoa verbal, Benveniste traça uma linha divisória entre o que é próprio à enunciação – *eu-tu* – e o que não pertence ao quadro enunciativo. Quanto a espaço-tempo, *aqui-agora*, o presente linguístico é implícito à enunciação. Embora o quadro da enunciação se constitua, apresentando *eu-tu-aqui-agora*, isso não pode ser tomado como fator redutor. O que assim se apresenta é *centro de referência* relativo à enunciação.

Sendo a enunciação centro de referência, toda a língua converge para a enunciação. Pela definição de enunciação, entende-se que a língua é colocada em funcionamento pelo ato de utilização da *própria língua*.

Ainda na perspectiva das noções de pessoa e de espaço-tempo, pode-se observar este funcionamento da língua, considerando-se as relações que *eu-tu-aqui-agora* estabelecem com outras palavras.

Benveniste, ao estudar a noção de pessoa, considera *eu* e *tu*, opondo-os a *ele*. Ora, os estudos clássicos, ponto de apoio e de questionamento apresentado por Benveniste, não restringem os pronomes pessoais e a categoria verbal a formas no singular, *nós* e *vós* são tidos como plural de *eu* e de *tu,* respectivamente.

Como a enunciação é relativa à pessoa, e esta só comporta, a cada vez, duas – *eu-tu* –, Benveniste se atém ao estudo de *nós* e de *vós*, considerando o ato individual de tomada da palavra.

Segundo Benveniste, "a unicidade e a subjetividade inerentes a 'eu' contradizem a possibilidade de pluralização" (1988: 256). O simples exame da indicação expressa por *nós* impede que se considere *nós* como somatório de vários "eu". O uso de *nós* indica que se trata de *eu* e de *não eu*.

Nós não é, então, plural de *eu,* trata-se de uma outra palavra, na qual se constata expressão de "eu" e "não eu", independentemente do que "não eu" implique. Não há plural porque não há junção de iguais, mas de diferentes. *Nós*, conforme Benveniste, é "um eu *dilatado*, além da pessoa estrita" (1988: 258) – eu que falo, incluindo um não eu, qualquer que seja não eu –, indicando relevância de *eu*.

Nós, em certos empregos, é *eu* "amplificado": o *nós* de majestade, tratado pela teoria gramatical, é expressão de pessoa "mais maciça, mais solene e menos definida"; o *nós* de autor ou de orador "atenua a afirmação muito marcada de 'eu' numa expressão mais ampla e mais difusa" (Benveniste, 1988: 258).

O uso de *nós*, assim, tem indicação de subjetividade, marca uma relação com *eu*, assim como certos pronomes possessivos – *meu*, por exemplo – são relativos a *eu*.

O uso da língua revela a enunciação no enunciado: "Eu designa aquele que fala e implica ao mesmo tempo um enunciado sobre 'eu': dizendo *eu*, não posso deixar de falar de mim" (Benveniste, 1988: 250). A enunciação, pois, se mostra no enunciado por meio de certas palavras, as quais Benveniste denomina de *indicadores de subjetividade*.

Além de *eu* e *tu*, a enunciação constitui outras palavras ou categorias: o tempo, que é o *presente* concomitante com a enunciação; o *aqui*, que é indissociável de *agora*; os demonstrativos – *este* e suas variações –, que designam todas e quaisquer "coisas" presentes no *aqui-agora*.

A noção de espaço-tempo, implicada na enunciação, é tomada como marco para que essa noção se expanda. Considerando-se este *presente* como eixo, há possibilidade de se remontar ao passado e de se projetar o futuro. Entende-se, desta maneira, que os verbos, ao expressarem tempo, são indicadores de subjetividade, bem como advérbios que se correlacionam a *aqui* e a *agora*: *ali, lá, ontem, amanhã* etc.

Também os demonstrativos têm a enunciação como parâmetro, e *este* e *isto* – o que é relativo ao que se enuncia – se correlacionam a *esse, aquele, isso, aquilo*.

Nesta perspectiva, considerando-se a enunciação como referência, além de pronomes pessoais, possessivos, verbos, certos advérbios e demonstrativos, também se pode dizer que adjetivos e modalização são indicadores de subjetividade, já que revelam uma atitude do sujeito que, na e pela enunciação, se evidencia no enunciado.

A enunciação "introduz aquele que fala em sua fala" (Benveniste, 1989: 84) e, embora a noção de enunciação não deva ser confundida com a de enunciado – a enunciação materializada –, o enunciado revela a enunciação: por meio de seu estudo, pode-se "recuperar" a enunciação, uma vez que a enunciação se caracteriza por fugacidade.

Como enunciação é colocação da língua em funcionamento por um ato individual de utilização, e por língua entende-se tudo que seja língua, tudo o que até aqui foi dito não é o bastante. Faz-se necessário verificar como Benveniste relaciona a *não pessoa* à enunciação, uma vez que, ao estudar os pronomes e a categoria verbal de pessoa, estabeleceu uma dicotomia relativa a *eu-tu* e *ele*: as noções de *pessoa* e de *não pessoa*.

O quadro da língua

Na Teoria da Enunciação, de Benveniste, o que é próprio à enunciação distingue-se, num primeiro momento, do que não lhe é inerente. Ou seja, pode-se imaginar a língua como um todo dividido em duas partes: uma corresponde ao que da enunciação emana – *eu*, *tu*, *aqui-agora* e todas as correlações relativas a estas palavras, os indicadores de subjetividade –; a outra parte corresponde ao que propriamente não "pertence" ao ato enunciativo.

Benveniste, como apresenta a proposição *eu diz eu*, na qual, como já foi visto, *tu* é implícito, configurando a noção de *pessoa*, delega a *ele* o estatuto de *não pessoa*.

A noção de *não pessoa* constitui o quadro da língua, em oposição à noção de *pessoa*, que constitui o quadro da enunciação.

A noção de não pessoa

O que leva Benveniste a questionar a legitimidade da forma *ele* como *pessoa* e a situá-la como *não pessoa?*

Benveniste entende a pessoa verbal como um fato de linguagem *sui-generis*, pois todas as línguas possuem formas linguísticas que indicam a *pessoa*, "uma língua sem expressão de pessoa é inconcebível" (1988: 287). Por isso, suas primeiras reflexões sobre a teoria que é conhecida como Teoria da Enunciação têm como berço a pessoa verbal.

Onde é que o sujeito grava sua identidade primeira senão nas pessoas verbais e nos pronomes? Tudo, para Benveniste, é consequência desta marca, que remete para o fundamento da intersubjetividade. No texto "Estrutura das relações de pessoa no verbo", Benveniste diz que:

> Em todas a línguas que possuem um verbo, classificam-se as formas da conjugação segundo a sua referência à pessoa, constituindo a enumeração das pessoas propriamente a conjugação; distinguem-se três no singular, no

plural e eventualmente no dual. Essa classificação é notoriamente herdada da gramática grega, na qual as formas verbais flexionadas constituem πρόσωπα, *personae*, "figurações" sob as quais se realiza a noção verbal (1988: 247).

Neste texto, Benveniste analisa e descreve as pessoas verbais em suas oposições formais, discordando da classificação grega em três pessoas verbais e somente três, alinhadas em uma *ordem constante* e em um *plano uniforme* como *seres* que são *eu, tu* e *ele*. Ora, para Benveniste, estas diferenças são de natureza *lexical*, não informam nada sobre a necessidade da categoria, o conteúdo que ela implica ou as relações que reúnem as diferentes pessoas; desse modo, ele propõe uma teoria linguística da pessoa verbal que "só pode constituir-se sobre a base das oposições que diferenciam as pessoas, e se resumirá inteiramente na estrutura dessas oposições" (1988: 250).

As três pessoas não são homogêneas, pois nas duas primeiras "há ao mesmo tempo uma pessoa e um discurso sobre essa pessoa". *Eu* é o que fala enunciando *eu*, "dizendo *eu*, não posso deixar de falar de mim"; como *tu* é designado por *eu*, *eu* "enuncia algo como um predicado de 'tu'"; da terceira pessoa "um predicado é bem enunciado somente fora do 'eu-tu'"; por isso é "questionável a legitimidade" da forma *ele* como *pessoa* (Benveniste, 1988: 250).

Para Benveniste, "estamos aqui no centro do problema", já que "a forma dita de terceira pessoa comporta realmente uma indicação sobre alguém ou alguma coisa, mas não referida como *pessoa* específica. O elemento variável e propriamente 'pessoal' falta aqui" (1988: 250).

 Benveniste faz o inventário da terceira pessoa em algumas línguas para provar sua tese: no semítico, a terceira pessoa do singular do perfeito não tem desinência; no turco, a terceira do singular tem a marca zero em face da primeira e da segunda; no ugro-fínico, a terceira do singular representa o tema nu, sem desinência; no gregoriano, na conjugação subjetiva, as duas primeiras pessoas apresentam, além de desinências, prefixos, mas a terceira do singular tem apenas desinência.

Assim Benveniste vai listando inúmeras línguas para "pôr em evidência que as duas primeiras pessoas não estão no mesmo plano que a terceira, que esta é sempre tratada diferentemente e não como verdadeira 'pessoa' verbal e que a classificação uniforme em três pessoas paralelas não convém ao verbo dessas línguas" (1988: 251-2), fato que também é comprovado nas línguas indo-europeias, como o lituano, o sânscrito, o grego moderno, em que há também desacordo entre a terceira e as duas primeiras pessoas; no inglês a diferença se estabelece porque a terceira do singular é a única marcada com *s* ou *es*.

Portanto, caso se queira falar de *pessoa*, será somente em relação às posições *eu* e *tu*. A terceira pessoa é estruturalmente a forma não pessoal da flexão verbal, pois serve quando a *pessoa* não é designada ou nas expressões impessoais como *chove, troveja, neva*, em que não há agente produzindo o fenômeno, apenas o relato do processo. Ao contrário de *eu* e *tu*, que são sempre únicos e podem inverter-se, *ele* pode ser uma infinidade de sujeitos ou nenhum, e é impossível invertê-lo com os dois primeiros. "A 'terceira pessoa' é a única pela qual uma *coisa* é predicada verbalmente" (1988: 253). Tudo o que não pertence a *eu-tu* recebe como predicado a forma verbal de terceira pessoa. A terceira pessoa pode eventualmente ser empregada em expressões de respeito ou de ultraje, segundo o desejo de reverenciar ou de anular alguém.

No texto "A natureza dos pronomes", Benveniste considera a questão dos pronomes como um problema de linguagem, mostrando que os pronomes se distinguem conforme "o modo de linguagem do qual são signos" (1988: 277): uns pertencem à sintaxe da língua, outros à instância de discurso, que são "os atos discretos e cada vez únicos pelos quais a língua é atualizada em palavras por um locutor" (1988: 277). Ao nível sintático Benveniste opõe o nível pragmático.

Eu e *tu* pertencem ao nível pragmático porque só têm referência na situação enunciativa; *ele* é substituto abreviativo, pertence à sintaxe da língua, pois predica "*o não importa quem* ou *o não importa o que*, exceto a própria instância" (Benveniste, 1988: 282).

 Benveniste opõe, assim, signos que decorrem da enunciação e signos relativos a "uma noção constante e 'objetiva', apta a permanecer virtual ou a atualizar-se num objeto singular" (1988: 278). Os primeiros são signos vazios, remetem a si mesmos; os segundos são signos plenos, pois remetem a um conceito que pertence ao domínio "coletivo".

Ora, se a tomada da palavra implica (inter)subjetividade, faz-se necessário, à luz da Teoria apresentada por Benveniste, refletir sobre esta condição de subjetividade apresentada por *eu-tu* e de não subjetividade expressa por *ele*.

A não pessoa submetida à enunciação

A partir dos estudos até então realizados, se está diante de algo que pode parecer paradoxal: se a enunciação, como foi visto, cria um "centro de referência interno" (Benveniste, 1989: 84), como admitir a existência de dois "quadros", o da enunciação e o da língua, ou ainda, como admitir a dicotomia *eu-tu/ele*?

60 Enunciação e gramática

Para que se faça uma reflexão de modo a compreender esta divisão "paradoxal", relativa aos signos linguísticos, a qual os supõe subjetivos/ objetivos, vazios/plenos, dêiticos/não dêiticos, retomemos a noção de *ele* e examinemos a noção de *referência*, na perspectiva de Benveniste.

A *não pessoa* é noção apresentada a partir do estudo da pessoa verbal e do pronome. Ao tratar a pessoa verbal, Benveniste descreve a terceira pessoa – *ele* – como a que se caracteriza por:

a) poder ser uma infinidade de sujeitos ou nenhum;

b) não designar especificamente nada nem ninguém;

c) ser a única pela qual uma *coisa* é predicada verbalmente (1988: 253).

Estas características da *não pessoa* a apontam como distinta de *pessoa*: jamais é única, jamais se inverte e é privada do uso da palavra na presente instância de discurso, pois não goza do estatuto de *pessoa*, um ser linguístico, já que é *coisa*.

Ao tratar os pronomes, Benveniste apresenta o pronome *ele* como *o não importa o que* ou *o não importa quem*, que funciona como substituto abreviativo, com as seguintes propriedades:

a) combinar-se com qualquer referência de objeto;

b) não ser jamais reflexivo da instância de discurso;

c) comportar um número às vezes bastante grande de variantes pronominais ou demonstrativas;

d) não ser compatível com o paradigma dos termos referenciais *aqui, agora* etc. (Benveniste, 1988: 283).

Veja-se que Benveniste, embora questione a nomenclatura gramatical e a consequente simetria que ela indica, vai buscar na teoria gramatical, tanto na classe dos pronomes como nos estudos sobre a categoria verbal, os fundamentos para a noção de *pessoa* – *eu* e *tu* lá estão, são a base para a noção de enunciação –, noção esta que se contrapõe à noção de *não pessoa*.

Retomando-se a noção de *não pessoa*, aprofundada pela enumeração de suas características, verifica-se que ela não se restringe à palavra *ele*. *Ele* também é a palavra tomada para as reflexões feitas por Benveniste, as quais, se compreendidas, indicam que, na língua, há dois campos: o da enunciação, que se caracteriza por unicidade, reversibilidade e pelo não repetível, e que é relativo à intersubjetividade e à atribuição de referência; o da língua como sistema de signos compartilhados por todos os que pertencem a uma determinada comunidade linguística.

O campo da *não pessoa*, pois, é relativo a tudo o que é língua, mas que não é relativo a *eu-tu-aqui-agora*. Daí o parágrafo com o qual Benveniste encerra o texto "A natureza dos pronomes":

Uma análise, mesmo sumária, das formas classificadas como pronominais leva assim a reconhecer classes de natureza totalmente diferentes e, em consequência, a distinguir, de um lado, a língua como repertório de signos e sistema de suas combinações e, de outro, a língua como atividade manifestada nas instâncias de discurso caracterizadas como tais por índices próprios (1988: 283).

Havendo esta divisão radical entre signos, que tem como consequência dois sistemas, como justificar o uso da língua calcado em um centro de referência interno?

Há de se examinar a noção de referência, na perspectiva de Benveniste, para que se possa entender esta dicotomia relativa ao signo, sob pena de a noção de enunciação estagnar-se no que se chama de "quadro da enunciação".

Para Benveniste não há uma relação entre língua e mundo, ou seja, as "coisas" do mundo não são representadas pela língua, como se existisse entre língua e mundo uma relação de correspondência.[4]

Numa abordagem enunciativa, prefere-se usar o termo *atribuição de referência* em lugar dos termos *referenciação* ou simplesmente *referência*, pois a língua é relativa a *eu-tu-aqui-agora*.

Assim como a tomada da palavra dá existência a *eu-tu-aqui-agora*, instaurando a instância de discurso, é na e pela enunciação que o "mundo" passa a existir. E este mundo é o de quem utiliza a língua, é o *seu* mundo, extensivo a quem a palavra se dirige e relativo a espaço e tempo.

Ora, se o "mundo" se manifesta pelo dizer, compreendendo *eu-tu-aqui-agora*, ele considera e revela quem usa a língua, bem como os demais componentes do quadro enunciativo. Nesse aspecto, o dizer, não importando o que se diga, está impregnado pela enunciação, independentemente de o signo ser relativo ao paradigma *eu-tu-aqui-agora* ou qualquer outro.

Desse modo, mesmo que a divisão proposta por Benveniste possa parecer paradoxal, percebe-se que ela é necessária para que, teoricamente, se compreenda que a língua passa a ser utilizada; entretanto, exatamente pela maneira como a enunciação é apresentada – o que, em um primeiro momento, mostra-se como *em oposição* –, em um segundo momento, passa a ser entendido como relativo à enunciação. Em *eu diz eu* – e porque o que *eu* diz é *eu* – se inserem *tu, aqui-agora* e tudo o mais que seja língua.

Signos vazios e signos plenos

Benveniste, explicitando as noções ligadas ao exercício da língua, apresenta o termo *signos vazios*.

São *vazios* os signos que remetem à enunciação, refletindo o seu próprio emprego. Apresentados desse modo, todos os indicadores de subjetividade são signos *vazios*.

Segundo Benveniste, a língua contém signos que possibilitam o uso. "O seu papel consiste em fornecer o instrumento de uma conversão, a que se pode chamar a conversão da linguagem em discurso" (1988: 280).

> Estes signos, ao serem atualizados, se tornam "plenos", e assim se caracterizam porque, ao serem empregados em uma situação de uso de língua, passam a atribuir referência.

Por esta consideração a signos *vazios,* compreende-se que *eu,* fora de uma situação de emprego, não indique ninguém. E o fato de não haver esta indicação é garantia de unicidade e de reversibilidade: *eu,* sendo empregado, diz respeito àquele que o emprega e a nenhum outro; no momento em que é utilizado por aquele a quem há pouco a palavra se dirigia, promove uma inversão: o que se dizia *eu,* agora é *tu;* o que era posto como *tu,* agora é *eu.*

> Este signo está, pois, ligado ao *exercício* da linguagem e declara o locutor como tal. É essa propriedade que fundamenta o discurso individual, em que cada locutor assume por sua conta a língua inteira (Benveniste, 1988: 281).

Esta noção de *signos vazios* que se "plenificam" na e pela enunciação problematiza as noções de *pessoa* e de *não pessoa*, na medida em que não se pode simplesmente afirmar que à primeira corresponde a ideia de *vazios*; à segunda, a ideia de *plenos*.

Esta consideração a *vazios*, ligada ao exercício da língua, desmobiliza qualquer possibilidade de os signos que nela não se enquadrem serem tomados como "plenos".

Ainda que se defenda que os signos relacionados à noção de *não pessoa* correspondam a conceitos e, então, sejam "plenos", sem a marca de unicidade, há de se considerar que, trazidos à situação enunciativa, expressando o "mundo" sob a ótica de *eu*, passam a indicar sentido único.

Na Teoria da Enunciação, de Benveniste, a *não pessoa*, momentaneamente "ausente" do discurso para que a noção de *pessoa* seja apresentada, devido à noção de *pessoa*, se integra ao discurso.[5]

> Quando o indivíduo se apropria dela, a linguagem se torna em instâncias de discurso, caracterizadas por esse sistema de referências internas cuja chave é *eu*, e que define o indivíduo pela construção linguística particular de que ele se serve quando se enuncia como locutor (Benveniste, 1988: 281).

Subjetividade e objetividade

Para que se reflita sobre as noções de *subjetivo* e de *"objetivo"*, relacionadas respectivamente às noções de *pessoa* e de *não pessoa*, é preciso que se tenha em mente que, quando Benveniste usa a palavra *objetivo,* ele está tratando de signos.

Signo é tomado por Benveniste na mesma acepção dada por Saussure: é a unidade mínima distintiva do sistema língua. É, pois, no sistema língua que Benveniste traça uma linha divisória; há signos que implicam subjetividade, ou seja, que têm indicação de atividade de discurso, são *possibilidade de discurso*. Afirma Benveniste:

> [...] *eu* só pode ser identificado pela instância de discurso que o contém e somente por aí. Não tem valor a não ser na instância na qual é produzido. [...] a forma *eu* só tem existência linguística no ato de palavras que o profere. [...] A definição pode, então, precisar-se assim: *eu* é o "indivíduo que enuncia a presente instância de discurso que contém a instância linguística *eu* (1988: 278-9).

Por estas palavras, percebe-se que a noção de enunciação, na concepção de Benveniste, é prevista pela língua. A língua – sistema de signos diferenciais – apresenta *formas* por meio das quais prevê que venha a ser usada.

Ao lado de signos que têm indicação de subjetividade, Benveniste considera a existência de outros signos que, virtualmente, indicam conceito, noção ampla, uma *ideia de* que não decorre propriamente da enunciação, mas é relativa ao "mundo" que na e pela enunciação se expressa.

Em "A natureza dos pronomes", lê-se que:

> Cada instância de emprego de um nome refere-se a uma noção constante e "objetiva", apta a permanecer virtual ou a atualizar-se num objeto singular, e que permanece sempre idêntica na manifestação que desperta (Benveniste, 1988: 278).

64 Enunciação e gramática

A esfera da *não pessoa*, então, é relativa à objetividade em dois sentidos: um sentido é dado pela oposição *pessoa/não pessoa*, já que *não pessoa* implica noção constante não relacionada ao discurso; outro, pela sua condição de *virtual*.

A "objetividade" da *não pessoa* é desfeita quando ela abandona seu caráter de virtualidade, ao ser *atualizada* em uma situação enunciativa. Ao ser empregada, em uma situação de uso, indica um *objeto singular*, próprio à situação discursiva. Embora não pertinente à relação *eu-tu*, porque é *não pessoa*, passa a expressar sentido próprio a essa relação. A noção ampla se singulariza; portanto, no uso da língua, a *não pessoa* expressa *um* sentido, único porque relativo a *eu-tu-aqui-agora*, ou seja, é enunciação.

Dêixis e não dêixis

No texto "A natureza dos pronomes", a *não pessoa* é apresentada como um *anafórico*. Como aponta o título do texto, Benveniste restringe seu estudo aos pronomes e deles extrai as noções de *pessoa* e de *não pessoa,* demonstrando que os pronomes não podem ser considerados como constituindo uma classe homogênea. *Eu* e *tu* são indicadores de subjetividade, têm referência na enunciação e são *dêiticos*; *ele* pertence ao sistema sintático da língua e, assim, é um *anafórico*, pois serve como *substituto abreviativo*.[6]

É nesse texto que se situa a discussão que Lahud propõe no capítulo "Dêixis e enunciação: uma problemática do sujeito", do livro *A propósito da noção de dêixis*, porque esta obra resulta de uma extensa e competente pesquisa sobre *dêixis*. Ela se inicia com os estudos sobre os pronomes em *Port-Royal*, perpassando outros, realizados por diversos teóricos; interessa aqui o que é apresentado sobre Benveniste.[7] Abordando *pessoa* e *não pessoa*, Lahud propõe que sejam considerados indicadores: os primeiros, de subjetividade; os outros, de referência.

Segundo Lahud, considerar os princípios teóricos apresentados por Saussure é importante para a compreensão da noção de *dêixis* na linguística pós-saussuriana, especialmente a oposição *língua/fala*, que permite determinar o objeto da Linguística. Saussure exclui a fala do objeto desta ciência por considerá-la portadora das "variantes individuais e, consequentemente, não passíveis de um tratamento 'algébrico' ou 'sistemático'" (Lahud, 1979: 96), decorrendo dessa exclusão outras: a de sujeito e a de situação. A descrição da língua, assim, é feita sem qualquer alusão ao uso da fala.

Com o advento da Linguística da Enunciação, para a qual a noção de *dêixis* adquire importância, a oposição apresentada por Saussure fica comprometida, ao ser formulado o conceito de enunciação. Lahud, distinguindo *fala* e *enunciação*, afirma que:

> Nem da ordem da língua, nem da ordem da fala tais como as concebe Saussure, mas da própria linguagem enquanto *atividade regrada* (portanto *coletiva*) *linguisticamente* [...], mas a enunciação enquanto centro necessário de referência do próprio *sentido* de certos signos da língua (1979: 98).

Esta Linguística, assim, preocupa-se em identificar, em enunciados, partículas dêiticas da linguagem.

Não só nos estudos relativos aos pronomes Lahud identifica em Benveniste o tratamento da questão da *dêixis*, também nos que se ocupam da pessoa verbal. As correlações de *pessoalidade* e de *subjetividade* permitem a percepção da disparidade semântica entre as palavras tradicionalmente classificadas como pronomes e instauram a noção de *dêixis*. O par *eu-tu* remete à instância de discurso; *ele* pode remeter a qualquer coisa, exceto à instância de discurso. Diz Lahud que:

A distinção entre "pessoa" e "não pessoa" reflete, portanto, uma oposição mais profunda cujo traço distintivo essencial é a relação do sentido dos signos com a enunciação: é a ausência de tal relação que faz de "ele" um elemento pertencente àquilo que Benveniste denomina a esfera "cognitiva da linguagem", e, por isso, um signo adequado para designar coisas da "realidade objetiva"; e é a impossibilidade de se conceber a natureza semântica de "eu-tu" fora de uma remissão à enunciação que os torna "não referenciais em relação à realidade": pode-se dizer, quando muito, que são autorreferenciais, no sentido de elementos refletindo seu próprio emprego em cada instância de discurso em que sua presença imprime no enunciado uma marca da apropriação da língua por um sujeito (1979: 109-10).

Para Lahud a teoria de Benveniste permite não apenas estabelecer uma diferença de *natureza* entre as palavras, como também, a partir desta diferença, possibilita tratar da oposição *dêixis/anáfora*. Da abordagem desta oposição, ressalta-se a noção de *dêixis*.

O autor apresenta as concepções de *anáfora*. *Anafórico* é o segmento que remete a um *antecedente*, estabelecendo-se uma relação *substitutiva* ou *representativa*. Nessa concepção, a *anáfora* tem caráter semântico: evita-se repetição ou promove-se economia. Assim vista, é um procedimento retórico. Também pode ser concebida não como *substituição*, mas como *representação* apenas, porém uma *representação plena*.

66 Enunciação e gramática

Tomada como *representação*, pode-se considerar que "um 'representante' pode ser um 'indicador' não só de uma ideia ou coisa anteriormente 'apresentadas', mas também um *papel sintático*, daquele que o termo 'representado' desempenha na própria 'frase representante'" (1979:117). Benveniste considera *ele* a *não pessoa* porque é anafórico; *ele* "representa", *eu-tu* são signos de uma relação ao ato de fala. *Ele*, portanto, não faz parte do domínio subjetivo; pertence ao objetivo da linguagem, pois, estando excluído da *dêixis*, faz parte do sistema anafórico da língua.

Em Benveniste, os *anafóricos* diferenciam-se dos *dêiticos* quanto à natureza e quanto à função, pois são "as unidades cuja função é relacionar dois termos do enunciado" e "pertencem a uma 'espécie semiológica' de natureza totalmente diversa daquela cujo caráter próprio consiste em relacionar o enunciado à enunciação" (1979: 119). Então, não são *representantes*, como em teorias lógico-semânticas, mas *indicadores*. Entretanto, ressalta Lahud, os estudos sobre a enunciação se inserem em uma Linguística que encontrou a referência interditada, daí porque os *anafóricos* em Benveniste não contemplam *referência*, elemento constitutivo da noção de *indicação*.

Lahud considera que "*ele* é 'dêitico' no sentido de 'indicador referencial', sem sê-lo no sentido de 'indicador de subjetividade'" pois pertence a uma classe constituída por "expressões referenciais da linguagem cuja denotação é relativa ao enunciado" (1979: 124).

Assim, a *não pessoa*, quer entendida como pronome *ele*, quer entendida como um nome, o "objetivo" ou o cognitivo, não tem como referência o *externo*, mas a instância de discurso. A *não pessoa*, sob a noção de intersubjetividade, é um *dêitico*; então, sob esta noção, *toda a língua* é dêitica.

Na Teoria estudada, não há lugar para a oposição *dêixis/não dêixis*; decorre então que o emprego do termo *anáfora* tem outro estatuto, tem indicação de *sintaxe da língua*. Deste modo, o *pronome ele* sob um ponto de vista é *dêitico*; em outro, é *anafórico*.

A *não pessoa* é submetida à enunciação. Quer se examinem as noções de *pessoa* e de *não pessoa* sob a ótica das oposições signos vazios/signos plenos ou subjetividade/objetividade, quer se examinem estas noções na ordem de dêiticos/não dêiticos, o que resta é a enunciação como centro de referência. Como a palavra emana de *eu* que, ao assim se dizer, constitui também *tu-aqui-agora*, a *não pessoa*, na língua em uso, é expressão de sentido relativo a uma *ideia* que revela a atitude do sujeito e a situação enunciativa.

Ainda que até então, assim seja posto, é preciso tratar dos mecanismos linguísticos que promovem esta *atualização*.

A língua em funcionamento

A colocação da língua em funcionamento certamente não se dá por um passe de mágica. Não basta apresentar a noção de sujeito e afirmar que ele se apropria da língua para que ela passe a expressar atribuição de referência, embora o fato de *eu dizer eu* já constitua apropriação e atualização da forma *eu*.

Até então, como foi anunciado, foi examinada a noção de enunciação, dando-se relevância ao entendimento do que seja *um ato individual de utilização* e as implicações que decorrem deste ato. A partir de agora, corroborando-se tudo o que diz respeito ao ato, aprofundam-se estudos sobre a Teoria da Enunciação, de Benveniste, dando-se destaque à língua em funcionamento, ou seja, à língua *inteira* vista sob a perspectiva enunciativa.

Neste momento, passa-se à utilização dos termos *frase* e *palavra*, bastante usuais nos estudos linguísticos. Faz-se necessário, então, ver como Benveniste os emprega, a que contexto estes termos pertencem e qual seu papel nesta Teoria.

A noção de frase

Frase, na Teoria da Enunciação que está sendo estudada, é a unidade do discurso.[8]

Daí entende-se que a noção de *frase* de que se trata agora não corresponda a nenhuma outra noção que este termo possa suscitar. Apesar de Benveniste utilizar largamente este termo, nos estudos sobre a proposta deste linguista, observa-se a utilização de outro termo com a mesma acepção que este: fala-se de *enunciado*.

A *frase* ou *enunciado* não tem sua extensão limitada por nenhum critério que seja "externo" à enunciação. Por isso, a *frase* pode ser constituída por apenas uma palavra ou por mais palavras, não importando quantas sejam. Também pode compreender um conjunto de frases gramaticais que, na escrita, expressar-se-ia em um parágrafo; pode, ainda, se estender por mais de um parágrafo, cujo número não se pode precisar.

Frase ou *enunciado*, então, é o dizer do sujeito, ideia materializada para atribuição de referência. É sempre única, porque é manifestação da atitude do sujeito e da situação enunciativa: é relativa a *eu-tu-aqui-agora*.

A frase, por expressar *eu-tu-aqui-agora,* é fugaz. Assim que a palavra é tomada por aquele a quem a frase se dirige, a frase se renova: renovando-se a situação enunciativa, a ideia que se apresenta é outra. Assim, a frase é sempre nova e não repetível. Mesmo que, por sua constituição, a frase pareça ser a mesma, as circunstâncias não são as mesmas, daí a frase ser diferente.

 A frase ou enunciado é sempre singular, particular, reveladora de quem a expressa e da situação que, na e pela enunciação, se constitui.

Já que, embora sua fugacidade, a frase comporta registro, seja por meio da escrita, seja por meio de ferramenta de que se disponha, é a frase material de análise. Descreve-se a língua em uso, a partir de marcas da enunciação na frase ou enunciado. É por esta razão que não se pode confundir frase com enunciação, ou enunciado com enunciação, termos bastante próximos e, por isso, vez por outra confundidos: a enunciação, como já visto, é a língua posta em ação por um ato individual de uso da língua; o enunciado é produto da enunciação.

A frase é constituída por palavras, e porque seus constituintes têm estatuto próprio a esta visão teórica que aqui se apresenta, as palavras também precisam ser bem compreendidas quanto à noção que expressam.

Estudou-se que, por um ato individual, o sujeito se apropria da língua e a atualiza, exprimindo sua atitude e o contexto discursivo. A palavra, sob a ótica da enunciação, é mediadora nesta "passagem" da língua para o discurso.

As palavras, segundo Benveniste, são signos comportando *empregos*, "noções sempre particulares, específicas, circunstanciais, nas acepções contingentes do discurso" (1989: 233).

O tratamento da noção de *palavra*, como se pode antever, permite que se aprofundem as relações entre o que se chamou, nas páginas iniciais deste trabalho, de "quadro da língua" e "quadro da enunciação", porque se acena com a possibilidade de uma dupla significância, a significância do signo e a significância da frase.

Embora o entendimento da noção de *palavra* se apresente com tal importância, a palavra só tem existência no discurso, como constituinte da frase, expressão de uma ideia. Então, tratar da noção de *palavra* é tratar da noção de *frase*, é estudar o funcionamento da língua e todas as implicações relativas a este funcionamento.

A dupla significância da língua

Ao se estudar Saussure, que apresenta a língua como sistema de signos diferenciais, considera-se o signo a unidade da Linguística por ele postulada. Ao se descrever *frase* ou *enunciado*, afirma-se que a proposta apresentada por Benveniste tem a frase como unidade do discurso.

À primeira vista, a consideração de signo como unidade e da frase como unidade suscita posicionamentos antagônicos: duas visões de língua que se excluem.

Apesar dessa conclusão, lê-se, na sumária apresentação da noção de frase, que, na Teoria da Enunciação, de Benveniste, as palavras, que constituem a frase, são tidas como signos. Está-se, assim, diante de uma relação que carece de explicitação, principalmente porque se afirma que a noção de *palavra* é, teoricamente, responsável pela articulação da língua e do discurso.

As noções de forma e de sentido

Nos escritos de Benveniste, principalmente dois artigos são esclarecedores neste aspecto: "A forma e o sentido na linguagem", registro de uma conferência proferida a filósofos; "Os níveis da análise linguística", dirigido a linguistas. Em ambos, Benveniste mobiliza as noções de *forma* e de *sentido*.

Em "A forma e o sentido na linguagem", Benveniste apresenta *duas maneiras de ser língua*, as quais denomina *semiótica* e *semântica*.

O *sistema semiótico* corresponde à ordem do signo, unidade composta por significante e por significado.

Ao tratar as noções de *significante* e de *significado*, Benveniste parece reduzir o signo a significante, uma vez que define significante como "a forma sonora que condiciona e determina o significado, o aspecto formal da entidade chamada signo" (1989: 225) e, quanto ao significado, afirma que "o que o signo significa não dá para ser definido. [...] Significar é ter um sentido e nada mais" (1989: 227).

Essa aparente redução do signo a uma forma sonora que é reconhecida pelos indivíduos que constituem uma determinada comunidade linguística não pode ser vista como uma desconsideração a *significado*. Significação, no âmbito do semiótico, corresponde à distinção.

"'Chapéu' existe? Sim. 'Chaméu' existe? Não" (Benveniste, 1989: 227). Este exemplo é utilizado por Benveniste para demonstrar que o signo pertence ou não à língua. "Chapéu" está na língua, em distribuição paradigmática, e, estando na língua, é uma *forma*. Mesmo que não se saiba dizer qual é o *sentido*, "chapéu" significa.

A ordem semiótica da língua abriga *formas* cuja significação é distintiva. A ordem semiótica implica reconhecimento, ou seja, pertença à língua.

Sendo a "maneira de ser língua como *semiótica"* a esfera das relações paradigmáticas, a outra "maneira de ser" é a esfera das relações sintagmáticas. O *semântico* caracteriza-se, então, como o campo das conexões. Sua unidade, assim, é a frase.

O semântico é o campo do discurso. O sujeito, ao tomar a palavra, se insere na língua, dela se apropria, reconhece signos e, com eles, constitui a frase.

Como há uma ideia a expressar, o sujeito seleciona signos compatíveis com a ideia e promove um "arranjo". É a ideia que se quer expressa que comanda o agenciamento de signos, é ela, também, que comanda a organização destes signos, sob a forma de frase.

 Se até agora semiótico e semântico são apresentados como uma dicotomia, "duas maneiras de ser língua", a partir de agora, se apresentam como complementares, pois o semântico inclui o semiótico, e à noção de reconhecimento, própria ao semiótico, se agrega a noção de compreensão, que é do semântico.

Os signos da língua *significam* conceito, noção ampla e genérica. Ao serem agenciados, integram a ideia, que se materializa na frase. Ao integrar a frase, o signo, porque em conexão compatível com a ideia, se interrelaciona com os demais signos que compõem a frase, influenciando-os e deles sofrendo influência.

Nesta "troca", o signo abandona seu caráter de generalidade, de amplitude relativa à significação, e expressa, como afirma Benveniste, uma noção particular, específica, circunstancial (1989: 233), relativa a *eu-tu-aqui-agora*.

No discurso, não há propriamente signos, há *palavras*, formas da língua – então signos – que devem como tal ser reconhecidos para que haja relações intersubjetivas. Ao mesmo tempo em que assim se caracterizam, as palavras expressam *um* sentido, único, singular, particular, relativo ao que é expresso pela ideia.

É por esta razão que, no tocante à palavra, fala-se de *emprego*: em inter-relação com as demais palavras, no enunciado, a palavra conserva parte do conceito expresso pela língua.

Por esse motivo, pode-se dizer que a palavra é mediadora entre língua e discurso, forma e sentido, pois ela é depositária de significação "dupla": é signo que se especifica, é possibilidade de língua que se torna língua, é *língua-discurso*.

As "duas maneiras de ser língua", inicialmente apresentadas como oposição – semiótico/semântico ou língua/discurso –, ao se estudar o discurso, se fundem. O discurso é forma e sentido, forma para reconhecimento da língua e sentido para compreensão do que se expressa em uma situação de uso da língua.

Em "Os níveis da análise linguística", as noções de *forma* e *sentido* também são estudadas, agora sob o enfoque da língua comportando níveis.

> A *forma* de uma unidade linguística define-se como a sua capacidade de dissociar-se em constituintes de nível inferior.

> O *sentido* de uma unidade linguística define-se como a sua capacidade de integrar uma unidade de nível superior (Benveniste, 1988: 135-6).

As capacidades de dissociação e de integração perpassam toda a língua, pois a estas definições Benveniste acrescenta que:

 Forma e sentido aparecem como propriedades conjuntas, dadas e necessária e simultaneamente inseparáveis no funcionamento da língua (1988: 136).

Estas duas capacidades são, portanto, próprias aos fonemas: por um lado, se dissociam em traços distintivos e, por outro lado, integram o signo. Significação, neste nível, corresponde à seleção e combinação. Preenchidas essas condições, pode-se dizer que a língua é composta por unidades fonemáticas.

Constituídos os signos, unidades de segundo nível, observa-se que são tão somente *formas*, já que podem dissociar-se em fonemas. São somente formas porque, constituindo unidades de nível superior, já não são signos – unidades distintivas –, mas palavras, distinção e atribuição de referência ao mesmo tempo.

No terceiro nível, que é o nível da frase, não há forma, apenas sentido. A frase não se integra em uma unidade de nível superior. No uso da língua, há apenas frase.

No dizer de Benveniste, forma e sentido são "inseparáveis no funcionamento da língua". Como assim o são, na frase articula-se a língua e o uso da língua, pois os constituintes da frase são os signos – formas da língua –, agora palavras que, ao mesmo tempo em que expressam distinção, porque integradas à frase, expressam sentido.

As palavras são *palavras no enunciado*; retiradas do enunciado, são signos. Signo integrado à frase é palavra; palavra é, pois, forma e sentido.

Sentido, então, é relativo à enunciação, é relativo a uma "ideia" que é expressa por quem usa a língua. Sentido, então, é relativo à frase, à unidade do discurso, porque só na frase o signo, agora palavra, expressa *um* sentido, relativo à atribuição de referência, sentido que é expresso por inter-relações entre palavras que constituem o enunciado.

 Sentido é relativo à atividade do sujeito com a língua. É o sujeito que "organiza" as palavras de uma certa maneira, porque há uma ideia que é sua, que diz sua atitude e que diz a situação enunciativa.

Com forma, se está no âmbito da língua como sistema "coletivo", garantia de intersubjetividade porque o sistema é comum a quem usa a língua; com forma-sentido, se está no âmbito do uso da língua, garantia de intersubjetividade não só porque a língua é partilhada, mas também a situação em que se está inserido é a mesma: atribuição de referência para correferência.

Uma sintaxe a serviço do sentido

Considerando-se as noções tratadas, compreende-se que a noção de sintaxe, nesta Teoria, é diversa da apresentada por teorias, como, por exemplo, a Teoria Gramatical, em que a sintaxe é determinante do sentido.

Por meio dos estudos realizados, verifica-se que a palavra, por si só, não comporta sentido. O sentido de uma palavra é dado por inter-relações que se estabelecem no enunciado.

Enunciado, por sua vez, não pode ser entendido como somatório de significados. O enunciado, unidade de significação, é sempre único, sua configuração é peculiar, pois é relativa à expressão de uma ideia que tem a instância de discurso como referência.

As palavras que constituem o enunciado apresentam uma certa "disposição", pois são organizadas de acordo com o que se quer expressar. Nesta organização, têm um sentido, um emprego, proveniente das influências que as palavras exercem umas em relação às outras.

Sintaxe, nesta Teoria, é termo muito próximo de *atualização*: língua em uso é palavra *no enunciado*, em convívio com outras palavras, em conivência com outras palavras, apresentando um sentido compatível com a ideia que é expressa.

Assim concebida língua em uso, o agenciamento de signos na língua é comandado pela "ideia", e a seleção de um signo implica a seleção de outro, de modo que um certo "arranjo" se faça. É por isso que o uso da língua não comporta propriamente signos: esta "sintaxe" promovida pelo sujeito que atribui referência se "molda" à "ideia", de maneira que o enunciado, singular e único, apresente um "arranjo" também singular e único.

Nesta visão, o sentido requer *uma* sintaxe, uma certa organização de palavras é promovida pelo sujeito que expressa uma ideia: a atribuição de referência implica um processo – sintagmatização-semantização, termo que apresenta o sujeito implicado no exercício da língua, dizendo-se e dizendo a situação enunciativa.

Assim, o tratamento de *sintaxe*, neste estudo, só se justifica considerando-se dois aspectos: primeiramente para demonstrar que o que aqui se chama sintaxe tem estatuto muito diferente do que usualmente se designa por sintaxe. Nesta perspectiva, sintaxe não é relativa à linearidade, uma vez que o enunciado, como já se viu, é um todo relativo a uma ideia, porque é produto da enunciação. Em outro aspecto, se corrobora tudo o que já se viu ao se estudar a enunciação, pois falar de sintaxe é falar de uma atividade do sujeito com a língua.

Além disso, esta reflexão sobre sintaxe permite que se amplie a noção de intersubjetividade, pois, assim como *eu* semantiza a língua para expressar *eu-tu-aqui-agora*, processo que implica atualização, *tu*, a quem a palavra se dirige, também realiza a mesma atividade. O uso da língua se faz para atribuição de referência e implica correferência.

Como a atribuição de referência e de correferência é fim, o que importa é a semantização. A Teoria de Enunciação, de Benveniste, é uma semântica que tem como fundamento a noção de intersubjetividade. Estudá-la implica consideração a uma simples proposição: *eu diz eu*. Porque *eu diz eu, diz tu, diz aqui-agora*. E, assim dizendo, diz a língua inteira, na perspectiva de *eu-tu-aqui-agora*.

Linguística da Enunciação: a unidade, o objeto, a noção fundante

Em "A semiologia da língua", Benveniste apresenta a língua como expressão de dupla significância: a significância semiótica e a significância semântica. A primeira é relativa à língua como sistema de signos virtuais, compartilhado por todos os membros de uma comunidade linguística; a segunda é relativa à língua em uso.

Esta consideração da língua como expressão de dupla significância confere à língua o caráter de interpretar-se a si mesma: é sistema interpretado e é sistema interpretante.

74 Enunciação e gramática

Nestas relações, que são duplas, tanto no que tange à significação como no que tange à interpretação, o que está posto são as noções de forma e sentido, que permitem reconhecimento e compreensão em uma situação de uso da língua.

Em uma situação de uso, pelo fato de o enunciado comportar signos, formas que o constituem, a língua em uso é reconhecida como língua, ou seja, sistema comum a todos os que o utilizam, e é compreendida como língua, expressão particular e singular à situação de discurso.

As capacidades de reconhecimento e compreensão são relativas a um jogo que se estabelece entre o geral e o específico: a generalidade da forma, que indica pertença à língua, e a especificidade da forma no uso – palavra –, indicando um sentido relativo à situação enunciativa. Este jogo entre geral e específico se dá por sintagmatização-semantização, ou seja, uma atividade com a língua, tendo em vista a atribuição de referência e correferência.

Todas estas duplicidades aqui tratadas – significação semiótica e significação semântica, sistema interpretante e sistema interpretado, forma e sentido, significação genérica e significação específica, reconhecimento e compreensão – remetem ao caráter intersubjetivo da língua. A noção de intersubjetividade perpassa a língua, independentemente do ângulo pelo qual seja examinada.

O ato que confere à língua o estatuto de língua – senão ela é tão somente possibilidade – é intersubjetivo: o tomar a palavra implica a utilização de uma forma da língua – *eu* – que constitui o sujeito da e na língua, e constitui *tu*, o *não eu* que reconhece e compreende a língua e que, porque reconhece e compreende, é passível de tornar-se *eu*.

Uma vez que o ato se dá pelo uso de uma forma, pode-se dizer que a língua comporta signos que preveem a utilização da língua. A língua, então, comporta a enunciação. A expressão de pessoa, de espaço-tempo, os indicadores de subjetividade *estão* na língua, aptos a se atualizarem em uma situação de língua.

A língua é intersubjetiva não só porque prevê *eu* e *tu*, mas também porque apresenta a *não pessoa,* todos os demais signos que mediam a relação intersubjetiva. Todos estes signos são reconhecidos por quem usa a língua – a língua é comum a *eu* e *tu* – e compreendidos – a situação de língua também é partilhada por *eu* e *tu*.

Reconhecimento e compreensão implicam pertença à língua e à situação enunciativa. Para que a língua seja interpretante-interpretada, é preciso que ela signifique um certo "mundo" que se revela na frase. Vê-se, então, que a frase é expressão da dupla significação da língua: ela é o semiótico – formas que se integram à frase –; ela é o semântico – sentido próprio, singular e único que expressa *eu-tu-aqui-agora*, a atitude do sujeito e a situação discursiva.

A frase reúne em si forma e sentido, a língua como virtualidade – a possibilidade de língua – materializada em língua, expressão de uma ideia na ótica de quem a apresenta, sob consideração de uma "circunstância" discursiva, cujo fim é atribuição de referência e correferência.

Não há, pois, nesta perspectiva, como tomar o signo como "princípio único, do qual dependeria simultaneamente a estrutura e o funcionamento da língua" (Benveniste, 1989: 67). A significância do discurso contempla a significância do signo, apresentando-o sintagmatizado e semantizado na frase.

Uma vez que se verifica que a frase reúne em si a dupla significância da língua, é a frase a unidade desta linguística que ora se impõe: a frase é a unidade do discurso, a língua sob a égide da intersubjetividade, interpretação de um "mundo" que se expressa na e pela língua, (re)interpretação que se faz na e pela língua.

Ora, se a língua assim é, se a língua é intersubjetiva, estudar a língua implica consideração à enunciação, pois é na e pela enunciação que a intersubjetividade é constituída. É o estudo da enunciação que desencadeia a noção de intersubjetividade, a qual, por sua vez, desencadeia uma série de noções que, confirme se viu, vão se imbricando a ponto de constituir uma semântica que dá conta da língua inteira.

Estas reflexões que aqui se fazem e que retomam o que se vem estudando ao longo deste capítulo reivindicam aos estudos realizados por Benveniste a condição de uma Linguística cuja unidade é a frase, cujo objeto é a enunciação, cujo fundamento é a intersubjetividade.

Sob a consideração de que os estudos apresentados nos *Problemas de linguística geral I* e nos *Problemas de linguística geral II* constituem uma Linguística, a qual se integra à Linguística da Enunciação, dá-se andamento à leitura iniciada, objetivando-se aliar aspectos teóricos e análise de fatos de língua.

76 Enunciação e gramática

Notas

[1] Lemos, a seguir, principalmente os textos "A natureza dos pronomes", "Estrutura das relações de pessoa no verbo" e "Da subjetividade na linguagem" (Benveniste, 1988).

[2] Ao longo das leituras, verificar-se-á que Benveniste considera a noção de língua apresentada por Saussure: sistema de signos distintivos. Entretanto isso não significa que Benveniste simplesmente dê prosseguimento à proposta saussuriana, apresentando a Linguística da Fala.

[3] Em certos trabalhos, principalmente naqueles em que é feita crítica a esta Teoria da Enunciação, é usado o termo *sujeito da enunciação*. Segundo Normand, em "Os termos da enunciação em Benveniste", essa expressão não consta nos trabalhos do autor e, além disso, esta autora diz que "seu problema era, explicitamente, a significação; mas ele encontrava, necessariamente, o sujeito que fala e dá (ou pensa dar) sentido" (1996: 145).

[4] Para Benveniste, assim como para Saussure, a língua não é uma nomenclatura. Saussure faz esta afirmação ao estudar o signo linguístico (1975: 80); Benveniste não admite a possibilidade de a língua ser uma nomenclatura nem no que tange a virtualidades nem no que tange a materialidades.

[5] A Teoria estudada não se restringe às noções até aqui apresentadas. Esta *integração*, que aqui é referida, será aprofundada logo a seguir, em "A língua em funcionamento".

[6] Estas reflexões, em parte, constam em Lichtenberg (2001a).

[7] É impossível tratar da noção de dêixis em Benveniste, sem um recurso a Lahud. Deixemos, pois, que ele fale, em respeito a seus méritos.

[8] Lemos, aqui, principalmente "A forma e o sentido na linguagem" (Benveniste, 1989) e "Os níveis da análise linguística" (1988).

Análises da subjetividade na língua

A Teoria da Enunciação de Benveniste apoia-se na análise da presença do sujeito na língua. O sujeito não se apresenta como figura, como ser no mundo, e sim como categoria linguística, sujeito que diz e que se diz. Isso se deve ao fato de que a análise da subjetividade na língua depende de como o sujeito se marca no sistema da língua.

Análises linguísticas do pronome

Os pronomes pessoais

Os pronomes pessoais são o primeiro ponto de apoio para a revelação da subjetividade na linguagem, diz Benveniste (1988: 288), e essa frase nos dá a medida do importante lugar ocupado pelos pronomes no estudo da Teoria.

No texto sobre a natureza dos pronomes, Benveniste chama a atenção para o fato de que

> todas as línguas possuem pronomes e, em todas, eles se definem como referindo-se às mesmas categorias de expressão (pronomes pessoais, demonstrativos etc.). A universalidade dessas formas e dessas noções faz pensar que o problema dos pronomes é ao mesmo tempo um problema de linguagem e um problema de línguas, ou melhor, que só é um problema de línguas por ser, em primeiro lugar, um problema de linguagem (1988: 277).

E é como fato de linguagem que Benveniste apresenta os pronomes, enfatizando que essas formas linguísticas não constituem uma mesma classe, formal e funcionalmente como as formas nominais ou as formas verbais, não são, pois, uma classe unitária, "mas espécies diferentes segundo o modo de linguagem do

78 Enunciação e gramática

qual são os signos". Benveniste entende que precisamos distinguir os signos que pertencem à sintaxe da língua de outros signos que são característicos daquilo a que chamaremos as "instâncias de discurso", isto é, "os atos discretos e cada vez únicos pelos quais a língua é atualizada em palavra por um locutor" (1988: 277).

Se examinarmos atentamente os pronomes pessoais, veremos que é preciso fazer duas distinções: a primeira, entre a classe de pronomes, separando os pessoais dos demonstrativos, possessivos, interrogativos, indefinidos etc.; e, a segunda, entre os pronomes pessoais, separando *eu* e *tu* de *ele,* porque a noção de pessoa é própria somente a *eu* e *tu* e falta em *ele.*

Na classe formal dos pronomes, *ele* é inteiramente diferente de *eu* e *tu* pela sua função e pela sua natureza. As formas como *ele, o, isso* etc. só servem na qualidade de substitutos abreviativos, como na frase, *Pedro está doente, ele está com febre,* substituem um ou outro dos elementos materiais do enunciado ou revezam com eles. Assim, não há nada de comum entre a função destes substitutos e a dos indicadores de pessoa, *eu* e *tu* (Benveniste, 1988: 282).

Consideramos, pois, na Teoria da Enunciação de Benveniste, como pronomes pessoais somente as formas linguísticas *eu* e *tu. Ele* pertence à sintaxe da língua e é considerado como não pessoa. "É preciso destacar que uma língua sem expressão de pessoa é inconcebível, e é por isso que encontramos os pronomes pessoais entre os signos de qualquer língua" (Benveniste, 1988: 287).

De onde vem a importância dos pronomes pessoais para a teoria? Do fato inusitado de que esta classe de palavras, os pronomes pessoais, escapa ao *status* de todos os outros signos da linguagem: *eu* se refere a algo de muito singular, que é exclusivamente linguístico, pois se refere ao ato de discurso individual no qual é pronunciado. A realidade à qual *eu* remete é a realidade do discurso (Benveniste, 1988: 288).

Ao designar um locutor, *eu* institui *tu* como alocutário, que também tem como referência o ato de discurso no qual é pronunciado.

> Assim, pois, é ao mesmo tempo original e fundamental o fato de que essas formas "pronominais" não remetam à "realidade" nem a posições "objetivas" no tempo ou no espaço, mas à enunciação, cada vez única que as contém, e reflitam assim o seu próprio emprego (Benveniste, 1988: 280).

Vimos, então, que *eu* e *tu* são pessoas, enquanto *ele* é não pessoa. Falta-nos, portanto, falar do *nós* e do *vós.*

Para a Teoria da Enunciação de Benveniste, *nós* não é plural de *eu*, assim como *vós* não é plural de *tu*. A unicidade e a subjetividade inerentes a *eu* contradizem a possibilidade de uma pluralização. Não podemos ter vários *eus* concebidos pelo próprio *eu* que fala, portanto *nós* não pode ser a multiplicação de objetos idênticos, mas sempre uma união entre o *eu* e o *não eu*, seja quem for o *não eu*.

Portanto o *nós* entendido na Teoria da Enunciação forma uma totalidade, porém os componentes não se equivalem: há em *nós* um *eu* que predomina, porque só alcançamos *nós* a partir de *eu*, que sujeita o *não eu*, logo a presença do *eu* é constitutiva de *nós*. "*Nós* não é um *eu* quantificado ou multiplicado, é um *eu* dilatado além da pessoa estrita, ao mesmo tempo acrescido e de contornos vagos" (Benveniste, 1988: 258). Tanto o uso de *nós* se amplifica em uma pessoa mais solene, com maior autoridade no *nós majestático,* quanto se amplifica em uma pessoa mais difusa, com contornos indefinidos no *nós de orador ou de autor.* A mesma análise é feita para *vós,* tanto no uso coletivo quanto no uso de polidez a passagem do *tu* ao *vós* exprime pessoa generalizada. Em outras palavras, a pessoa alocutada é tomada com distanciamento e/ou imprecisão.[1]

Para Benveniste, a distinção entre singular e plural deveria obedecer ao critério de pessoa *estrita*, que revelaria o singular, e pessoa *amplificada*. Só a terceira pessoa, como não pessoa, admitiria um verdadeiro plural, isto é, denotaria uma certa quantidade de objetos (1988: 259).

Outros pronomes

A distinção que Benveniste faz entre os signos que pertencem à sintaxe da língua e aqueles que têm como referência constante e necessária a instância de discurso aparece na análise de outras formas linguísticas, como os pronomes demonstrativos, os possessivos etc. (1988: 279).

Os pronomes que têm como referência a situação de discurso participam do mesmo *status* dos pronomes pessoais, *eu* e *tu*. Podemos dizer que os demonstrativos, *este, esse* etc., se organizam correlativamente com os indicadores de pessoa, *eu* e *tu*, como em latim *hic* = *este*, perto da pessoa que fala, portanto *eu*; *iste* = *esse*, perto da pessoa com quem se fala, portanto *tu*.

Aqui aparece um traço novo e distintivo desta série que é a identificação do objeto por um indicador de ostensão concomitante com a instância de discurso que contém o indicador de pessoa. *Esse* será o objeto designado por

80 Enunciação e gramática

ostensão simultânea à presente instância de discurso, por exemplo, *esse* carro é *teu?*, *este* é *meu.*

Os pronomes possessivos, *meu, teu* etc., cuja referência é a situação de discurso, organizam-se em torno do sujeito tomado como ponto de referência, por exemplo, *meu* livro ficou pronto; o *teu,* não.

Ao estudar as formas pronominais, deve-se reconhecer que há classes de natureza totalmente diferente, quando olhadas pelo viés da Teoria da Enunciação de Benveniste, que considera a distinção entre os signos que pertencem à sintaxe da língua e aqueles cuja referência é a situação de discurso. É esta singular diferença a pedra basilar dos estudos de Benveniste.

Análises linguísticas do verbo

Como vimos anteriormente, Benveniste analisa a enunciação a partir da diferença de natureza no paradigma linguístico dos pronomes pessoais *eu/ tu/ele*. Para o autor, apenas uma parte destes pronomes indica as *pessoas do discurso,* a saber, os pronomes *eu/tu*. Tal diferença marca uma ruptura interna à língua, separando, de um lado, um modo subjetivo de significar através da indicação da *pessoa do discurso*, representado pelos pronomes *eu/tu*, e, de outro lado, um modo objetivo de significar através da indicação de *não pessoa*, representado pelo pronome *ele.*

Segundo Benveniste (1988: 281), esta ruptura no interior de um dos paradigmas da língua propaga-se a outros paradigmas devido ao caráter sistemático da língua. O autor enfatiza que tais paradigmas são, antes de quaisquer outros, aqueles que, na instância de discurso de uma determinada língua, têm relação direta com a classe dos pronomes. Um destes é a classe dos verbos. A categoria de pessoa, uma das categorias internas à flexão do verbo, atesta o fato de que a ruptura semântica existente no paradigma pronominal integra o paradigma verbal na instância de uso (*eu juro/tu juras/ele jura...*) (1988: cf. 281).

Além desta constatação, o autor observa que outras categorias internas ao verbo possuem estatuto subjetivo. Assim, o verbo, em todas as suas categorias (aspecto, tempo, pessoa, gênero etc.), apresenta um modo de significação subjetivo ou um modo de significação objetivo, se fizer parte, respectivamente, de uma instância de discurso contendo *eu* ou contendo *ele.*

A inserção da categoria de pessoa no verbo, ou da subjetividade na linguagem, está presente em todos os textos que compõem a seção "O homem na língua", da obra *Problemas de linguística geral I*. A seguir, faremos uma síntese das análises da subjetividade interna ao verbo tal como elas aparecem nos textos componentes dessa seção na seguinte ordem: I) "Estrutura das relações de pessoa no verbo"; II) "Da subjetividade na linguagem"; III) "A filosofia analítica e a linguagem"; IV) "As relações de tempo no verbo francês"; V) "Os verbos delocutivos".

A universalidade linguística da categoria de pessoa no verbo

Benveniste reconhece que a existência de pronomes e seus significados de indicação das *pessoas do discurso* é um problema de linguagem mais do que de línguas, devido à universalidade desta categoria. O autor afirma ainda que a universalidade linguística da categoria de *pessoa* aplica-se igualmente ao verbo. Para o autor, "não parece que se conheça uma língua dotada de um verbo na qual as distinções de pessoa não se marquem de uma ou de outra maneira nas formas verbais" (1988: 250).

O autor comprova sua concepção apresentando a análise da conjugação verbal de línguas descritas tradicionalmente como comportando verbo indiferenciado para as pessoas do discurso. Em coreano e em algumas línguas paleossiberianas, as formas verbais não distinguem pessoa. No primeiro caso, no entanto, o emprego dos pronomes contribui para indicar variações no verbo. No segundo, os modos mostram uma oposição entre a primeira pessoa e a não primeira pessoa do singular. Benveniste conclui, assim, que a marcação de três desinências verbais indicando as pessoas do discurso, própria das línguas indo-europeias (em que se encontram línguas como o francês e o português), é uma anomalia. Portanto a característica universal das línguas é a oposição formal existente entre formas verbais de primeira pessoa e de não pessoa.

A análise de Benveniste, como vimos, não toma o verbo isoladamente, como as tradicionais análises de língua coreana, mas sua expressão na instância de discurso que o contém, a língua em uso. Além disto, sua análise abstrai as peculiaridades de cada língua para observar o mecanismo comum a várias: a forma com a categoria de pessoa marca-se no verbo.

82 Enunciação e gramática

A categoria de pessoa no verbo e a subjetividade no enunciado

A diferença de sentido entre formas verbais de primeira pessoa e de não pessoa é inerente ao verbo. Benveniste analisa como a categoria de *pessoa* interna ao verbo determina o seu sentido. Verbos pertencentes ao campo semântico de *disposições* ou *operações mentais* como *crer* e *sentir* apresentam uma apenas aparente homogeneidade de sentido, tendo em vista a impressão dada pelo alinhamento formal no paradigma de conjugação desses verbos (*eu creio/tu crês/ele crê; eu sinto/tu sentes/ele sente* (1988: 290-1).

Ao dizer *eu sinto (que o tempo vai mudar),* descrevo minha impressão sobre algo. No entanto, ao dizer *eu creio (que o tempo vai mudar),* não *descrevo* minha impressão, da mesma forma que ao dizer *eu sinto...* ou *eu penso,* em que descrevo uma ação. Há uma diferença total de sentido: *eu creio...* não é uma descrição; trata-se de uma afirmação mitigada acerca do fato impessoal *o tempo muda.*

A mesma análise é aplicada por Benveniste a verbos de operação lógica, como *presumir, supor, refletir* e *raciocionar.* As formas *eu reflito..., eu racio-cino...* me descrevem refletindo, raciocinando, representam minha operação de pensamento. Já em *eu presumo..., eu suponho...* não há representação ou descrição de presumir ou supor algo. Há, de fato, uma atitude de inferência ou dúvida que indica uma posição do sujeito em face de seu enunciado. Assim, em *eu presumo que vai chover* temos a atitude de um locutor diante de seu enunciado, uma enunciação dita subjetiva, e, em contrapartida, em *ele presume que vai chover,* temos a representação, a descrição de alguém, enunciação dita não subjetiva (1988: 292). Vê-se que o mesmo verbo assume significados diferentes.

Benveniste denomina as categorias verbais relativas à "primeira e segunda pessoas" de *indicadores de subjetividade.* Como vimos, a subjetividade está inserida no paradigma de verbos pertencentes ao campo semântico de *operações mentais, operações lógicas* que, ao serem enunciados em primeira pessoa, não descrevem operações, e sim indicam atitudes do sujeito.

No entanto a simples presença de *eu* não distingue usos verbais descritivos de usos verbais subjetivos. Como resolver este impasse? Esta resposta pode ser encontrada em "A filosofia analítica e a linguagem" (1988), em que Benveniste trata dos verbos performativos, categoria cunhada e, segundo o autor, não plenamente descrita pela filosofia da linguagem.[2] O autor afirma que "a versão do linguista procede antes de tudo de uma consciência sempre viva da **especificidade formal** dos fatos linguísticos [...]" (1988: 294, grifo nosso). A especificidade formal de que fala o linguista é a categoria de *pessoa*, que serve para explicar o fenômeno da performatividade.

Benveniste delimita e propõe um critério para a definição da performatividade. Para o linguista, é importante tratar de performativos com sentido pleno na língua contemporânea. Assim, ele exclui formas como *Bom dia!*, em que o performativo de intenção mágica *Eu te desejo bom dia!* perdeu seu sentido.

O autor propõe uma primeira definição do performativo: verbo declarativo-jussivo na primeira pessoa que se constrói com um *dictum* (*"dito"*). O autor exemplifica essa situação com o seguinte enunciado: *Declaro ou ordeno que a população seja mobilizada,* em que *a população seja mobilizada* indica o *dictum.* Outra modalidade de performativo é apresentada pela construção do verbo com um complemento direto e um termo predicativo: *Nós te proclamamos culpado,* em que *te* é o complemento direto e *culpado* é predicativo.

Além disso, é importante reconhecer como performativos os enunciados em que uma ação é proferida por autoridade, ainda que não seja enunciada em primeira pessoa do singular: *O Sr. X é nomeado ministro.* Esse enunciado não comporta verbo declarativo em primeira pessoa (eu decreto que...) e se reduz ao *dictum*, mas é publicado com a assinatura do representante de autoridade, numa relação oficial. Em outros casos, a ação é proferida em terceira pessoa do singular, como em *O presidente da República decreta que...,* sem que a noção de performatividade se perca. Estamos diante do domínio de atos de autoridade.

Há outro domínio que é o do compromisso interpessoal. Quando o locutor diz *eu juro, eu prometo...* ou enunciados de reciprocidade como *nós ajustamos que...,* há uma ação empenhada pela palavra do locutor.

Benveniste exclui dos performativos enunciados como *Eu sei que Pedro saiu,* uma vez que: 1) *saber* não é verbo performativo; 2) a proposição *Pedro saiu* não é um *dictum* (*"dito"*), mas um *factum* (*"fato"*); 3) o enunciado não apresenta função performativa, isto é, não cria uma ação ou realidade a partir de seu dizer.

Além disso, o autor exclui da classificação certas enunciações que, embora formalmente tenham a aparência de performativos, não são proferidas por um locutor com autoridade. Assim, a frase *Decreto mobilização geral,* proferida por alguém em meio a transeuntes indiferentes em uma praça pública, não é *ato* por falta de autoridade. Benveniste conclui: "Essa condição de validade, relativa à pessoa enunciadora e à circunstância da enunciação, deve supor-se preenchida sempre que se trate de performativo" (1988: 301-2).

84 Enunciação e gramática

Benveniste constata que as circunstâncias de enunciação, ou seja, as indicações de data, de lugar, de nomes de pessoas, e a posição da pessoa enunciadora são requisitos fundamentais para a noção de performatividade. Por ser uma *ação*, cada ato performativo é *único,* não podendo ser repetido. Se for repetido, torna-se descrição do ato anterior, também chamado enunciado constativo.

Assim, para Benveniste, a *ação gerada pela palavra do locutor, o ato performativo,* depende da imbricação de duas condições dadas simultaneamente: a primeira, a enunciação, representada pela posição do locutor e do interlocutor e sua situação de enunciação (locutor-interlocutor-tempo-espaço); a segunda, o enunciado, que deve ser um *dictum* – e não um *factum* –, *dizer* que gera uma ação.

Portanto a relação enunciação/enunciado ou a relação ato/dito é fundamental para a instauração da performatividade na língua. Em outras palavras, para a constituição da performatividade, é necessário o amálgama entre o sujeito e seu dizer, suas condições de dizer e seu dito. Tal análise pode ser estendida aos verbos de operação lógica.

Com a análise dos verbos de operação mental e dos performativos, constatamos que a subjetividade é parte integrante do quadro formal da língua. Tal característica mostra a imbricação entre sujeito e língua, uso e sistema linguístico.

O sistema verbal e o discurso

A presença do locutor na língua cria ainda uma ruptura no alinhamento dos paradigmas temporais do verbo francês. É isso o que Benveniste analisa em "As relações de tempo no verbo francês" (1988). Como referido em "Análises linguísticas do verbo", o tempo é uma categoria diretamente comandada pela categoria de *pessoa.* Tal ordem de fatos reflete-se na organização do paradigma do verbo, como veremos a seguir.

Benveniste inicia o texto dizendo que a tradicional divisão dos paradigmas em *presente, passado* e *futuro* não é suficiente para organizar as dimensões temporais. Como saber se *Ele ia sair* pertence ao paradigma de *sair?*

Além disso, segundo Benveniste, a divisão em tempos compostos e tempos simples não é satisfatória. De um lado, temos que *Il a couru* (perfeito) é um tempo ao lado de *Il courut* (passado – aoristo), mas esta oposição não é a mesma que se observa em *Il courait* (passado – imperfeito) e *Il avait couru* (passado mais-que-perfeito). Logo, a oposição entre tempos simples e tempos compostos é um critério ambíguo para a organização do paradigma temporal.

Benveniste procura observar essa organização no sistema sincrônico do verbo francês. Ele observa que há um ponto em que o sistema se torna redundante, parece se dobrar em dois: as formas *il fit* e *il a fait* (= passado). Tradicionalmente, essa redundância foi interpretada como uma divisão entre língua escrita, que conserva a forma mais antiga (*il fit*), e língua falada, que apresenta a forma mais atual (*il a fait*). Para Benveniste, essa distribuição, conforme se costuma opô-la, deve ser investigada.

O linguista afirma que os paradigmas verbais, como apresentados nas gramáticas, são compostos a partir do tema verbal, em virtude unicamente de um critério morfológico. Para ele, o tempo verbal é uma categoria mais complexa e, desta forma, distribui-se em dois sistemas distintos e complementares disponíveis ao locutor.

Os dois sistemas são a *enunciação histórica* e a *enunciação de discurso*. O plano histórico da enunciação, reservado à língua escrita, caracteriza a narrativa de eventos *passados*. Com isso, este tipo de enunciação exclui toda forma de discurso autobiográfica, ou seja, o historiador não utiliza a forma *eu, tu, aqui, agora*. A enunciação histórica se desenvolve estritamente com formas de terceira pessoa, de *ele*. Com isso, o plano histórico comporta os seguintes tempos: o aoristo (= passado simples e passado definido), o pretérito imperfeito, o pretérito mais-que-perfeito e o prospectivo. O presente é excluído, a não ser em sua forma de presente intemporal, presente de definição.

A fim de comprovar sua argumentação, o linguista apresenta três amostras de narrativas: duas do mesmo historiador, mas de gêneros diferentes; e, a terceira, de literatura de ficção. Ao observar o uso dos verbos, Benveniste constata que todos os tempos pertencem ao paradigma do pretérito. A narrativa apresenta os acontecimentos por si mesmos, sem a presença de um locutor ou da pessoa do narrador e de suas reflexões, comentários, discursos.

Em contrapartida, o plano da *enunciação de discurso* é completamente diferente. Neste, supõe-se um locutor e um ouvinte, e compreende a diversidade de discursos orais e textos escritos (teatro, memórias, obras didáticas), enfim todos os gêneros em que o locutor diz algo utilizando a categoria de pessoa, dirigindo-se a alguém. Assim, a distinção tradicional entre enunciação falada e enunciação escrita não é pertinente para distinguir os sistemas temporais.[3] No plano da enunciação de discurso, todos os tempos verbais estão presentes, à exceção do aoristo, por ser forma típica da história. Os dois planos ou sistemas da enunciação se delimitam, portanto, em traços de inclusão e exclusão:

86 Enunciação e gramática

– na *enunciação histórica,* admitem-se em formas de *terceira pessoa*: o aoristo, o mais-que-perfeito e o prospectivo; excluem-se o presente, o perfeito, o futuro (simples e composto). O presente do historiador é excluído, pois ele não pode historiar a si mesmo, historiar seu tempo, sem perder sua característica fundamental de historiar o passado. Pela mesma razão, o futuro é excluído. Esta é uma referência que implica certeza, prescrição, obrigação, modalidades subjetivas que não fazem parte das categorias históricas.

– na *enunciação de discurso,* admitem-se todos os tempos em todas as formas; exclui-se o aoristo (simples e composto). Se o aoristo fosse utilizado na enunciação discursiva soaria pedante, livresco. Para enunciar fatos passados, o discurso emprega o perfeito (*Il a couru*), equivalente funcional do aoristo, logo um tempo passado e pontual.

Benveniste observa ainda que a *terceira pessoa* apresenta uma diferença de estatuto nos dois tipos de enunciação. Na enunciação histórica não há *oposição* entre pessoas. Diferentemente, na enunciação de discurso, há oposição entre *eu* e *tu,* pessoas, e *ele,* não pessoa, objeto da interlocução.

A natureza do aoristo e sua explicação à luz de um duplo sistema de enunciação lançam novas explicações para o chamado *desaparecimento das formas simples de pretérito.* Segundo Benveniste, uma forma somente desaparece se sua função não é mais necessária ou se outra forma cumpre-a melhor. O linguista busca então mostrar que o aoristo tem uma forma e uma função atuantes, vivas na língua, e que o "desaparecimento" aludido refere-se a sua observação em instâncias de discurso que nunca o contiveram. Em suas palavras, a descrição do aoristo reflete mais uma vez a presença da subjetividade na linguagem.

> Podemos admitir como certo que todo aquele que sabe escrever e empreender a narrativa de acontecimentos passados emprega o aoristo como tempo fundamental, **quer evoque esses acontecimentos como historiador quer os crie como romancista** (1988: 269, grifo nosso).

Esta subjetividade é evidenciada pelo fato de o locutor escolher entre a forma do *aoristo* ou a forma do *perfeito* para produzir este ou aquele sentido. Com essa observação, Benveniste procura mostrar que a singularidade da *oposição* das formas verbais da língua aliada à peculiaridade de sua função – ora aoristo, ora perfeito – reflete a *oposição* entre formas de inserção do sujeito na língua – ora historiador, ora enunciador.

Assim, o sistema do verbo francês não se distigue em *presente, passado, futuro* como organizado nas análises tradicionais. O tempo, categoria diretamente comandada pela *pessoa* (1988: 282), ou pelo locutor, distingue-se materialmente em dois sistemas: formas temporais do verbo comandadas pela primeira pessoa (*eu*), ou formas comandadas pelo tempo *presente*, e formas temporais do verbo comandadas pela não pessoa (*ele*), ou formas comandadas pelo aoristo. É importante frisar que os dois sistemas advêm do uso efetivo do locutor. No último caso, o locutor engrenda a *enunciação histórica* de forma tal que sua presença seja camuflada e, consequentemente, *pareça* ausente. Segundo Benveniste (1988: 267), na enunciação histórica, "os acontecimentos parecem narrar-se a si mesmos".

Assim, se há uma oposição entre os paradigmas com tempos de comando como presente, na enunciação de discurso, e o passado absoluto, na enunciação histórica, devido à categoria de pessoa, há os tempos comandados. A título de exemplo, citamos o tempo futuro. Esse é um tempo comandado pela presença do locutor, pois seu uso implica modalidades subjetivas de obrigação, prescrição, previsão etc. Em "A linguagem e a experiência humana" (1989), Benveniste trata exclusivamente da noção de tempo em uma perspectiva geral para a vivência humana. O autor distingue três tipos de tempo: o *tempo físico*, que é o tempo dos fatos, o *tempo crônico*, representado por instituições humanas como o calendário, e o *tempo linguístico*, tempo da fala. Deter-nos-emos neste último, tendo em vista nosso interesse em compreender a forma de organização dos paradigmas *linguísticos* do tempo.

Acerca do *tempo linguístico,* o autor diz que é um tempo organicamente ligado ao ato de fala, à função do discurso. Dada sua característica, este tempo apresenta como centro o *presente* da instância de fala. O *presente* é parte integrante da enunciação e por isso é o fundamento das oposições temporais na língua.

O *presente* é um eixo a partir do qual as outras marcas de temporalidade se referem, a saber, o passado e o futuro. Benveniste afirma que o presente é "o único tempo inerente à lingua" (1989: 76). Assim, o passado e o futuro não são considerados tempos, surgem antes como marcas, "visões sobre o tempo, projetadas para trás e para frente a partir do ponto presente". A referência dos fatos à visão retrospectiva – experiências no passado recente, passado remoto etc. –, à visão atual ou à visão prospectiva realiza-se pelo ato enunciativo presente do locutor.

Observamos que o *presente*, juntamente com a categoria de pessoa, é o eixo organizador das distinções dos paradigmas temporais de diversas línguas. Assim, conclui-se que a enunciação histórica, por incluir basicamente formas de passado, é um sistema derivado da enunciação de discurso, uma *visão* a partir do presente da enunciação.

88 Enunciação e gramática

Constata-se igualmente que o alinhamento formal no paradigma temporal verbal apresenta rupturas, falhas que não são percebidas por um tratamento puramente morfológico. Diferentemente do que apontam as antigas gramáticas, *o aoristo é uma forma temporal que apenas é conjugada, no uso efetivo da língua, na terceira pessoa.*

A configuração apresentada somente é possível se considerarmos a presença da subjetividade na linguagem. Essa subjetividade é materializada a partir da singularidade de sentido que a categoria de *pessoa* impõe ao se conjugar em forma verbal indicativa de um ou outro sistema temporal.

A categoria de pessoa no verbo e a constituição de um tipo de derivação

A íntima relação existente entre os conceitos de *língua* e *enunciação* foi observada na instalação da subjetividade, da enunciação no paradigma verbal da língua. Tal inscrição ocorre também em processos de constituição de novos verbos em uma língua, mais especificamente em processos de *derivação verbal*.

A derivação verbal oriunda da enunciação é a *derivação delocutiva*, termo cunhado por Benveniste em "Os verbos delocutivos" (1988). Benveniste cunha o termo *delocutivo* para denominar uma classe de verbos (signos da língua) que não deriva de outros signos da língua – de um *nome,* os verbos *denominativos*, ou de outro *verbo*, verbos *deverbativos*. Os verbos *delocutivos* derivam de *locução,* de instância de discurso, de ato de enunciação proferido por um sujeito. O autor constata a existência universal dessa categoria ao analisar exemplos de línguas das mais diversas origens (latim, grego, francês, inglês, alemão, russo, entre outras). Podemos ilustrar tal descrição, em língua portuguesa, com o verbo *parabenizar.* Este verbo não deriva de nome; deriva claramente da locução *Parabéns!*.[4]

Benveniste inicia sua análise refutando a possível origem denominativa do verbo latino *salutare* ("saudar, cumprimentar"). É fato que *salutare* deriva da forma *salus-tis.* No entanto *salus* é derivado de *salutem alicui dicere – dizer* salve! –, locução, e não de *salutem alicui efficere – fazer* uma saudação –, nome. Com isso, a origem do verbo *salutare* é a locução *Salus!,* de acordo com o sentido que essa forma toma no latim.

Além de verbos que são estritamente delocutivos, o autor reconhece ainda formas que podem apresentar duas funções, dois usos: denominativo e delocutivo. Essa análise não invalida a anterior: mais uma vez, é a instância de discurso, a frase que contém a palavra derivante que determina se o verbo derivado é delocutivo ou denominativo. Trata-se do verbo latino *ualere*. Segundo o linguista, existe um verbo denominativo *ualere,* "ter força, ser eficaz", originário do nome *uale,* "força". Existe, porém, um emprego epistolar deste verbo: *te iubeo ualere,* que equivale a *te iubeo: uale!* ("te desejo: força!"). Nesse caso, *ualere* tem *função delocutiva.* A forma *ualere* é, portanto, considerada denominativa ou delocutiva conforme a instância de discurso da qual fizer parte.

A fim de evitar confusão com outros paradigmas semânticos de verbos, o autor busca diferenciar os delocutivos de dois outros paradigmas. Em primeiro lugar, ele distingue os delocutivos de verbos derivados de interjeições, tais como os franceses *claquer* ("estalar o chicote"), *huer* ("vaiar"), o inglês *to boo* ("vaiar") etc. Segundo o autor, tais verbos originam-se de onomatopeias e interjeições e não de fórmulas de discurso. Em segundo lugar, devemos distinguir os delocutivos dos *verbos de desejo,* como *souhaiter* ("desejar"). Esse verbo deriva de um substantivo como outro qualquer e é, portanto, denominativo.

Em suma, a análise de Benveniste observa a oposição existente entre derivação de signos da língua (derivação denominativa e deverbativa) e derivação de locuções do discurso (derivação delocutiva). Além disso, observamos que é necessário contemplar o uso, a instância de discurso em que a palavra derivante é normalmente empregada e da qual retira seu sentido para compreender o processo de constituição de uma nova forma.

A derivação delocutiva não apenas opõe a realidade do *signo* à da *locução* ou da *palavra em emprego* ou a oposição formal existente entre verbos denominativos e verbos delocutivos, mas igualmente mostra a necessidade de se observar a instância do uso, a frase em que toda e qualquer forma derivante se fizer presente para entender o significado da forma derivada. Além disso, a derivação delocutiva, como processo oriundo de um *dizer,* mostra que a criação de vocábulos na língua depende da marca do sujeito na língua. Com isso, a própria derivação denominativa é compreendida pelo linguista como um processo que depende da íntima relação de sentido entre instância de discurso de forma derivada e instância de uso da forma derivante.

Características da análise linguística de Benveniste

Em todas as descrições da subjetividade na linguagem, Benveniste observa peculiaridades, sutilezas semânticas, rupturas, em aparentemente homogêneos

90 Enunciação e gramática

paradigmas formais. Esse é o procedimento para observar o paradigma dos pronomes pessoais (e seus correlatos demonstrativos, possessivos, entre outros), os verbos de operação mental, os verbos de operação lógica, os verbos denotadores de performatividade e os verbos derivados de nomes. A ruptura operada em cada um desses paradigmas deve-se fundamentalmente à presença de subjetividade na linguagem ou, mais precisamente, à categoria de *pessoa* interna ao verbo.

Como vimos, o linguista preocupou-se em descrever *detidamente* vários verbos a fim de refutar qualquer aproximação semântica entre delocutivos e denominativos ou entre performativos e constativos, classes que podem ser confundidas facilmente. O viés descritivista de Benveniste não apenas se preocupa em observar características internas de um fenômeno linguístico, mas também *dialoga* com a tradição gramatical e filósofica que o precede. Tal ocorre ao resgatar a oposição de pronomes segundo a gramática grega – as pessoas eu/tu/ele –, ao resgatar a noção de performatividade segundo os filósofos da linguagem de Oxford, por exemplo. Assim, observa-se que as análises linguísticas de Benveniste têm vocação descritivista e explicativa.

Além disso, dada a concepção de língua para o autor, a saber, a de *língua-discurso* (1988: 233), sua descrição apoia-se fundamentalmente na instância de discurso, no uso, na frase efetivamente enunciada por um locutor. Seja este uso oriundo de expressões cotidianas como os enunciados performativos, seja na análise dos delocutivos do latim, seja na análise da enunciação histórica, Benveniste nunca prescinde de estudar o paradigma formal do verbo, da *palavra* mediante sua atualização para um locutor. Eis o estudo da *língua-discurso*: língua que é discurso, discurso que é língua.[5]

Apontamentos para a análise de outras categorias linguísticas

Além da análise exaustiva da indicação da subjetividade na classe do pronome e do verbo, Benveniste faz breves apontamentos de análise de outras categorias linguísticas. A indicação de subjetividade inclui ainda a classe dos advérbios e dos adjetivos (1988: 288). Além disso, a enunciação é parte integrante de todas as variações das categorias semânticas do verbo como *aspecto, tempo, gênero, pessoa* etc. (1988: 281-2).

A partir do conceito de *aparelho formal da enunciação*, postula-se a ideia de que toda a língua passa a ser subsumida pelo locutor em seu ato de discurso. Aponta-se, com isso, que toda e qualquer forma linguística ou classe de palavras pode indicar subjetividade.

Além das *classes de palavras*, Benveniste (1989: 86-7) afirma que a presença do locutor, a subjetividade, perpassa igualmente as grandes *funções sintáticas*: a assertiva, a interrogativa, a imperativa. Na asserção, o locutor comunica uma certeza, suscita uma resposta do interlocutor em termos de concordância ou discordância. Na interrogação, o locutor serve-se de algumas formas (partículas, sequência frasal, entonação etc.) para suscitar uma resposta do interlocutor. Na função imperativa, o locutor serve-se de outras formas (vocativo, forma verbal do imperativo) para indicar intimação ao interlocutor.

O autor afirma ainda que a *categoria semântica* da modalidade pode receber uma análise de indicação de subjetividade, seja a modalidade expressa no modo verbal – optativo, subjuntivo, que indicam atitudes do locutor –, seja através de expressões fraseológicas – "sem dúvida", "provavelmente" – indicando incerteza e possibilidade.

O linguista propõe-se ainda a analisar formas complexas de organização do discurso. O *monólogo* é descrito como um diálogo interiorizado entre um *eu* locutor e um *eu* ouvinte. Por vezes, o *eu* locutor é o único a falar; em outras ocasiões, o *eu* ouvinte intervém de duas formas: a) usando a primeira pessoa como em: "Não, eu sou um idiota, esqueci de te dizer...", b) usando a segunda pessoa: "Não tu (você) não deverias (ria) lhe ter dito que..." (1989: 88).

Além dessa breve relação estabelecida entre categoria e atitude do locutor, Benveniste (1989: 87-90) enumera alguns objetos de estudos da enunciação. Dentre estes, ele cita algumas *formas de discurso* como a comunhão fática (conforme Malinowsky), alterações lexicais que a enunciação provoca e a diferença entre enunciação falada e enunciação escrita.

Em "A semiologia da língua" (1989: 67), Benveniste mostra que estudos da língua podem ser chamados de análise intralinguística ou de *semântica da enunciação*. Além dessa ordem, o autor aponta ainda para outro campo de estudos: a análise translinguística de textos, de obras, pela elaboração de uma *metassemântica* que se constituirá sobre a *semântica da enunciação*.

Resumem-se, desta forma, as seguintes possibilidades de investigação da enunciação:

a) análise intralinguística:
paradigmas ou classes de signos;
categorias semânticas;
funções sintáticas;
formas de discurso;
alterações lexicais;

b) análise translinguística:
textos, obras.

Acreditamos que, com isso, o autor pretenda mostrar que a análise da enunciação tem um amplo *campo* de investigação diante de si, campo aberto e acolhedor de vários pontos de vista sobre a linguagem.[6]

Notas

[1] Para ilustrar a questão, trazemos exemplos de Fiorin (2000: 94-6): "dizer *tu* ou *vós* significa dar a si mesmo e ao outro um dado estatuto social [...] trata-se por *tu* os que pertencem a mesma esfera de reciprocidade e por *vós* os que não pertencem a ela". Assim o *tu* apresenta-se na esfera da amizade ou proximidade do locutor; o *vós* apresenta-se fora desse domínio. Ainda, segundo o autor, o *nós majestático* emana de altas autoridades civis ou eclesiásticas como, na frase, *Nós, em nosso pontificado...* O *nós* evita que se crie uma esfera de reciprocidade com o *tu* e, dessa forma, que se tome a autoridade como uma subjetividade em meio a outras. Finalmente, Fiorin trata do *nós de autor* – que podemos identificar ao *nós de orador* em Benveniste – dizendo que esta forma aparece em obras científicas. Seu uso mostra que o locutor procura diluir seu nome em meio à comunidade científica da qual emana o saber, a Ciência.

[2] Benveniste, "A filosofia analítica e a linguagem": p. 294-303. No início das conferências de J.-L. Austin, filósofo de Oxford, há uma distinção entre os enunciados performativos e os enunciados constativos. Os primeiros são definidos como proferimentos que servem para efetuar uma ação por uma pessoa que possua autoridade para isso, como na frase *Eu te batizo em nome do pai, do filho e do Espírito Santo*, dito por um padre. Os últimos são conceituados como descrições de atos, como *O gato está sobre o tapete*. Ao longo de sua reflexão, Austin observa uma semelhança muito grande entre esses dois tipos de enunciados e conclui suas conferências dizendo não ter encontrado um critério (gramatical ou de vocabulário) preciso para a distinção performativo/constativo. A leitura da obra sugere que, ao final das conferências, ele teria passado a considerar todos os enunciados da língua como performativos. Ottoni (2002), profundo conhecedor de Austin, escreve "John Langshaw Austin e a visão performativa da linguagem", em cujo título percebemos a interpretação de uma performatividade generalizada a toda língua. O objetivo do artigo de Benveniste é justamente propor uma definição precisa de performativo, divergindo, em parte, das conclusões de Austin.

[3] Benveniste tem o cuidado de distinguir um terceiro tipo de enunciação em que o discurso é transferido para o plano histórico, a saber, o discurso indireto. Essa transferência apresenta problemas que não são abordados pelo autor.

[4] Para uma descrição dos verbos delocutivos em língua portuguesa, consultar Flores e Silva (2006).

[5] Para aprofundar o estudo acerca da natureza da *língua-discurso*, consultar Lichtenberg (2004).

[6] Alguns dos atuais desenvolvimentos do campo da enunciação no Brasil podem ser conferidos em Flores e Teixeira (2005). Citamos alguns: enunciação e descrição de língua; enunciação e psicanálise; enunciação, linguagem e trabalho; enunciação e texto; enunciação e literatura.

A frase nominal na Teoria da Enunciação

Corpus e método de análise da frase nominal

Em 1950, Benveniste escreve um texto em que analisa a frase nominal na língua grega antiga. É um exemplo clássico de terceira pessoa, como logo veremos, e é explicitado na sintaxe da língua.

É preciso considerar que em toda a análise benvenistiana o pressuposto teórico é sempre o sistema saussuriano, e isso significa que: 1) é o ponto de vista que cria o objeto; e 2) na língua só há diferenças. Quanto ao primeiro, Flores diz que:

> [...] o cientista, ao delimitar o lugar teórico do qual fala, determina a relação que estabelece com os fatos linguísticos. Nesse sentido, não existe um fenômeno linguístico *a priori* a ser estudado, mas qualquer fenômeno que já tenha sido estudado por outras linguísticas pode receber o "olhar" da linguística da enunciação, basta que, para isso, seja contemplado com referência às representações do sujeito que enuncia, à língua e a uma dada situação. Eis o *corpus* (2001: 58).

Como em enunciação, o ponto de vista teórico releva da *cena enunciativa*, e Flores (2001: 59) conclui que se justifica "dizer que tal ponto de vista define a relação que o cientista estabelece com os fatos linguísticos. Eis o método."

Entendidos, então, *corpus* e método, é preciso analisar as ocorrências que se encontram no *corpus*, e para tal temos que considerar o que Flores e Silva (2000: 54) definem como "o mínimo necessário para uma análise enunciativa: o ato individual de enunciação, a situação em que ele se realiza e os instrumentos de sua realização." Como cada ato é único, uma análise na Teoria da Enunciação deve "procurar, em cada enunciado, o que cada um pode revelar sobre o sentido que o sujeito atribui (a este fato em questão), criando uma referência única relativa a *eu-tu-aqui-agora*" (Lichtenberg, 2001b: 172).

Flores e Silva (2000: 54) dizem que em cada enunciado é preciso considerar:

94 Enunciação e gramática

a) os recursos linguísticos utilizados para a realização do fenômeno estudado;
b) o sentido produzido em relação à ancoragem na situação espaçotemporal;
c) a categoria de pessoa como centro de referência do discurso.

Assim, qualquer análise que tome como ponto de vista a enunciação deve, em princípio, seguir o que definimos anteriormente nas letras a, b, c.

Imaginemos, a título de exemplo, que queremos fazer a análise enunciativa da frase nominal que, como foi dito, é um texto em que ele faz um estudo da frase nominal no grego antigo. Consideradas as premissas descritas, nós teríamos de escolher como *corpus* alguns enunciados de frase nominal e de frase verbal, poesia e prosa, de mesma época etc., e a partir daí iniciar a análise.

Consideremos a análise da frase nominal em oposição à frase verbal com *esti* (ser) na língua grega antiga em enunciados da epopeia de Homero, já que os dois tipos de enunciado aparecem concomitantemente na obra. Por exemplo:

1) "pois (é) difícil enfrentar um Deus do Olimpo." (A 589);
2) "[...] se é efetivamente assim [...]." (A, 564).

Na enunciação é preciso entender que cada ato é único, assim as questões que se definem em a, b, e c são analisadas em cada enunciado, porque para cada um haverá recursos, situação e sujeito diferentes. Se fôssemos mesmo realizar o estudo desses dois enunciados seria necessário que considerássemos *a*, *b* e *c* para cada um deles.

a) os recursos linguísticos serão aqueles que permitem ver as marcas da enunciação no enunciado;
b) a situação espaçotemporal será compreendida em relação à enunciação que produz o enunciado e que depende do locutor que a enuncia; como cada enunciação é única, haverá sempre novas situações de discurso;
c) o sujeito que enuncia é o centro de referência do discurso, e cada vez será um sujeito diferente.

É óbvio que essa análise sucinta e descontextualizada da parte da epopeia em que as duas frases foram proferidas nada nos informa sobre a real diferença entre frase nominal e frase verbal com *esti*, por isso vamos entendê-las a partir do texto em que Benveniste as analisou.

A frase nominal pelos olhos de Benveniste

Ao distinguir entre os "signos da língua, tomados em si e enquanto eles significam, e a frase, onde os mesmos elementos são construídos e agenciados em vista de um enunciado particular", Benveniste (1989: 240) distingue o que é da ordem do semiótico e o que é da ordem do semântico e afirma que "qualquer forma de frase não tem espaço no domínio do semiótico. Tudo é da ordem do semântico" (1989: 233). Nosso primeiro passo, portanto, é incluir a frase nominal no domínio do semântico.

Este enunciado não exclui, no entanto, a possibilidade de uma frase feita – um exemplo de uma regra de sintaxe, aforismos, provérbios –, fazer parte de nossos discursos como elemento citado. A frase nominal também aqui se inclui, porque uma, mas não única, de suas características é sua tendência a confinar-se em aforismos e provérbios.

O fato de a frase pertencer ao domínio do semântico implica necessariamente o lugar do qual ela deve ser olhada, isto é, da língua em uso. A frase nominal é analisada por Benveniste como uma função sintática, porque a noção de sintaxe, a noção de pragmática e a noção de semântica, em conjunto ou separadamente, pertencem exclusivamente ao domínio do que Benveniste entende por semântico.

Diz Benveniste que, para um linguista, a distinção entre semântica e pragmática pode ser útil em algum momento de seu estudo, mas em princípio uma distinção semelhante não é de imediato necessária:

> A partir do momento em que a língua é considerada como ação, como realização, ela supõe necessariamente um locutor e ela supõe a situação deste locutor no mundo. Estas relações são dadas em conjunto e pertencem exclusivamente ao domínio do semântico (1989: 238-9).

Entendido, assim, o lugar da frase na Teoria da Enunciação, de Benveniste, passamos à consideração da frase nominal e sua importância para este estudo sobre a não pessoa.[1]

Por oposição, como querem Saussure e Benveniste, ao entender que *ele* é o que *eu e tu* não são, concluímos que a *ele* cabe porção tão grande e tão significativa quanto a *eu e tu,* porque à porção objetiva da língua pertence o mundo, a cultura, a lei, a ordem etc. Se levarmos em conta a correlação de pessoalidade, *eu-tu* e *ele*, tudo o que é do domínio de *ele* passa a ser necessariamente enunciado por *eu* e a fazer parte da enunciação.

A frase nominal comporta um predicado nominal, sem verbo nem cópula, e é considerada no indo-europeu uma expressão normal nos casos em que uma forma verbal eventual estaria na terceira pessoa do presente do indicativo do verbo *ser.*

Benveniste confirma que deste "fenômeno sintático altamente singular" não há um estudo das condições que o tornaram possível. E trata-se de um fenômeno porque esse tipo de frase se encontra não apenas no indo-europeu,

96 Enunciação e gramática

semítico, ugro-fínico, banto, mas ainda na língua sumeriana, egípcia, caucasiana, altaica, dravídica, indonésia, siberiana, ameríndia etc. São tantas que seria melhor mencionar as línguas que não a conhecem. Há estruturas linguísticas que, em certas condições, admitem ou exigem que um predicado verbal não seja expresso ou que um predicado nominal seja suficiente.

Qual é a necessidade que está ligada à frase nominal para que tenha sido adotada paralelamente por tantas línguas diferentes e – questão estranha, "mas a estranheza está nos fatos – que o verbo de existência tenha, entre todos os verbos, esse privilégio de estar presente num enunciado no qual não figura?" (Benveniste, 1988: 164).

Benveniste (1988: 169) acredita que para estudar a frase nominal visando "dissipar as sombras que se acumularam sobre o problema", é preciso separar o estudo da frase nominal e o estudo da frase de verbo *ser*, porque uma frase de verbo *ser* é uma frase verbal semelhante às outras, e não podemos esquecer que uma frase é ou nominal ou verbal.

Há três pontos fundamentais para a análise da frase nominal:

- saber se determinada língua possui ou não verbo *ser*, porque assim a frase nominal representará uma frase possível ou uma expressão necessária;

- distinguir conforme as línguas se a frase nominal é restrita à terceira pessoa ou admitida a todas as pessoas;

- verificar se a frase nominal se forma livremente ou se depende de uma ordem fixa no enunciado.

Benveniste escolhe analisar a frase nominal no indo-europeu antigo, língua na qual ela constitui um enunciado assertivo finito, "paralelo na sua estrutura a qualquer outro que tenha a mesma definição sintática" (1988: 171).

Lichtenberg afirma que

> [...] em *enunciado assertivo finito,* em primeiro lugar, está pressuposta a ideia de que a frase nominal é um *enunciado,* e este termo se expande mediante restrições: a frase nominal é um *enunciado,* é um *enunciado assertivo,* é um *enunciado assertivo finito.* O primeiro constituinte deste termo, ou seja, *enunciado,* apresenta a frase nominal como originária do discurso, referência atribuída por um locutor que se insere na língua, promovendo uma certa organização de seus signos porque *fala de.* O segundo constituinte do termo, que expande o primeiro, apresenta *enunciado* como *assertivo,* uma vez que a frase nominal não demanda que uma resposta seja dada, nem objetiva um certo comportamento, assim como não comporta uma impressão própria de quem a exprime, pois trata-se de um valor permanente, com caráter de "verdade", um

"absoluto" que se impõe, daí prescindir de julgamento ou de comprovação. O terceiro constituinte – *finito* em *enunciado assertivo finito* – expressa restrição necessária em uma teoria que não toma *enunciado* ou *enunciado assertivo* com indicação de limitação de qualquer natureza, seja ela relativa à pausa, seja ela relativa a sintagma. (2006: 123-4).

A partir do texto de 1970, "O aparelho formal da enunciação", Benveniste confirma os enunciados assertivos no quadro enunciativo, logo, se a frase nominal é uma asserção, ela pertence ao aparelho formal.

Na frase nominal, e isso parece óbvio, o elemento assertivo é nominal, portanto não estará sujeito às modalidades temporais ou pessoais etc. da forma verbal, que traz sempre implicadas as modalidades do paradigma verbal. A asserção nominal será, pois, intemporal, impessoal, não modal, e terá por "objeto um termo reduzido apenas ao seu conteúdo semântico"; a asserção nominal não pode relacionar o tempo do acontecimento com o tempo do discurso sobre o acontecimento, como a asserção verbal o faz. A frase nominal afirma "uma certa *qualidade* (no sentido mais geral) como própria do sujeito do enunciado", mas fora de toda determinação temporal e de qualquer relação com o locutor (Benveniste, 1988: 171-2).

Evidenciamos, então, que a frase nominal: 1) não pode ser considerada como privada de verbo, pois é tão completa quanto qualquer enunciado verbal; 2) não é uma frase de cópula zero. Para o indo-europeu são dois enunciados de tipo distinto.

Para Benveniste, na análise da frase nominal, é preciso "rejeitar toda implicação de um *ser* lexical" e devemos reformar "hábitos de tradução impostos pelas estruturas diferentes das línguas ocidentais modernas" (1988: 172). A interpretação da frase nominal só se torna possível quando passamos a considerar o verbo *esti* no indo-europeu como um verbo paralelo a qualquer outro, não só por "conter todas as marcas morfológicas da sua classe e por preencher a mesma função sintática, mas também porque deve ter tido um sentido lexical definido antes de cair – ao termo de um longo desenvolvimento histórico – na ordem de cópula" (1988: 173).

Benveniste entende que o verbo *ser* deve mostrar sua força plena e sua função autêntica para que possamos verificar a diferença entre uma asserção nominal e uma asserção com *ser*. Para o indo-europeu, a frase com *ser* não é mais clara que a frase nominal e nem esta é uma forma deficiente da outra. Ambas são possíveis, mas não para a mesma expressão.

98 Enunciação e gramática

> Uma asserção nominal, completa em si mesma, põe o enunciado fora de qualquer localização temporal ou modal e fora da subjetividade do locutor. Uma asserção verbal, em que *esti* está no mesmo plano [...] que qualquer outra forma temporal do mesmo verbo, introduz no enunciado todas as determinações verbais e o situa em razão do locutor (1988: 173).

Para comprovar, na prática, a diferença entre uma frase nominal e uma frase com *esti,* Benveniste escolheu o grego antigo. No grego, como no indo-irânico ou no latim, os dois tipos de enunciados coexistem, e Benveniste quer saber se esta dupla expressão significa emprego livre e arbitrário ou, havendo diferença, qual é. O linguista insiste na dessemelhança dos dois enunciados e quer provar que eles não afirmam de maneira igual.

Para exemplo, portanto, estuda dois textos antigos, testemunhos diferentes no tom, no estilo e no conteúdo: as *Píticas* de Píndaro, uma poesia elevada, e a *História* de Heródoto, uma prosa narrativa. Benveniste quer ver se a frase nominal "serve para especificar certas expressões ou se é simplesmente a forma ocasional de um enunciado que teria podido igualmente compreender um verbo explícito" (1988: 174).

Queremos chamar a atenção para o fato de que as frases nominais, quando traduzidas do grego para o português, transformam-se em frases verbais com vários verbos, e isso se dá por necessidade de tradução; no grego, no entanto, elas são literalmente sem verbo nem cópula.

Benveniste (1988: 174-5) apresenta a lista completa das frases nominais que Píndaro emprega nas *Píticas,* das quais nós daremos apenas alguns exemplos:

> "a alegria que causa o triunfo de um pai não permanece estranha a um filho (I, 59)";
> "a felicidade é o primeiro bem a conquistar; a boa fama vem em segundo lugar (I, 99)" (a tradução literal seria: a felicidade primeiro bem a conquistar, o bem ouvir em segundo);
> "a riqueza associada à felicidade de ser sábio, eis o melhor quinhão para o homem (II, 56)" (a tradução literal seria: pois a riqueza junto com a felicidade do sábio...);
> "os ventos que sopram nas alturas mudam incessantemente (III, 104)".

Podemos evidenciar pelos exemplos, diz Benveniste, que a frase nominal: 1) liga-se sempre ao discurso direto; 2) serve sempre a asserções de caráter geral, sentenciosas. A frase verbal com *esti* é do domínio da narração de um fato, da descrição de uma maneira de ser ou de uma situação. A frase nominal, por meio de verdades gerais, quer convencer, propõe uma relação intemporal, por isso permanente, agindo como um argumento por autoridade; supõe o discurso e o diálogo, mas não comunica um dado de fato.

Os *Trabalhos* de Hesíodo, diz Benveniste, trazem muitos exemplos de frases nominais: "o trabalho não é um opróbrio; não fazer nada é que é um opróbrio (310)"; "a riqueza não se deve arrebatar; dada pelo céu é bem preferível (320)"; "um mau vizinho é uma calamidade (346)". Hesíodo faz de sua obra uma longa lista de conselhos, admoestações, críticas, inserida em frases nominais que atravessam os séculos como verdades permanentes. Não vemos, no entanto, a frase nominal ser empregada para descrever um fato na sua particularidade (Benveniste, 1988: 176).

Vejamos, agora, o texto de Heródoto, que é uma prosa narrativa, em que ele conta acontecimentos, descreve países e costumes. Nesse texto, há ocorrência de frases com *esti* informando objetivamente sobre situações de fato, por exemplo, "Paniônio é um local sagrado ao norte de Mícale; Mícale é um promontório de terra firme (I, 148)".

A diferença entre a frase nominal e a frase com *esti* é que a frase nominal só aparece em discurso direto, enunciando asserções de tipo proverbial, verdades gerais, mas se o historiador quer narrar ou descrever "Creta é uma ilha", na língua grega escreverá com *esti* (Benveniste, 1988: 177).

No texto de Homero, a frase nominal e a frase com *esti* coexistem em proporções quase iguais, e essa coexistência, pensa Benveniste, deveria ser tratada em conjunto para toda a epopeia como, porém, isso não é possível, ele justifica o uso dos dois tipos de frase com alguns exemplos comprobatórios da distinção entre elas. Os exemplos mostram que, em Homero, as frases mantêm as mesmas características dos exemplos que vimos anteriormente, isto é, a frase nominal aparece nos discursos, e não nas narrações e descrições, e exprime asserções de valor permanente, e não situações ocasionais, por exemplo, "ter muitos chefes não é bom (B, 204)"; "a Fatalidade (é) poderosa e ágil (I, 505)".

A frase nominal em Homero tem geralmente uma relação de causa ou de conclusão com o contexto, relação que é marcada no grego pela conjunção *gár* = pois; por exemplo: "pois o sentimento da amizade (é) o melhor (I, 256)"; "pois o rei (é) o mais forte (A, 80)".

Há, em grego, muitas locuções do tipo "é preciso" que se fixaram como asserções nominais de valor intemporal e absoluto (Benveniste, 1995: 178).

As frases em Homero com *esti* expressam situações atuais, por exemplo, "lançou uma ameaça, hoje cumprida (A, 388)"; "ele já é bem orgulhoso sem isso (I, 699)".

Quanto à expressão de posse, também há diferença em Homero entre a frase nominal e a frase verbal com *esti*. Na frase nominal, a posse é permanente e absoluta, por exemplo, "pois a tua parte ainda não (é) morrer (H, 52)"; na frase verbal, a posse é atual, por exemplo, "possuo bens inumeráveis (I, 364)"; "mesmo que ele me desse tudo o que possui *neste momento* (I, 380)".

Para Benveniste (1988: 179), os exemplos mostram claramente a diferença entre a frase nominal e a frase verbal com *esti*, pois elas não afirmam de maneira igual e não pertencem a um mesmo registro. A frase nominal é do discurso, propõe um absoluto; a frase verbal é da narração, descreve uma situação; os dois traços de ambos os tipos de frase são solidários e dependem juntos do fato de que no enunciado nominal a função assertiva repousa sobre uma forma nominal e no enunciado verbal a função assertiva repousa sobre uma forma verbal. Para Benveniste:

> A frase nominal, sendo adequada para asserções absolutas, tem valor de argumento, de prova, de referência. É introduzida no discurso para agir e convencer, não para informar. É, fora do tempo, das pessoas e da circunstância, uma verdade proferida como tal. É por isso que a frase nominal convém tão bem a essas enunciações, nas quais, aliás, tende a confinar-se – sentenças ou provérbios – depois de haver conhecido maior flexibilidade (1988: 179).

Benveniste (1988: 180) diz que as outras línguas indo-europeias antigas apresentam essas características, por exemplo, no latim, "*triste lupus stabulis* [(é coisa) triste o lobo para os estábulos]".

Benveniste chama a atenção para o fato de que a frase nominal foi considerada durante muito tempo como uma frase verbal de verbo deficiente, assim, não foi compreendida em sua natureza específica. Na verdade, ela deve ser estudada contrapondo-se à frase verbal, e ambas devem ser entendidas como dois modos distintos de enunciação. Se acrescentarmos à frase nominal um verbo, a frase nominal perde o que a caracteriza, que é "a não variabilidade da relação implicada entre o enunciado linguístico e a ordem das coisas", porque esse tipo de enunciado, como já dissemos antes, define uma "verdade geral", justamente excluindo o que a particularizaria, que é a forma verbal, e, nesse caso, *esti* é tão particular quanto *eimi* (sou) ou *estai* (será).

Esta análise não pode ser feita tendo como parâmetro as categorias de línguas atuais, categorias que não faziam parte das línguas antigas e, portanto, que não podem ser transpostas.

A viabilidade de uma análise enunciativa da não pessoa

Em qualquer procedimento de análise, quando se trata da Teoria da Enunciação, partimos das questões definidas anteriormente como necessárias:

a) o ato individual de enunciação;
b) a situação em que ele se realiza;
c) os instrumentos de sua realização.

Ocorre que o ato individual de enunciação é sempre um acontecimento único porque única é a situação em que ele se produz na língua, já que é a língua o instrumento de sua realização. Por ser fugaz e irrepetível, esse ato desaparece, e dele somente podemos saber algo pela análise do enunciado, pois é o enunciado que nos permite conhecer as marcas da enunciação. É, portanto, na concretude do enunciado que se instaura a possibilidade de análises enunciativas, quando observamos:

a) os recursos linguísticos;
b) o sentido em relação ao *aqui-agora*;
c) o sujeito que enuncia.

Examinando, então, os enunciados de frases nominais e de frases verbais com *esti* na língua grega antiga, podemos analisar os itens a, b, c, considerando, em primeiro lugar, que a análise, seguindo o modo estruturalista de estudar a língua em suas diferenças, opõe frase nominal e frase verbal.

A enunciação postula que na língua há signos e há a atualização desses signos pelos locutores no emprego da língua. Para Lichtenberg,

> [...] a atualização do signo em palavra não se dá por simples transposição, pois enunciado não pode ser entendido como palavras que se organizam, somando significados. Enunciado é o produto da enunciação, expressão de uma ideia singular que tem a instância de discurso como referência. Enunciado é, pois, unidade de significação e, como tal, apresenta uma configuração peculiar e única (2001: 168).

No momento em que o locutor se apropria da língua, ele pode recorrer tanto aos signos vazios, os indicadores de subjetividade, que se plenificam, melhor dizendo, nascem, na enunciação, quanto aos signos plenos, os conceitos, que passam a fazer parte da instância de discurso, posto que enunciados por *eu*.

O que queremos dizer com toda essa retomada é que os recursos linguísticos observados na frase nominal e na frase verbal com *esti* devem ser considerados

102 Enunciação e gramática

deste duplo aspecto: são signos no modo semiótico de significância da língua e são palavras, ou, melhor dizendo, frases no modo semântico, o modo específico de significância que é engendrado pelo discurso, lugar em que a língua tem como função produzir mensagens.

Frase nominal e frase verbal com *esti* pertencem ao modo semântico da língua, são produtoras de mensagens, guardadas as especificidades que já vimos. Ocorre que na mensagem não é a adição de signos que produz o sentido, ao contrário, é o sentido que se realiza e se divide em signos particulares, que são as palavras. E com palavras, depois com grupos de palavras, formamos frases. O sentido da frase é então a ideia que ela expressa, e a referência é a instância de discurso.

Do ponto de vista enunciativo, portanto, frase nominal e frase verbal com *esti* têm como sentido a ideia que elas expressam, e como referência seu contexto de discurso, que é sempre dependente do *eu* que as enuncia.

O que queremos dizer é que a frase nominal, embora intemporal, impessoal e não modal, pertence à enunciação. O fato de ela não ter nenhuma relação com o locutor advém de suas características de ser uma asserção de valor permanente, de enunciar uma verdade geral, de ter valor de argumento, de, talvez, ter sido ao longo dos séculos assimilada ao proverbial da língua, pois é considerada também uma frase feita. Todavia, no momento em que é proferida, essa frase intemporal passa imediatamente a fazer parte do discurso do *eu* que a enuncia, e é submetida, consequentemente, ao *aqui-agora* de *eu*.

É, então, este momento enunciativo que convoca a frase nominal e também a frase verbal com *esti* para o discurso. As duas frases convivem na mesma época e, muitas vezes, nas mesmas obras, o que leva a entender que ambas são possíveis, mas não para a mesma expressão e nem afirmam da mesma maneira.

Para Benveniste (1988: 163), a frase nominal, embora sem verbo nem cópula, pertence ao discurso, é entendida sempre como um diálogo que permanece no tempo porque suas asserções são absolutas, universais, apresentam um valor de argumento, de prova incontestável, e são sempre usadas para convencer. Como a frase nominal é fora do tempo, das pessoas e das circunstâncias, afirma verdades geralmente confinadas em máximas ou provérbios que atravessam os séculos; é considerada um argumento por autoridade.

A frase verbal com *esti* é o oposto da frase nominal, pois é usada para informar, para narrar e descrever fatos e acontecimentos, está ligada ao tempo e ao espaço do locutor, por isso é ocasional, traz as marcas das pessoas e seus tempos e espaços.

Este estudo que Benveniste faz da frase nominal pode ser aplicado a outros fatos da língua, e nossa meta é ampliar o caminho que Benveniste traçou, estendendo as análises a muitos fenômenos linguísticos.

Nota

[1] Para maiores esclarecimentos sobre a não pessoa, consultar Bressan (2003) e Weigert (2004).

Os indefinidos submetidos à enunciação

Os indefinidos: expressão de sentidos

Este capítulo tem como objetivo a descrição de fatos de língua.[1] Para tal, constitui-se um *corpus* e considera-se a ocorrência de certas palavras que os estudos gramaticais apresentam como pronomes indefinidos.[2]

As gramáticas consideram os *indefinidos* como palavras; neste estudo os *indefinidos* também são assim considerados, mas sob outra perspectiva: a dos pressupostos apresentados por Benveniste.

Aqui, os *indefinidos* são palavras, pois pertencem a dois domínios: ao domínio semiótico e ao domínio semântico. São signos, virtualidades que, no uso da língua, integram a frase, constituindo *empregos*. Quanto à significação, são de caráter duplo, uma vez que encerram significação relativa à língua como sistema coletivo e significação relativa à língua em ação, referência atribuída pelo sujeito que exprime sua atitude e a situação enunciativa.

Devido a esta duplicidade, os indefinidos são reconhecidos como língua e compreendidos como língua: reconhecimento relativo à pertença à língua; compreensão relativa à situação de uso da língua.

Tal consideração aos *indefinidos* implica apresentá-los como *palavras no enunciado*. No enunciado, os *indefinidos* são palavras porque estão em inter-relação com as demais palavras que o compõem. No enunciado, os *indefinidos* guardam parte da significação que têm na língua e expressam sentido único, relativo ao uso da língua, a *eu-tu-aqui-agora*. Os indefinidos, portanto, são tratados como palavras no enunciado, na condição de *atribuição de referência* a uma situação que inclui *pessoa* e *tempo-espaço*.

Os *indefinidos*, assim descritos, inserem-se na categoria de *não pessoa*. Diferentemente dos indicadores de subjetividade, que marcam a enunciação no enunciado, os *indefinidos* indicam conceitos, noções gerais que, na e pela enunciação,

106 Enunciação e gramática

se especificam. São, pois, signos "atualizados". O que na língua tem indicação de *o não importa quem ou o não importa o que* (Benveniste, 1988: 282) expressa, na língua em uso, *um* sentido, manifestado pelo dizer em uma situação singular.

Este sentido, que é único e, portanto, sempre diferente, ainda que o signo tomado da língua corresponda a uma mesma *forma*, é exigência da atribuição de referência. Como a situação enunciativa sempre é outra, manifestá-la e manifestar uma atitude relativa a ela implica expressar uma ideia sempre nova, e esta ideia que assim se apresenta demanda sempre uma outra configuração, uma certa maneira de dispor os signos. Nessa disposição, os signos apresentam-se não mais como apenas signos, mas como palavras.

Nesta ótica, os *indefinidos* são palavras submetidas à enunciação, pois têm referência em *eu-tu-aqui-agora*, a presente instância de discurso da qual decorre seus sentidos.

Considerando-se tais pressupostos teóricos, descrevem-se fatos de língua, ou seja, a língua em funcionamento. Essa descrição tem como objetivo apresentar usos de palavras que têm indicação de indefinição – pronomes indefinidos –, buscando-se apreender sentidos promovidos pelos sujeitos, observáveis no enunciado, decorrentes de relações sintático-semânticas que nele se estabelecem.

Assim sendo, o exame de enunciados, produto da enunciação, considera atribuição de referência a uma determinada situação enunciativa que pressupõe *pessoa*, *tempo* e *espaço*.

Os indefinidos:
a descrição de seu funcionamento

Situados os *indefinidos* teoricamente, cabe descrevê-los. Com a descrição, se aponta, em cada enunciado, o sentido que os sujeitos atribuem a essas palavras, criando referência única, relativa à sua atitude e à situação discursiva.

O *corpus* de análise é formado por textos publicados em jornais e revistas de circulação nacional, matérias assinadas por jornalistas, colaboradores ou leitores que expressam opinião sobre determinado assunto.

Nestes textos, são promovidos recortes, tendo-se em vista a ocorrência de palavra apresentada classicamente como expressão de indefinição e as inter-relações que esta palavra mantém com as demais palavras que constituem o enunciado.

Isso significa que são as inter-relações entre palavras que determinam o recorte, podendo, então, variar a extensão do que é apresentado como enunciado.

Como cada situação de língua é única, singular e não repetível, não há preocupação quanto à classificação dos pronomes achados e com o esgotamento do assunto. Visa-se tão somente à apresentação de sentidos relativos ao uso da língua e sabe-se que estes não são passíveis de uniformização, devido ao caráter de unicidade do sujeito, da situação e, consequentemente, da ideia que se materializa no enunciado.

Assim como não se podem prever os "usos" dos *indefinidos*, também não se apresentam todas as palavras que tradicionalmente são tratadas como pertencentes à classe dos pronomes indefinidos. Selecionam-se, a título de amostragem da língua em funcionamento, pronomes bastante usuais e constantes em qualquer estudo gramatical, sob o rótulo de expressão de indefinição.

Com a finalidade de facilitar a compreensão do trabalho de análise, utiliza-se, em certas situações, a nomenclatura adotada pela teoria gramatical, assim como, desde o início deste capítulo, emprega-se o termo *indefinido*, embora se descreva a função desta palavra em uma abordagem enunciativa.

Resumidamente, as análises que seguem sobre os usos de *ninguém, nada, todo, algo, tanto, tudo, muito, pouco, qualquer* apresentam:

a) o papel que a palavra selecionada desempenha no enunciado;
b) as relações sintático-semânticas que esta palavra estabelece no enunciado;
c) o sentido atribuído a esta palavra em uma relação intersubjetiva, considerando-se *pessoa* e *tempo-espaço*.

Análises

Usos de *ninguém*

> Enunciado 1 – *Esse crédito, aliás – principalmente na conjuntura atual –, precisa ser bem flexível ao ser regulamentado a cada ano e trabalhar com a hipótese de estudantes inadimplentes, porque <u>ninguém</u> sabe o que pode acontecer de uma hora para outra com nossa economia e com a já pequena renda familiar* (*Correio do Povo*, 29 mar. 2000: 4).

Ninguém é elemento nuclear e único do sintagma que é sujeito gramatical. Seu sentido é *nenhuma pessoa* porque não há referente [+humano] ao qual possa ser atribuído o fato expresso.

108 Enunciação e gramática

É esse o sentido que lhe é dado pelo locutor, e o interlocutor também o entende como a ausência de referente.

Esse uso se enquadra no que os estudos clássicos consideram como *indefinido*: *ninguém* corresponde a *nenhuma pessoa*.

> Enunciado 2 – *Já escrevi inúmeras crônicas afirmando que o eixo do problema brasileiro está justamente na falta de qualquer controle populacional, as pessoas são incentivadas a multiplicar a prole sem ter condições para sustentá-la. Mas parece que essa verdade não comove <u>ninguém</u>, nenhuma medida de profundidade é tomada para conscientizar e educar as populações pobres a terem menos filhos, é pregar no deserto* (Zero Hora, 16 dez. 1999: 111).

Ninguém é núcleo do complemento verbal em *essa verdade não comove ninguém*.

O enunciado inicia com *já escrevi inúmeras crônicas* em que o sujeito gramatical é *eu*. O complemento verbal – *crônicas* – apresenta um restritivo, o qual inclui a posição do sujeito, pois a afirmação que é feita – *o eixo do problema brasileiro está justamente na falta de qualquer controle populacional, as pessoas são incentivadas a multiplicar a prole sem ter condições de sustentá-la* – decorre do locutor.

Mas parece que essa verdade não comove ninguém, nenhuma medida de profundidade é tomada para conscientizar e educar as populações pobres a terem menos filhos, é pregar no deserto, que se inicia por *mas*, se contrapõe à afirmação apresentada. Essa contraposição se viabiliza a partir do sujeito gramatical – *que essa verdade não comove ninguém* – em que *essa verdade* expressa a retomada da posição do locutor, e *não comove ninguém*, a oposição propriamente dita, somando-se a ela uma outra afirmação com a qual estabelece uma relação de causa-consequência: *nenhuma medida de profundidade é tomada para conscientizar e educar as populações mais pobres a terem menos filhos*, na qual o agente está apagado, podendo ser entendido como *ninguém*.

O sentido de *ninguém* decorre destas relações que se dão no enunciado: da oposição à opinião do locutor e da consequência que isso acarreta. *Ninguém*, que em *não comove ninguém* pode ser tomado como *nenhuma pessoa*, tem seu sentido restrito: são os *que não se comovem com a verdade* apresentada pelo locutor e, por *não se comoverem, não tomam nenhuma medida de profundidade para conscientizar e educar as populações mais pobres a terem menos filhos*.

O locutor define *ninguém*. Promove um efeito entre o *não dito* e o *sugeri-do*. *Ninguém* é apresentado pelo locutor como *nenhuma pessoa*, um referente

[+humano] que não tem existência, porém o enunciado, embora o locutor, usando como subterfúgio a sintaxe, continue a não dizer, determina o conjunto ao qual *ninguém* pertence: são *os que, por não se comoverem com a afirmação que o locutor julga verdadeira, não tomam medidas com o intuito de sanar o problema apontado. Ninguém* são *os que têm a responsabilidade de tomar estas medidas.* O interlocutor também define *ninguém,* atribuindo-lhe o sentido de *nenhuma pessoa do conjunto dos que não se comovem e não tomam medidas.*

> Enunciado 3 – *Já quase <u>ninguém</u> sobrevive entre os que viram Lara* (*Zero Hora,* 29 nov. 1999: 55).

Ninguém é elemento nuclear do sujeito gramatical. Constitui sintagma com *quase,* e o enunciado apresenta, também, uma expressão que restringe seu sentido: *entre os que viram Lara.*

Quase ninguém, a partir da restrição, significa *quase nenhuma das pessoas que viram Lara. Quase* expressa *muito próximo de um limite,* e esse limite é *nenhuma pessoa das que viram Lara. Quase* e *ninguém,* formando sintagma, constituem uma expressão quantitativa que se marca pela indefinição, pois tal quantidade não é conhecida nem precisa. Desse modo, há *os que viram Lara,* mas são *muito poucos.*

Para o locutor o sentido de *quase ninguém entre os que viram Lara* é de *poucas pessoas que viram Lara.* Assim, o locutor define parcialmente *ninguém*: é definido enquanto *elemento pertencente a um conjunto – entre os que viram Lara –,* é indefinido porque *quase* introduz na expressão uma ideia de quantidade, que não é determinada. O interlocutor define parcialmente *ninguém*: são elementos pertencentes a um conjunto – *entre os que viram Lara –,* são *poucos* e não são determinados.

Usos de *nada*

> Enunciado 4 – *O caráter nefasto do neoliberalismo fica bem exemplificado quando se sabe que, ao longo dos anos 90, foram fechados cerca de 3,3 milhões de postos de trabalhos formais na economia brasileira, sendo que desde que FHC assumiu, em 1995, foi contabilizada uma queima de <u>nada</u> menos de 1,8 milhão de empregos formais (Caced/Ministério do Trabalho)* (*Correio do Povo,* 21 maio 2000: 4).

Nada é termo periférico em relação à *queima,* o núcleo do sujeito, mas nuclear no sintagma em que está contido. No sintagma, é um dos termos por meio dos quais se estabelece comparação.

110 Enunciação e gramática

Em *nada (é) menos que 1,8 milhão de empregos formais (é), nada* é o elemento que contrasta com *1,8 milhão de empregos formais*. Se o elemento com que contrasta é um quantitativo e *nada é menos* do que essa quantidade, *nada* toma o lugar de um valor que não tem existência, portanto o menor valor que pode ser referido é aquele que *é – 1,8 milhão de empregos formais –*, e *nada* indica ausência de referência.

Por outro lado, a comparação da qual participam *nada* e o valor citado é relativa ao verbo *contabilizar,* que remete à exatidão do dado numérico já que, significando *escriturar em livros apropriados,* apresenta *complemento expresso por agente designativo de fatos relativos à atividade econômica* (Borba, 1991: 332). Dessa forma, *nada menos,* que se contrapõe a um valor que é preciso, expressa o que representa este valor: se *nada (é) menos,* então esse valor é ressaltado, e é muito.

Nada, representando ausência de referente, não pode ser tomado como não determinado, principalmente ao participar da expressão *nada menos* que, por meio da comparação, indica o que é – *1,8 milhão de empregos formais –*, e porque, ao indicar que *menos não é,* reforça o valor apontado. O sujeito, ao empregar *nada menos,* provoca um efeito de sentido: ao mostrar ausência de valor menor, destaca o que representa o valor apontado. *Nada* para o interlocutor significa *ausência de* valor menor do que o citado pelo locutor.

> Enunciado 5 – P*adre Vieira, ao retornar, esperava um clamor de indignação da corte para com os maus-tratos que os reinóis os fizeram padecer na colônia. Mas que* nada. *Acolheu-os a indiferença e um dar de ombros* (Zero Hora, 9 maio 2000: 17).

Mas que nada constitui expressão na qual *nada* é elemento nuclear. *Mas,* que inicia a expressão, indica ideia de oposição.

Mas que nada constitui uma intervenção do locutor. O restante do enunciado, marcado pelo tempo passado, difere dessa expressão em que não há tal indicação. *Que* indica intensificação.

Devido à presença de *mas,* o locutor contrapõe uma ideia ao que fora afirmado anteriormente, em que o verbo *esperar* significa *ter expectativa de. Nada,* que indica que não há referente, remete essa ausência ao complemento verbal de *esperar,* ou seja, expressa que a expectativa do agente não se concretizou. Assim, *mas* introduz uma oposição, porém não extensiva à afirmação inteira, apenas relativa a uma parte, pois, no tempo e no espaço explicitados – *ao retornar* –, o que era esperado não tem referência, não faz parte do conjunto de situações relativas ao contexto.

O que segue – *acolheu-os a indiferença e um dar de ombros* – é um prolongamento da afirmação primeira. Funciona como um aposto, retomando o discurso inicial e, ao mesmo tempo, preenchendo o vazio deixado pelo que foi negado: no contexto do discurso, este fato tem referente. Assim, *mas que nada* não só indica que a expectativa não teve lugar no contexto, mas também dá destaque à apresentação do que ocorreu.

Mas que nada estabelece relação no enunciado, opondo *o clamor da indignação* à *indiferença da acolhida*. *Nada* indica que o primeiro não tem referente e, porque não o tem, o segundo apresenta-a.

O locutor, ao empregar *mas que nada,* relaciona referência, tempo e espaço do enunciado, destacando o *tratamento dado pela corte aos procedimentos adotados pelos reinóis da colônia em relação aos jesuítas.* E porque *mas que nada* é uma expressão *de relação,* disso decorre seu sentido, não havendo possibilidade de dissociar os elementos que a compõem. O interlocutor, a partir de *mas que nada,* que contém *nada,* não atribui referência *ao que era esperado*, mas *ao que é explicitado como acolhida.*

> Enunciado 6 – *Como não é justificável moralmente voltar atrás, revogando leis justas, mexa-se no sistema, no processo e em seus atores, obstaculizando a aplicação das normas e, consequentemente, a punição dos culpados. Nada sutis nem originais as estratégias adotadas relativamente ao Ministério Público, como exemplificadamente* [...] (*Zero Hora*, 19 abr. 2000: 25).

Em nada sutis nem originais, nada é periférico relativo ao nuclear *sutis.* Esta expressão predica o sujeito gramatical.

Nada, que com *sutis* constitui sintagma, não tem apenas seu sentido adstrito a ele. O sentido de *nada* é extensivo ao sujeito gramatical, não só, mas também porque a expressão na qual consta caracteriza o sujeito: *nada* expressa negação em relação a *sutis* e, já que *as estratégias adotadas relativamente ao Ministério Público* não têm relação com o *conjunto de "coisas" que são sutis,* como tal não podem ser referidas. Tais *estratégias,* em face do citado conjunto, correspondem a *"coisa nenhuma"* que pertença a ele, e em nenhum aspecto são *sutis*; portanto, assim, não podem ser qualificadas. Em *nada sutis,* não se tem apenas negação, mas a impossibilidade de qualificar como *sutis.*

O locutor emprega *nada* indicando negação, entretanto, por meio desta palavra, por significar *nenhuma "coisa",* intensifica esse caráter porque nega

112 Enunciação e gramática

expressando ausência: as *estratégias* por ele citadas não são *sutis* porque nelas não há *nenhuma "coisa"* que expresse *sutileza*. Esse também é o sentido atribuído a *nada* pelo interlocutor: *"coisa" nenhuma* relativa a *sutil*, qualidade que a palavra *estratégias* não apresenta.

Usos de *todo*

> Enunciado 7 – *Desde a invenção do alfabeto Braille, uma espécie de código Morse da leitura, os cegos leem deslizando os dedos sobre as páginas dos livros. Infelizmente, a invenção genial de Louis Braille (1809-1852) nunca esteve ao alcance de todos* (*Correio do Povo*, 19 maio 2000: 4).

Todos consta em termo periférico, que é complemento do nome *alcance*. No complemento, *todos* é nuclear.

O enunciado apresenta uma afirmação que se constrói a partir de sujeito representado por genérico – *os cegos* – e de verbo que indica processo: *desde a invenção do alfabeto Braille, uma espécie de código Morse da leitura, os cegos leem deslizando os dedos sobre as páginas dos livros*. Essa indicação de processo se dá pela via do sentido do verbo propriamente dito e, também, por meio da flexão verbal presente que indica habitualidade. Associam-se a essa noção expressa pelo verbo dois outros termos: *deslizando os dedos sobre as páginas dos livros*, que indica a maneira como tal processo se realiza, e *desde a invenção do alfabeto Braille, uma espécie de código Morse da leitura*, que o situa temporalmente, marcando seu início e apontando sua origem. A essa circunstância é dado destaque, pois, além de ser termo primeiro do enunciado, ainda a ela se acrescenta *uma espécie de código Morse da leitura*.

Infelizmente, a invenção genial de Louis Braille (1809-1852) nunca esteve ao alcance de todos se caracteriza por apresentar uma afirmação sob a ótica do locutor, pois toda ela é modalizada a partir do advérbio *infelizmente*, que expressa avaliação a respeito do que é dito. O sujeito gramatical – *a invenção genial de Louis Braille* – retoma e reafirma a importância dada ao que desencadeou a leitura pelos cegos – a invenção é considerada *genial* –, porém o processo enquanto generalização, tal como é verificado na afirmação primeira, é negado porque na predicação o locutor expressa que *nunca esteve ao alcance de todos*, negando o estado permanente, pois *nunca esteve*, e a generalização relativa ao agente – *nunca esteve ao alcance de todos* –, já que a qualificação atribuída à *invenção* exclui *cegos*, entendido como *conjunto de pessoas*.

Todos expressa *totalidade* relativa a *cegos,* são *todos os cegos*; entretanto, pela relação mantida com as outras palavras do enunciado, principalmente no que diz respeito à predicação, passa a significar *uma parte do conjunto dos cegos.* Se *nunca esteve ao alcance de todos,* entende-se que alguns elementos do conjunto não tiveram acesso à *invenção genial de Louis Braille.*

O locutor define *todos,* ao atribuir-lhe o sentido de *todos os elementos do conjunto,* ou seja, *os cegos.* Esse sentido decorre das relações que se estabelecem no enunciado. Todavia atribui-lhe indefinição em *nunca esteve ao alcance de todos,* porque relaciona esta palavra com outras palavras, promovendo uma noção de partição do conjunto – *nunca esteve ao alcance de todos os cegos* –, e a parte que é tomada do conjunto não é determinada. O interlocutor interpreta *todos* como *nem todos os cegos,* o conjunto de todos os elementos que é negado, uma parte do conjunto que é afirmada.

> Enunciado 8 – *Há muitas seleções na cabeça de todos que veem futebol com regularidade, interesse e já por algum tempo (Zero Hora,* 18 abr. 2000: 69).

Todos faz parte de locativo, o sintagma em que se encontra é periférico. *Todos* é termo nuclear do sintagma, sendo acompanhado por restritivo.

Essa palavra expressa *totalidade,* são todos os elementos do conjunto apresentado pelo restritivo: são *todas as pessoas que veem futebol com regularidade, interesse e já por algum tempo.* O restritivo, ao estabelecer o conjunto o qual *todos* abarca, determina que esse conjunto é constituído por [+humano], e isto se dá por intermédio do sentido do verbo, de seu complemento e, também, das expressões circunstanciais.

O locutor define *todos,* que são *todas as pessoas referidas pelo restritivo;* o interlocutor também o define, entende-o como a *totalidade dos que veem futebol com regularidade, interesse e já por algum tempo.*

> Enunciado 9 – *A cada mês o trabalhador, o funcionário público, o empresário, todos vemos nos sobrar menos dinheiro (Zero Hora,* 15 nov. 1999: 47).

Todos é nuclear em sintagma que é antecedido por enumeração.

Todos é uma palavra que retoma a enumeração que a precede. Tal enumeração é constituída por genéricos: *a categoria dos trabalhadores, a dos funcionários públicos, a dos empresários.* Assim sendo, *todos* representa a totalidade decorrente do somatório dos elementos que constituem cada um dos conjuntos citados.

114 Enunciação e gramática

Mesmo que isso se verifique, a flexão do verbo – *vemos* – indica que *todos* não se restringe a retomar o que foi anteriormente citado, pois também inclui as *pessoas* do discurso, não só pela desinência de número e pessoa, mas também pela referência ao *presente*. *Todos* expressa *nós*; *todos vemos* expressa *nós, aqui, agora.*

Todos, que retoma e resume a expressão que o antecede – a *não pessoa,* sob forma de conjuntos referentes a categorias – e que, por sua relação com o verbo, pressupõe as *pessoas,* significa o conjunto de *todas as pessoas que trabalham,* independentemente da atividade que exerçam, de categoria profissional. A expressão que o antecede promove o sentido de *ser trabalhador,* a flexão verbal inclui os que a *não pessoa* não comporta, ou seja, *eu* e *tu*; *todos,* portanto, é a *totalidade dos que trabalham aqui e agora.*

O locutor define *todos,* pois, a partir da noção de *totalidade,* refere a presente situação de enunciação que inclui *eu, tu, ele* como os que *trabalham no aqui-agora.* O interlocutor define *todos* e atribui-lhe o sentido de *nós, os que trabalham.*

> Enunciado 10 – *É um quadro de perguntas e respostas chamado Jogo do Milhão. Tem ido ao ar toda noite pelo SBT* (*Zero Hora* – Donna, 28 nov. 1999: 4).

Toda é termo periférico de expressão de tempo. Acompanha o nome *noite.*

Noite, o núcleo da expressão adverbial, designa período de tempo. *Toda noite* indica tempo, e *toda* aspectualiza a expressão temporal, imprimindo-lhe noções de frequência e regularidade.

Essa ideia de frequência está associada, no enunciado, ao aspecto verbal: *tem ido* indica processo e habitualidade. Frequência e regularidade decorrem do sentido de *totalidade* expresso por *toda*: *noite* é incluída de forma contínua e ininterrupta no processo. *Toda,* no enunciado e no sintagma, indica aspecto.

Se *todo* e todas as palavras que são objeto das análises se incluíam até então na categoria de *não pessoa,* o enunciado que agora é estudado revela que não podem ser estabelecidas classificações tidas como definitivas. E essa verificação se reveste de importância na medida em que a teoria que sustenta tais análises tem como princípio que o *sujeito se apropria da língua toda para que signifique uma situação única e singular.* Nesse processo de *apropriação* e *atualização,* a *língua em uso, toda,* regularmente vista como o *não importa quem, o não importa o que,* nesse enunciado passa a significar em outra categoria, a do *espaço-tempo.*

O locutor, ao empregar *toda noite,* espacializa e temporaliza o enunciado: *um quadro de perguntas e respostas tem ido ao ar pelo SBT* num determinado espaço-tempo. E *toda,* que constitui sintagma com *noite,* a *não pessoa,* designação de um *período de tempo,* atribui ao sintagma a noção de espaço-tempo. Tem na língua um significado, o de *totalidade,* mas o sujeito o desloca e lhe atribui o sentido de *frequência e regularidade,* com base no que caracteriza a língua, a possibilidade. Para o locutor e o interlocutor *toda* se relaciona a espaço e tempo, e se vincula a aspecto, com sentido de *continuidade com intervalos regulares; toda,* portanto é considerado por ambos como indefinido.

Usos de *tanto*

> Enunciado 11 – *Num Estado que produziu tantos craques, chega a ser constrangedor aceitar um prêmio desses (Zero Hora, 18 abr. 2000: 67).*

Tantos é um elemento periférico em complemento verbal, sendo o núcleo *craques.*

Craques, o nome com o qual *tantos* se relaciona, indica um conjunto de elementos. *Tantos,* que expressa quantidade, indica *um grande número de elementos desse conjunto,* sem que seja esclarecido qual é o número exato de *craques.*

O locutor não define *tantos* porque não atribui precisão à quantidade de *craques* à qual refere, indicando que *tantos* corresponde a *uma grande quantidade.* Essa palavra também tem esse sentido para o interlocutor. Também com esse sentido, *tantos* é apresentado pelos estudos tradicionais como um pronome indefinido.

> Enunciado 12 – *A alturas tantas alguém liga uma câmara de vídeo e o ex-presidente, à instigação dos presentes, põe-se a contar casos e comentar pessoas (Veja, 12 jan. 2000: 150).*

Tantas é periférico em expressão de tempo. Forma sintagma com *alturas,* que é o núcleo.

O nome *alturas* dá noção de tempo. Seu sentido é próximo de *momento, ocasião. Tantas* em *a alturas tantas* expressa que *bastante tempo transcorrera,* não indicando, porém, o momento preciso em que ocorrem os fatos apresentados. Assim, *tantas* relaciona-se a tempo, pois situa *alturas* em uma *sucessão de acontecimentos,* indicando um certo ponto da sequência, mostrando que muitos momentos antecederam a este, ou seja, *muito tempo se passara.*

O locutor usa *tantas* em relação a espaço-tempo, não definindo o quanto essa palavra expressa. O sentido que lhe atribui é *muito tempo, bastante tempo.* Por

116 Enunciação e gramática

meio dessa palavra, com a expressão *a alturas tantas,* contextualiza os fatos, porém sem precisão. O interlocutor não define *tantas,* pois não determina o tempo que transcorreu, porém sabe que *o tempo foi muito* em relação aos acontecimentos.

> Enunciado 13 – *Xica da Silva, novela de 1996 sobre uma cortesã do século 18, fez <u>tanto</u> sucesso que seus 150 episódios foram dublados em espanhol e vendidos a uma dúzia de países da América Latina* (Seleções, mar. 2001: 102).

Tanto constitui sintagma com o nome *sucesso,* sendo termo periférico.

Sucesso é um nome que indica aspecto positivo. Significa *êxito, resultado favorável. Tanto,* em *tanto sucesso,* intensifica esse aspecto positivo expresso nesse nome.

A intensificação que *tanto* atribui a *sucesso* decorre da forma como o enunciado se articula: é apresentada uma afirmação – *Xica da Silva, novela de 1996 sobre uma cortesã do século 18, fez tanto sucesso* – e a consequência do que é afirmado – *que seus 150 episódios foram dublados em espanhol e vendidos a uma dúzia de países da América Latina.* Essa relação *causa-consequência* presente no enunciado resulta de opinião que é externada pelo locutor diante dos fatos, pois ele associa *o sucesso tão grande da novela* à *dublagem em espanhol* e à *venda a uma dúzia de países da América Latina.* Assim, para que os fatos se apresentem como plenamente justificados como uma decorrência da afirmação inicial, o locutor intensifica *sucesso:* de o *sucesso ser tanto* decorre a consequência apontada. Ocorre, portanto, modalização no enunciado inteiro e no sintagma *tanto sucesso.*

Tanto intensifica *sucesso,* mas esta intensificação é de caráter avaliativo. *Sucesso,* que pressupõe qualificação, pois indica algo tomado positivamente, *resultado feliz,* tem, em *tanto sucesso,* essa qualificação intensificada. *Tanto* é um intensificador, mas também é um qualificativo na relação que estabelece com *sucesso,* e essa qualificação indica avaliação que o locutor faz do *sucesso da novela,* o que lhe permite a atribuição de consequência.

O locutor, ao usar *tanto,* em *tanto sucesso,* não expressa definição nem indefinição. Com *tanto,* nesta expressão, que significa *sucesso tão grande, tamanho sucesso,* atribui valor a *sucesso,* e esse valor atribuído ultrapassa o sintagma, estendendo-se a toda a afirmação de modo que esta possa ser tomada como causa de outro acontecimento. Nessa determinação de *causa-consequência,* é o locutor também está implicado, é ele quem relaciona *tanto sucesso-dublagem-venda. Tanto,* em *tanto sucesso,* possibilita *tanto sucesso que.* Para o interlocutor *tanto,* em *tanto sucesso,* representa intensificação: *sucesso muito grande.*

Usos de *algo*

> Enunciado 14 – *Assustava Hobbes ver duques se armando até os dentes, contratando mercenários, e o perigo que isso representava para a nação da época. Hoje empresas brasileiras e condomínios gastam 1% do PIB em segurança, empresários andam com verdadeiras escoltas. Temos três vezes mais seguranças privados do que policiais, voltamos ao estado de natureza hobbesiano. Se ele estivesse vivo, não hesitaria em declarar que nossos policiais já romperam o contrato social. Diria até que não temos mais governo, algo que muitos brasileiros já suspeitavam* (Veja, 10 nov. 1999: 23).

Algo que muitos brasileiros já suspeitavam é um sintagma nominal cujo núcleo é *algo,* sendo o restante uma expressão restritiva. Este sintagma desempenha a função de aposto, e o uso de *algo* se relaciona à forma como o enunciado se organiza, considerando-se os enunciadores.

Diria até que não temos mais governo, algo que muitos brasileiros já suspeitavam apresenta o discurso indireto, estrutura-se a partir de um verbo *dicendi,* a proposição principal, e o discurso citado, o complemento do verbo. *Que não temos mais governo* representa o pensamento de Hobbes aplicado à situação atual, no Brasil. O que segue, o que é considerado aposto, já não corresponde a um fato constatado por Hobbes ou decorrente de suas ideias, mas a uma intervenção do locutor, que, a partir do *dito,* acrescenta um comentário seu. *Algo,* assim, é a retomada do discurso citado, e a restrição, que expressa a posição de muitos brasileiros sobre o assunto, é de responsabilidade do locutor.

Algo, neste enunciado, não é um indefinido, pois, através dele, o locutor retoma o discurso de um outro, e essa retomada é possibilitada pela restrição: *que não temos mais governo* corresponde a *que muitos brasileiros já suspeitavam.*

Algo é definido pelo locutor e pelo interlocutor porque tem referência única, expressando, no enunciado, *dizeres*: o da *não pessoa* – a retomada do dizer –, o da *pessoa* – a retomada do dizer do locutor.

> Enunciado 15 – *Imaginem um país se preparando para o ano 2000 onde o presidente não preside, o ministro não ministra, os banqueiros não bancam (só emprestam para o governo), no qual os economistas não economizam, os empreendedores não empreendem, os auditores não auditam, os contadores não contabilizam, os investidores não investem (só especulam), os guardas não guardam, os zeladores não zelam, os contribuintes não contribuem, os pensadores não pensam, os pesquisadores não pesquisam, os educadores não educam e os estudantes não estudam. A chance de algo dar certo num lugar como esse é simplesmente 0%* (Veja, 15 dez. 1999: 20).

Algo faz parte de um sintagma periférico relativo ao nuclear *chance. De algo dar certo num lugar como esse* é um sintagma formado por vários sintagmas cujo

118 Enunciação e gramática

papel é complementar o sentido do substantivo-núcleo porém, para que tal ocorra, já que um *não identificado (algo)* precisa o sentido de um *identificado (chance)*, ocorrem, entre os sintagmas que constituem *de algo dar certo num lugar como esse,* uma série de articulações que determinam o sentido de *algo*:

a) *dar <u>certo</u>* – em que o sentido se restringe a uma qualificação do resultado a ser obtido, expressa em *simplesmente 0%*;

b) *dar certo <u>num lugar</u>* – em que o sentido se delimita a espaço;

c) *dar certo num lugar <u>como esse</u>* – em que, por meio da comparação, se estabelece um vínculo entre o lugar referido e o lugar anteriormente determinado no enunciado, considerando-se o uso de *esse*, decorrendo desta comparação uma relação de similitude entre tempo e espaço.

Algo tem seu sentido restrito por articulações sintático-semânticas. O locutor apresenta-o com referência a um certo tempo, a um certo espaço, associando-o a um resultado determinado: *dar certo. Algo* é parcialmente definido, porque *eu,* bem como espaço e tempo expressos no sintagma e no enunciado, determina em parte seu sentido. O interlocutor atribui a *algo* sentido relacionado a contexto determinado e à qualificação expressa, definindo-o parcialmente.

> Enunciado 16 – *Dificilmente um índio é notícia ao ingressar numa universidade, ou mesmo ao se formar. Quando o índio faz <u>algo</u> de bom, o que geralmente sai na imprensa é o nome da Funai – Fundação Nacional do Índio* (Zero Hora, 20 abr. 2000: 25).

Em *quando o índio faz algo de bom, algo* é termo nuclear de um sintagma que exerce a função de complemento verbal. *Algo* é seguido de expressão restritiva, constituída por *de* + adjetivo.

Quando o índio faz algo de bom indica o tempo em que se dá um fato: *o que geralmente sai na imprensa é o nome da Funai – Fundação Nacional do Índio.* Neste consta um advérbio – *geralmente* – que indica uma certa frequência para a ação do verbo, porém não de forma absoluta.

A afirmação anterior a esta repete a mesma organização sintática, ainda que com pequenas alterações: um fato é apresentado no início, seguido por indicação de tempo (que se desdobra em forma de alternativas), e o advérbio *dificilmente* tem valor de negação, porém essa negação não é absoluta.

Estabelecendo-se relações entre as duas afirmações, verifica-se que:

a) *dificilmente o índio é notícia; o que geralmente sai na imprensa é o nome da Funai – Fundação Nacional do Índio* – estes são os fatos, que são

temporalmente concomitantes, um é relativamente negado e o outro é relativamente afirmado, dada a noção de frequência expressa pelo advérbio;
b) *ao ingressar numa universidade, ou mesmo ao se formar; quando faz algo de bom* – o tempo do fato que é negado, o tempo do fato que é afirmado, tempo que é o mesmo, dada a relação de concomitância entre os fatos, o que possibilita dizer que *ingressar numa universidade, ou mesmo se formar* pode ser tomado como *algo de bom.*

Algo é indefinido como palavra que não determina a referência; entretanto com a presença de locução que adjetiva – *de bom* –, tem sua extensão limitada ao que o locutor atribui valor. Assim, *algo de bom* apresenta o locutor implicado na atribuição de referência, definindo *algo*, pois no sintagma há uma restrição de caráter avaliativo, no enunciado há atribuição de valor ao que é referido. O interlocutor, pelas relações de sentido promovidas, toma *algo de bom* como *ingressar numa universidade, ou mesmo se formar,* e define *algo.*

> Enunciado 17 – *Dependendo de como for feita essa transição de governo, o cenário no médio prazo pode ser positivo, mas acredito que desta vez as elites brasileiras terão de entregar <u>algo</u> mais do que os dedos para evitar uma sucessão traumática* (*América Economia,* ago. 2000: 9).

Em *as elites brasileiras terão de entregar algo mais do que os dedos para evitar uma sucessão traumática,* tem-se a seguinte estrutura sintática: sujeito + verbo + complemento verbal + expressão adverbial. *Algo* é parte do complemento do verbo.

O complemento verbal é constituído por uma relação de comparação em que *algo* e *os dedos* são termos em contraste, entretanto, pelo caráter não determinado de *algo*, que expressa *[– humano] qualquer*, não há uma simples oposição, mas, além disso, a inclusão do segundo termo no primeiro. Assim sendo, *mais* não é um intensificador que indica desigualdade e superioridade, mas um quantificador. Esse quantificador constitui sintagma junto com *algo*: *algo mais ou alguma coisa mais.*

À comparação mescla-se adição, e isso pode ser assim entendido: *as elites terão de entregar os dedos e terão de entregar algo mais (do que os dedos),* ou ainda, *as elites terão de entregar não só os dedos, como também algo mais (do que os dedos).*

Algo participa de um conjunto de elementos, e, desse conjunto, alguns elementos já estão determinados, pois *as elites terão de entregar os dedos;* outros não, ou seja, *algo mais* refere-se a outros elementos que não são

120 Enunciação e gramática

determinados. Como *dedos* é [+ *contável*] e participa do conjunto do que deverá ser entregue, *mais* quantifica *algo: mais outras coisas quaisquer*.

Algo, elemento nuclear, é um *indefinido,* é *uma coisa qualquer; algo mais* é um sintagma que, seguido por *do que os dedos,* determina o conjunto do qual *algo* participa, pela inclusão de *os dedos; entregar algo mais do que os dedos* é uma expressão na qual *algo* expressa indeterminação. Nela o locutor se insere e a remete ao interlocutor, pois sugere desconhecer o que deverá *ser entregue – algo –*, porém, apesar de desconhecer isso, diz que extrapola uma certa quantidade: *não apenas os dedos, algumas coisas mais.*

Usos de *tudo*

> Enunciado 18 – *Deus não mandou que ninguém vencesse, mandou que o homem tentasse. Mandou que o homem carregasse de entusiasmo <u>tudo</u> que fosse tocar em frente, como foi tocado à frente o Diário Gaúcho* (Zero Hora, 18 abr. 2000: 75).

Tudo, que é termo nuclear, e uma expressão restritiva – *que fosse tocar em frente* – constituem complemento do verbo *carregar*.

A restrição que se efetua em relação a *tudo*, determina o conjunto ao qual ele pertence: *as "coisas" que o homem fosse tocar em frente*. Dessa forma, pela restrição se estabelece o conjunto, e pelo emprego de *tudo*, uma generalização relativa aos elementos desse conjunto.

O uso de *tudo* e de um restritivo possibilita ao sujeito a atribuição de referência: um determina o conjunto e seus elementos, o outro promove a inclusão de todos esses elementos. *Tudo*, portanto, é definido pelo locutor e pelo interlocutor.

> Enunciado 19 – *Se as diferenças entre salários diminuíssem, ocorreria uma pequena melhoria na distribuição de renda, mas a produção não escoaria, porque não haveria renda suficiente para comprá-la. <u>Tudo</u> por causa da enorme carga de impostos* (Veja, 30 jun. 1999: 21).

Tudo é sujeito gramatical em *tudo por causa da enorme carga de impostos*, é elemento nuclear e por si só constitui sintagma.

No enunciado, é apresentada uma suposição cuja consideração desencadeia fatos contrastantes, já que um é tomado como positivo e o outro, como negativo: *se as diferenças entre salários diminuíssem* – a suposição – *ocorreria uma pequena melhoria na distribuição de renda* – o fato positivo, que se contrapõe a (*se as diferenças entre salários diminuíssem*) *a produção não escoaria, porque não haveria renda suficiente para comprá-la.*

Estas relações que, ao mesmo tempo em que indicam uma implicação apresentam consequências que se opõem quanto à sua validade derivam de um raciocínio desenvolvido pelo locutor, que quer, também, apontar uma causa para tal situação: *a enorme carga de impostos.*

Das relações que se estabelecem no enunciado, decorre o sentido de *tudo:* é o que é dito anteriormente: *tudo* retoma os raciocínios desenvolvidos para que seja apresentado o motivo para o entrave constatado, que foi explicitado por meio de contraposição.

Tudo, pois, é definido pelo sujeito. Seu sentido decorre do enunciado, é um resumitivo, pois é correferencial a toda afirmação anterior. Sendo um resumitivo, *tudo* é definido pelo interlocutor.

> Enunciado 20 – *Frodo Baggins entrou livre e lampeiro na Inglaterra em 28 de fevereiro. O evento foi estampado há duas semanas em jornais influentes da Europa e dos Estados Unidos. Repare-se que Frodo pertence tão somente à raça canina. Mas esse cachorro, com sobrenome e tudo, virou notícia porque é o primeiro animal doméstico estrangeiro a pisar em solo inglês sem passar por quarentena de seis meses* (*Veja*, 15 mar. 2000: 21).

Tudo constitui expressão restritiva, na qual desempenha função nuclear junto com um nome, ao qual se liga por *e*. O sintagma de que faz parte é periférico do sujeito gramatical.

No enunciado, se estabelece contraste devido à presença de *mas. Mas esse cachorro, com sobrenome e tudo, virou notícia porque é o primeiro animal doméstico a pisar em solo inglês sem passar por quarentena de seis meses* se opõe a *repare-se que Frodo pertence tão somente à raça canina,* que se caracteriza por:

a) apresentar verbo cujo significado é relativo a *observar atentamente, prestar atenção em*, conjugado no imperativo, o que indica que o locutor dirige-se ao interlocutor solicitando-lhe atenção – *repare-se* – a algo que lhe é dito;

b) apresentar, no complemento verbal – *que Frodo pertence tão somente à raça canina* –, palavra que inclui o sujeito gramatical entre os caninos, ressaltando daí caráter exclusivo.

O contraste que se evidencia, decorre principalmente da restrição que é apresentada, na qual consta *tudo*: inicialmente, o locutor destaca que *Frodo pertence tão somente à raça canina*; depois, *esse cachorro* (veja-se que aqui não é empregado o nome próprio, que o singulariza, mas a referência se faz pelo genérico, a *raça canina*) tem *sobrenome,* o que é próprio de humano, e não só sobrenome, *sobrenome e tudo.*

122 Enunciação e gramática

Pela maneira como se constitui o restritivo, *sobrenome* e *tudo* ligados por *e*, portanto expressões de mesmo valor, entende-se *tudo* como *todas as "coisas"*, mas também *todas as "coisas"* no mesmo nível de *sobrenome*, que descreve o cachorro como um ser que tem prerrogativas de humano.

O locutor não define *tudo*, porém, pelas relações no enunciado e pela maneira como o sintagma se constitui, sugere que *tudo* pertence a um determinado conjunto de *"coisas"* que tornam o cachorro importante, especial, "coisas" que são próprias de [+humano]. Pelo efeito de sentido obtido no enunciado, que inclui, também, a intervenção do locutor, e no sintagma, o interlocutor toma *tudo* como parcialmente definido, pois o relaciona ao conjunto implicitamente indicado.

Usos de *muito*

> Enunciado 21 – *Só que não passa despercebido ao colunista que a Petrobras, graças a Deus, a mesma Petrobras que <u>muitos</u> querem ver privatizada, só que sem privatizá-la foi conseguida por ela, hoje, a estupenda marca de produção de 65% a 70% do petróleo que o Brasil consome* (Zero Hora, 18 nov. 1999: 95).

Muitos é palavra que constitui sujeito gramatical do restritivo *que muitos querem ver privatizada*.

O sentido de *muitos* é *grande quantidade de pessoas*, e tem-se a indicação de [+humano] por intermédio do verbo e de seu complemento. Devido a isso, pode-se dizer que do conjunto *pessoas* uma quantidade significativa é tomada sem que haja precisão, e a noção de quantidade advém, também, da flexão de *muitos*. Além desses dados, nenhum outro se acrescenta, pois não há, no sintagma, palavra que atribua sentido a *muitos*, já que é o nuclear, bem como inexiste no restante do enunciado.

O locutor não define *muitos*, indica apenas que se trata de *pessoas* e que estas são em *grande quantidade*. Para o interlocutor *muitos* significa *muitas pessoas quaisquer*.

> Enunciado 22 – *Enquanto alguns índios faziam o que <u>muito</u> senador civilizado quer e não consegue – meter o dedo na cara do ACM – outros, portando celulares, instalaram uma bilheteria no acesso ao monte Pascoal* (Correio do Povo, 28 abr. 2000: 4).

Muito é elemento periférico de sujeito gramatical cujo núcleo é *senador*.

Muito senador civilizado é sujeito gramatical de restritivo – *que muito senador civilizado quer (fazer)* e (*que muito senador civilizado*) *não consegue (fazer)* – relativo a complemento verbal.

Este restritivo ressalta o que é dito sobre *alguns índios*, pois quanto a estes é apresentada a realização de uma ação, que é passado; quanto a *muito senador civilizado* se expressa o desejo e a dificuldade para realizar esta ação, sendo que os verbos têm indicação de presente habitual, a continuidade. *Meter o dedo na cara do ACM,* em relação a *alguns índios,* é o já-feito; em relação a *muito senador civilizado* é, até então, a impossibilidade de fazer.

A partir destas relações, se estabelece o sentido de *muito. Índios* indica contável e desta noção tem-se a ideia de conjunto do qual é extraída uma parte, que não é definida: do conjunto *índios* um certo número de elementos realizou determinada ação. *Senador* não é apresentado dessa forma, mas como genérico – *a categoria de.* Assim sendo, não se referem elementos de um conjunto, mas o conjunto é referido como um todo.

Muito expressa *grande quantidade,* quantifica *senador,* mesmo que a esta palavra não se atribua a noção de *contável*.

O locutor, então, promove um efeito de sentido, pois *índios* é palavra que não é apresentada como categoria ou classe, como um todo, mas um conjunto de pessoas, e *alguns,* como parte deste conjunto e, comparado com *muito,* significa quantitativamente inferior. Apesar disso, o que *alguns índios faziam,* a ação já realizada, *muito senador,* o todo, grande quantidade do todo, *quer fazer e não consegue fazer.*

O locutor não define *muito* e contrapõe o seu sentido – *grande quantidade* – ao sentido de outra palavra no enunciado – *alguns* –, a qual passa a significar *quantidade não significativa.* O sentido de *muito* reforça o de *senador,* empregado pelo locutor como genérico para destacar o todo. O interlocutor não define *muito,* que, em *muito senador,* significa *grande quantidade de senadores.*

> Enunciado 23 – *O fenômeno muitas vezes causa inúmeros problemas aos casais apaixonados, porém infantis do ponto de vista emocional, sufocando-os e deixando insatisfeita sua parte adulta, em geral ansiosa por outros aspectos da vida* (*Caras,* 6 out. 2000: 80).

Muitas é termo periférico em expressão adverbial que tem *vezes* como nuclear.

Muitas vezes indica tempo, e essa noção relaciona-se à frequência com que o fato – *o fenômeno causa inúmeros problemas aos casais apaixonados* – manifesta-se. O nome *vezes,* por si só, indica *fato que se repete,* porém *muitas,* que expressa *grande quantidade,* é que imprime à expressão a indicação dessa frequência. *Muitas,* que quantifica *vezes,* embora não precise a quantidade de

124 Enunciação e gramática

ocorrências do fato, expressa o quanto ele se repete. Em *muitas vezes,* que indica aspect*o, muitas* também dá essa indicação.

O locutor não define *vezes* por meio do uso de *muitas,* cujo sentido é *grande quantidade,* entretanto é por meio desse uso que aspectualiza a expressão e, consequentemente, o enunciado. *Muitas* relaciona-se a espaço e tempo, a frequência que o locutor atribui ao fato enunciado. O interlocutor não define *muitas* em *muitas vezes,* expressão à qual atribui o sentido de *uma grande quantidade de ocorrências* relativas ao fato apresentado.

Usos de *pouco*

> Enunciado 24 – *Poucos brasileiros sabiam disso antes do impeachment do presidente Fernando Color* (*IstoÉ*, 23 fev. 2000: 19).

Poucos faz parte do sujeito gramatical. É termo periférico, e o núcleo do sintagma é *brasileiros.*

O nome *brasileiros* indica conjunto, e *poucos* indica que uma parte desse conjunto é tomada. Como o sentido de *poucos* corresponde à *pequena quantidade,* o sintagma-sujeito significa *pequena quantidade de brasileiros.*

O locutor não define *poucos,* pois atribui a essa palavra o sentido de *pequena quantidade,* sem precisão quanto à quantidade expressa. Esse é o sentido dado a *poucos* pelos estudos clássicos, do qual decorre sua classificação como indefinido. Outras gramáticas apresentam-no como quantificador.

O interlocutor também não define esta palavra, para ele *poucos brasileiros* significa *pequena quantidade do conjunto de brasileiros.*

> Enunciado 25 – *Discute-se seu preço de venda, mas se dá* pouca *atenção à garantia do livre trânsito de ideias por meio de transmissão de dados, som e vídeo por satélites e das cadeias de TV* (*Veja*, 1 jul. 1998: 22).

Pouca é um termo periférico. Forma sintagma com o nome *atenção.* Faz parte de complemento verbal.

Atenção se caracteriza como [– contável]; assim sendo, constitui um todo que não comporta elementos, mas que admite divisão em porções. *Pouca,* então, nesse caso, indica que do todo é tomada *pequena porção.*

Nesse enunciado, são apresentados dois fatos cuja relação é de desigualdade, e isso se evidencia pela presença de *mas.* Verifica-se que, com *se dá pouca atenção,* há indicação de que a *atenção dada à garantia do livre trânsito de ideias por meio de transmissão de dados, som e vídeo por satélites e cadeias de TV* não é suficiente ou não é a ideal, pois não está

Os indefinidos submetidos à enunciação **125**

no mesmo nível da *discussão sobre seu preço de venda,* daí provém a ideia de contraposição.

Em *se dá pouca atenção,* atribui-se *pouca* à *atenção* porque se tem como parâmetro *discute-se seu preço de venda,* ou seja, está implícita a ideia de que aspectos relativos *à garantia do livre trânsito de dados, som e vídeo por satélites e das cadeias de TV* não são considerados do mesmo modo que *seu preço de venda. Pouca,* portanto, significa *pequena,* ou ainda, *insuficiente diante do que se considera necessário.*

O locutor não define *pouca,* porém, por meio do uso dessa palavra, expressa sua apreciação a respeito da *atenção que é dispensada. Pouca* decorre de julgamento feito pelo locutor, é ele que atribui valor ao que é realizado: *a atenção dada,* segundo ele, fica aquém do que é necessário. O interlocutor toma *pouca* como indefinido, e *pouca atenção* é por ele entendido como *não suficiente diante do que deveria ser.*

> Enunciado 26 – *Pouco antes dos feriados da Semana Santa, caía a 0,93 de dólar, o que já era motivo de alarma entre as autoridades europeias. Poucos dias depois, o euro valia 0,8897 de dólar, mas conseguiu reagir e chegar a 0,91 de dólar* (Zero Hora, 12 maio 2000: 27).

Poucos é elemento periférico em expressão temporal.

Na expressão em que consta, há duas palavras que situam espacial e temporalmente as afirmações apresentadas no enunciado: *depois,* que expressa posteridade em relação a *pouco antes dos feridos da Semana Santa,* locativo presente em afirmação anterior, e *dias,* nome dado a um período de tempo.

Poucos, em *poucos dias depois,* expressa quantidade considerada pelo locutor *pequena. Poucos* indica *pequena quantidade de dias,* e *poucos dias* indica que o intervalo de tempo, a posteridade que relaciona as expressões – *poucos dias depois* e *pouco antes dos feriados da Páscoa –,* também é *pequeno. Poucos,* na expressão, indica tempo.

O locutor não define *poucos,* pois lhe atribui o sentido de *quantidade* sem precisá-la, indicando que a considera *pequena.* A partir desse sentido, levando-se em conta a expressão que ele usa – *poucos dias depois –,* o locutor espacializa e temporaliza o enunciado. *Dias depois,* que são *poucos* no dizer do locutor, indica espaço e tempo do enunciado; *poucos dias depois* indica espaço e tempo sob a ótica de *eu.* O interlocutor também não define *poucos,* que para ele significa *pequena quantidade.*

126 Enunciação e gramática

Usos de *qualquer*

> Enunciado 27 – *A felicidade tem de encontrar-nos preparados para ela: meu lema é que eu estou aí, não estou feliz, mas a qualquer momento posso encontrar a chance de ser feliz* (Zero Hora, 15 maio 2000: 63).

Qualquer é periférico em expressão que indica tempo. Nesse sintagma, *momento* é o termo nuclear.

Momento é um nome que indica tempo, e a expressão *a qualquer momento* alia-se à ideia de *possibilidade* expressa pelo verbo *poder* em *a qualquer momento posso encontrar a chance de ser feliz*, pois, apesar de o verbo estar conjugado no presente, a expressão e o verbo, em conjunto, indicam futuro em relação ao presente de *eu estou aí, não estou feliz*.

Qualquer, em relação a *momento*, indica que dos *momentos vindouros, um conjunto de frações do tempo*, em um dos elementos desse conjunto há possibilidade de *eu encontrar a chance de ser feliz*. Como se trata de algo que *eu* não pode prever, *qualquer* expressa *um dos elementos do conjunto*, sem que *eu* possa precisar qual, ou seja, em que *fração do tempo futuro* o fato poderá se dar. *Qualquer*, em *a qualquer momento*, indica tempo.

O locutor não define *qualquer* porque *a qualquer momento* liga-se à ideia de possibilidade futura. *Eu* projeta algo que poderá acontecer – *posso encontrar a chance de ser feliz* – sem poder determinar o *momento* em que tal venha a se concretizar. *Qualquer*, na expressão, refere-se espaço-tempo posterior a *aqui-agora*, um dos momentos subsequentes à enunciação, sem a previsão de qual. O interlocutor também não define *qualquer*, *a qualquer momento* para ele significa *um espaço-tempo futuro e não determinado*.

> Enunciado 28 – *Em parte sim, mas a indústria de alta tecnologia é supremamente vulnerável a qualquer funcionário insatisfeito que, sentado em seu computador, pode apagar uma linha de um programa e parar a fábrica* (Veja, 6 out. 1999: 20).

Qualquer é periférico em *a qualquer funcionário insatisfeito*, no qual *funcionário* é núcleo.

O núcleo da expressão – *funcionário* –, além de constituir sintagma com *qualquer*, também apresenta restritivo – *insatisfeito* –, palavra que qualifica esse nome.

Em *qualquer funcionário insatisfeito*, *qualquer* indica *um dos funcionários insatisfeitos* do conjunto formado por tais *funcionários*, sem precisar qual.

Dessa forma, é suficiente ser elemento deste conjunto para que lhe seja atribuída a possibilidade de executar a ação expressa no enunciado.

O locutor não define *qualquer*. Atribui-lhe o sentido de *um dos elementos do conjunto referido, não importa qual deles.* O interlocutor também não define essa palavra, para ele *qualquer* significa *um funcionário insatisfeito tomado indistintamente.*

> Enunciado 29 – *Num golpe de mestre, três sucessivas administrações municipais se eximem de suas responsabilidades por <u>quaisquer</u> erros ou omissões* (*Correio do Povo*, 16 mar. 2000: 14).

Quaisquer é elemento periférico na expressão *quaisquer erros e omissões,* a qual faz parte do complemento do verbo *eximir.*

Erros e omissões, expressão constituída por nomes comuns no plural, refere-se a um conjunto. Assim, em *quaisquer erros e omissões,* sendo o conjunto *erros e omissões* referido, o locutor cria existência para esse conjunto. Entende-se, pois, que *há erros e omissões.*

Quaisquer, nesta expressão, indica elementos deste conjunto, sem porém identificá-los. Esta ausência de identificação se expressa pelo sentido de *quaisquer,* que é *não importa quais.*

O sentido de *qualquer,* na expressão em que consta, estabelecendo inter-relações com outras palavras do enunciado, permite compreender que, *apontados erros e omissões, independentemente de sua natureza* – porque *quaisquer –, se eximem de responsabilidades.*

O locutor não define *quaisquer* em *quaisquer erros e omissões* porque não identifica os *erros* e as *omissões.* Com *quaisquer* expressa que *não importam quais sejam eles.* O interlocutor também não define *quaisquer,* pois, por meio desta palavra entende que *basta que sejam erros e omissões para que se eximam de responsabilidades.*

Observações sobre usos de indefinidos

Tomando-se como critério de análise a língua em emprego, na visão apresentada por Benveniste, ou seja, a expressão de sentidos relativa à atribuição de referência a uma situação que inclui pessoa e tempo-espaço, verifica-se estabelecimento de relações entre o que é da língua, uma certa indicação que provém

128 Enunciação e gramática

do sistema que é compartilhado pelos membros de uma comunidade linguística, e o que é próprio a uma circunstância em que a língua se faz língua em uso.

Isso pode ser comprovado pelo exame, por exemplo, dos usos de *todo*[3] (cf. Quadro 1), em que a noção de *totalidade* se expressa em cada situação de emprego desta palavra, aliada a uma especificidade que emana da ideia que é expressa, ideia essa que é expressão de existência de um certo "mundo", na visão de quem usa a língua.

Cada ocorrência de *todo* indica noção de *totalidade*, mesclada ao que é dito no momento; cada ocorrência de *todo* apresenta uma nuance de *totalidade*, noção que, embora identificada em cada enunciado analisado, é sempre diferente porque atinente a uma situação especial de utilização da língua.

Enunciado 7	definido indefinido	a *totalidade* dos elementos de um conjunto uma parte do conjunto não é determinada
Enunciado 8	definido	a *totalidade* dos elementos de um conjunto
Enunciado 9	definido	*totalidade*: a *não pessoa* inclui *as pessoas* = *todos nós*
Enunciado 10	indefinido	*totalidade* que se expressa em frequência e regularidade

Quadro 1 – Relação língua e uso da língua.

Como a língua é sempre a mesma, há de se apontar um mecanismo linguístico que promova um certo sentido pertinente a cada situação discursiva. Na teoria estudada, esse mecanismo é relativo à consideração de *palavra no enunciado*.

No Quadro 1, demonstra-se, por meio das análises, a relação entre uso e uso da língua – a *totalidade* que se especifica –; essa relação decorre de uma outra relação que, agora, se esclarece: o enunciado não é um somatório de palavras, é um *todo de inter-relações de palavras*.

Pode-se, então, falar em *forma* e *sentido*: a significação da língua como sistema de signos distintivos, significação que, em parte, é mantida em uma situação de uso; a significação da língua em uma situação de uso. Assim, devido à singularidade do que é expresso, é necessário que se organize a língua de uma certa maneira, ou seja, que se promova uma certa sintaxe.

É o caso de enunciados em que há ocorrência de *tanto*: *tanto* expressa sentido, significação peculiar, pois cada enunciado apresenta uma organização em função da ideia que é expressa. No enunciado 11 e no enunciado 12, a noção de *grande quantidade* indica, respectivamente, *elementos de um conjunto* e *tempo transcorrido*; no enunciado 13, já não é a noção de *grande quantidade* – contável – que se expressa, mas a de *intensificação* – não contável – relativa a valor atribuído por quem põe a língua a funcionar (cf. Quadro 2).

Enunciado 11	indefinição: grande quantidade de elementos de um conjunto
Enunciado 12	indefinição: grande quantidade relativa a tempo transcorrido
Enunciado 13	intensificação na qual o locutor está implicado, atribuindo valor

Quadro 2 – Sentidos de *tanto*.

A consideração de *palavra no enunciado*, apresentada por Benveniste, que atrela a sintaxe à semântica, que articula língua e uso da língua, demonstra que o que se conhece por *indefinidos* indica *indefinição, definição, definição parcial* ou, ainda, ao mesmo tempo, *definição e indefinição*. Esta indicação depende de como a palavra dita *indefinido* se inter-relaciona com as demais palavras do enunciado, já que todas que constituem o enunciado confluem para que este constitua um todo, que é a expressão da ideia (cf. Quadro 3).

Enunciado 1	indefinido
Enunciado 2	definido
Enunciado 3	definido parcialmente

Quadro 3 – *Ninguém:* **definição e indefinição.**

Como o enunciado, manifestação da enunciação, constitui um todo, esta noção de *inteireza* demove procedimentos clássicos. As noções de *nuclear* e de *periférico*, sob as quais se classificam os *indefinidos* e os limitam a um grupo nominal (cf. Quadro 4), e a noção de restrição, via de regra apresentada como determinação de sentido (cf. Quadro 5), não se constituem como indicadores de sentido, considerada a enunciação.

Todo, independentemente de se apresentar como *nuclear* ou *periférico*, expressa diferentes sentidos, indicando *definição, indefinição* ou ambas as noções, uma ou outra, dependendo da parte do enunciado que se considere.

Comportamento semelhante verifica-se em relação a *algo*[4] e restritivo: tomando-se todo o enunciado – não somente a relação que se estabelece entre *indefinido* e *restritivo* – os sentidos diferem.

Enunciado 9	nuclear	definido/indefinido
Enunciado 10	periférico	definido
Enunciado 11	nuclear	definido
Enunciado 12	periférico	indefinido

Quadro 4 – *Todo*: **nuclear e periférico.**

Enunciado 14	definido	a restrição promove a retomada do discurso do outro
Enunciado 15	parcialmente definido	restrição
Enunciado 16	definido	restrição
Enunciado 17	indefinido	restrição

Quadro 5 – *Algo* e restritivo.

Numa perspectiva, como a apresentada por Benveniste, que considera o sujeito atribuindo referência, palavras – porque no enunciado, em conivência com outras palavras cujo fim é a expressão de uma ideia – podem expressar ausência de referência atribuída. É o caso de *nada,* que, tomado como signo, em estudos que não tratam da enunciação, é apresentado como indefinido, já que se formaliza a oposição *tudo/nada.*

Nas descrições de fatos de língua realizadas, *nada* indica ausência de referência e, uma vez que nas análises identificam-se inter-relações entre as palavras, a referência, que não é atribuída, é relativa a algo que diz respeito à ideia que é manifestada: no enunciado 4, por exemplo, a *valor numérico inferior ao que é apresentado*; no enunciado 6, a *ausência de qualidade* (cf. Quadro 6).

Enunciado 4	ausência de referência relativa a valor numérico menor que o apresentado
Enunciado 5	ausência de referência em relação a uma afirmação, mas atribuição de referência em relação a outra
Enunciado 6	negação que expressa ausência de qualidade

Quadro 6 – Usos de *nada* e referência.

Ainda sobre as ocorrências de *nada* nos enunciados descritos, o enunciado 5 merece comentário. Observe-se que *nada* se relaciona, ao mesmo tempo, com duas afirmações apresentadas no enunciado. No tocante a uma, expressa sentido relativo à referência ausente; no tocante a outra, expressa sentido relativo à referência atribuída. Isso permite que se diga que, numa visão de uso da língua, baseada na enunciação, a palavra não fica "contida" em parte do enunciado, ela "circula" pelo enunciado, expressando sentidos diversos, dependendo da inter-relação que estabelece.

As análises sobre os usos dos *indefinidos*, embora em número reduzido – mesmo que fossem muitas, jamais se chegaria a uma conclusão incontestável e definitiva, pois a expressão de sentido é sempre imprevisível já que relativa a *eu-tu-aqui-agora* –, apresentam um dado surpreendente: a língua em funcionamento não se submete a classificações de nenhuma espécie, pois os *indefinidos* até aqui, nestes comentários, pertencentes à categoria de *não pessoa*, agora se mostram com indicação de *tempo-espaço*. É com noção de *tempo-espaço* que se apresentam certas ocorrências de *todo, muito, pouco* e *qualquer* nas descrições realizadas (cf. Quadro 7).

Enunciado 10	todo	indefinido que expressa frequência e regularidade
Enunciado 23	muitas	indefinido que expressa frequência
Enunciado 26	poucos	indefinido que expressa tempo-espaço sob a ótica do locutor
Enunciado 27	qualquer	indefinido que expressa tempo-espaço posterior à enunciação

Quadro 7 – *Indefinidos:* **expressão de** *tempo-espaço.*

Deste ponto de vista teórico, que é o ponto de vista adotado nas análises, vê-se que este conjunto de palavras, conhecido como *indefinidos*, inexiste. O que existe são palavras que, na língua em exercício, têm *um* sentido, o qual, *a priori*, não pode ser determinado, pois a situação enunciativa é sempre *uma*, então o enunciado é sempre *um*. Há um sentido a cada vez que um signo se atualiza em palavra. Como o sentido é sempre *um*, o sentido é sempre outro; há *sentidos*, inumeráveis, já que singulares.

Reiteramos que a descrição aqui apresentada é tão somente uma amostragem da língua que se fez uso num certo *eu-tu-aqui-agora*. As análises realizadas estabelecem o sentido – não um sentido qualquer, nem qualquer sentido –, o sentido relativo à enunciação, o sentido que emana da língua em funcionamento. Como o uso da língua é relativo a incomensuráveis situações

132 Enunciação e gramática

que implicam sujeito da e na língua, este capítulo apresenta uma reflexão para estudos outros, quer sobre os *indefinidos,* quer sobre qualquer manifestação de língua que se mostre diferente do que se conhece por *indefinidos.*

Notas

[1] Este capítulo apresenta parte do que se lê em Lichtenberg (2001).

[2] Consideram-se as seguintes gramáticas: Bechara (1961); Bechara (1999); Cegalla (1970); Cunha e Cintra (1985); Luft (1979); Macambira (1997); Mateus et. al. (1989); Neves (2000); Perini (1996); Rocha Lima (1998); Said Ali (1964).

[3] Sobre os sentidos de *todo*, além destas descrições, apresentam-se outras em Lichtenberg (2001b).

[4] Consultar Lichtenberg (2002).

As preposições: estudo enunciativo

A preposição em língua portuguesa tem sido tratada tradicionalmente pelas gramáticas[1] como uma *palavra gramatical*, por oposição às palavras lexicais como os substantivo e verbos. Tal condição faz com que o estudo de seus sentidos tenha se restringido às noções de *espaço, tempo* e, em alguns casos, algumas outras noções (assunto, companhia, instrumento etc). No entanto acreditamos que a preposição, como qualquer outro paradigma linguístico, apresenta uma diversidade de sentidos oriunda das condições de enunciação. A necessidade de proceder ao estudo enunciativo da preposição se produz a partir da lacuna de estudos, mostrando, por exemplo, como a preposição *sob* não apresenta simplesmente uma noção de *espaço físico*; em um enunciado como *Ele vive sob lonas pretas,* há o sentido de *espaço de condição de vida.* Tal análise somente é possível, se considerada a *frase* (ou o *enunciado*) em que a preposição se encontra.

As preposições em análise são algumas daquelas cujo uso se manifesta na língua portuguesa, a saber, *ante, até, com, de, desde, entre, perante, sem* e *sob.*

Unidade e metodologia de análise

Partimos de uma análise da locução como condição de enunciação das preposições. A seguir, procedemos a análise enunciativa propriamente dita. Ao final, mostramos, através de quadro-síntese, como uma *locução* pode *derivar* diversos sentidos, conforme a referência única ao *eu-tu-este-aqui-agora* de cada *enunciado.*

Nosso trabalho apresenta *duas* unidades de análise: a *locução* e o *enunciado.* Apenas com a constituição destas duas unidades podemos demonstrar a dicotomia que opera o movimento entre língua e língua-discurso[2] (Benveniste,

134 Enunciação e gramática

1989: 83). A constituição de *duas* unidades de análise, ainda que artificialmente separadas, permite-nos, enquanto *analista,* e não enquanto *enunciador,* simular o "ato individual de utilização da língua". Se, de acordo com Benveniste (1989: 83), a língua para o locutor é tomada "como ato, situações e instrumentos de sua realização", para o analista, inversamente, a língua é tomada como 1º) instrumentos de sua realização, 2º) situações e 3º) ato.[3] Assim, não nos basta justificar a pertinência da simulação de dois objetos de análise. É, além disso, nossa incumbência mostrar a forma de acesso a estes dois objetos. A máxima saussuriana *O ponto de vista cria o objeto,* ao ser por nós enunciada, ganha outro valor: *O ponto de vista cria objetos.* Se, em nosso trabalho, os objetos são *locução* e *enunciado,* do ponto de vista do *analista,* devemos tomar, em primeiro lugar, o instrumento de sua realização, ou seja, a *locução* e, partir daí, observar sua situação, isto é, os outros elementos linguísticos em correlação de sentido com a locução para, a seguir, observar o ato de enunciação,quer dizer, a *referência* do *enunciado,* em sua consideração ao *eu-tu-este-aqui-agora.*

Finalmente, cabe-nos definir os termos a serem utilizados em nossa metodologia:

1. *Locução*: unidade de análise pertinente ao enunciado. É um signo-palavra, definido por ser constituído de elementos organizados em uma estrutura que pode apresentar variações em um dos elementos (morrer de *ódio/* morrer de *raiva*). Seu sentido é determinado por seu *valor.*
2. *Valor*: sentido repetível e genérico da locução na língua identificado a partir das relações de oposição paradigmática.
3. *Dissociação*: processo enunciativo de depreensão das formas da locução e de outros signos-palavra para constituição das relações de *integração* no enunciado.
4. *Enunciado*: unidade de sentido das relações de integração da locução com os outros signos-palavra do enunciado. Sua extensão é não determinável. Seu sentido é determinado por sua referência.
5. *Integração*: processo enunciativo de relação de sentido da locução com outros signos-palavra para a constituição da *referência* do enunciado.
6. *Correferência*: processo enunciativo no qual dois ou mais signos-palavra estão em identidade de sentido, por fazerem referência a um mesmo tema. É uma relação de sentido entre signos-palavra sintática e semanticamente interdependentes no enunciado.
7. *Enunciação*: ato individual e único de utilização da língua por um locutor a um alocutário para referir o mundo em um dado tempo-espaço.
8. *Referência*: sentido irrepetível e único da locução no enunciado, compreendido a partir das relações de integração sintagmática.

9. *Locutor*: pessoa subjetiva responsável por referir o alocutário por meio da apropriação da língua possibilitada pelo aparelho formal de enunciação.
10. *Alocutário*: pessoa não subjetiva responsável por correferir a enunciação do locutor.

A partir do exposto, nossa metodologia de análise enunciativa das preposições em português obedece às seguintes etapas:

> – A locução: a *dissociação* – constituição da estrutura da locução
> – A locução no enunciado: a *integração* – constituição de relações de integração entre a locução e outros signos-palavra do enunciado
> – A locução na enunciação: a *referência* – constituição para o locutor e para o alocutário do sentido único e imediato da locução no todo do enunciado

Quadro 1 – Metodologia de análise enunciativa das preposições.

Cabe lembrar que cada uma destas etapas situa-se no movimento efetuado na *enunciação* ou na *língua-discurso*. Ressaltamos ainda que a divisão em etapas da metodologia corresponde a uma necessidade metodológica, e não a uma realidade empírica.

Corpus de análise

A coleta dos textos ocorre por meio de versão *on-line* do jornal *Zero Hora*, do Rio Grande do Sul. A versão *on-line* apresenta o mesmo texto que a versão impressa do jornal. Os artigos datam de março a setembro de 2004.

Tendo em vista que nosso principal objetivo é mostrar que *as preposições podem ser estudadas na enunciação,* não nos interessa quantificar e hierarquizar as preposições, bem como as locuções mais e menos utilizadas em português,[4] e sim apontar o sentido irrepetível de cada enunciação. Destarte, é analisado, inicialmente, *um enunciado* para cada locução observada, a fim de demonstrarmos que o sentido da locução é determinado pelo *enunciado*. A seguir, são analisadas três[5] *locuções* em seis *enunciados* para uma das preposições, a saber, *até,* para que se constate a diversidade de sentidos de uma mesma locução.

136 Enunciação e gramática

Análises individuais das preposições

A preposição *ante*

> Enunciado 1 – *Anos atrás, denunciei a fraude de um Dicionário Crítico do Pensamento da Direita, elaborado com dinheiro público por uma centena de acadêmicos. Prometendo um panorama científico de uma importante corrente política mundial, a obra omitia todos os principais escritores e filósofos conservadores e colocava em lugar deles panfletários de quinta categoria. Pela amostragem numericamente significativa dos signatários da empulhação, era obrigatório concluir que o establishment universitário brasileiro havia perdido os últimos escrúpulos de seriedade, consentindo em tornar-se instrumento consciente da exploração da ignorância popular. Mas não é somente às ideias que o acesso está bloqueado. É também aos fatos. Por falta de fontes, ninguém neste país sabe nada do que os historiadores ocidentais descobriram nos Arquivos de Moscou desde 1990 sobre a história do comunismo, retaguarda indispensável à compreensão do estado atual desse movimento que <u>vai dominando</u> a América Latina <u>ante os olhos cegos de milhões de paspalhos</u> que o imaginam morto e inexistente. Essa indolência mental, esse desprezo pela busca do conhecimento, concomitante à orgulhosa afirmação de certezas arbitrárias se traduz, retoricamente, no ufanismo patético dos derrotados e dos impotentes. Não é verdade que todo povo tem o governo que merece. Mas o brasileiro, sem dúvida alguma, tem. (ZH, 16 maio 2004).*

> *vai dominando ante os olhos cegos de milhões de paspalhos*

A locução *vai dominando ante os olhos cegos de milhões de paspalhos* faz parte de *movimento que vai dominando a América Latina ante os olhos cegos de milhões de paspalhos. Movimento* está em integração, por correferência, com *comunismo.* A locução tem o sentido de ação em situação anterior ao espaço ocupado por pessoas. *História do comunismo* está em integração, por correferência, com *o acesso está bloqueado... é também aos fatos. A fraude de um Dicionário Crítico do Pensamento da Direita* está em integração, por correferência, com *às ideias... o acesso está bloqueado. História do comunismo* está em integração, por correferência, com *Dicionário Crítico do Pensamento da Direita. Milhões de paspalhos* está em integração com *uma centena de acadêmicos, o establishment universitário brasileiro, derrotados e... impotentes* e com *todo povo... o brasileiro.* A locução *vai dominando ante os olhos cegos de milhões de paspalhos* está em integração, por correferência, com *essa indolência mental, esse desprezo pela busca de conhecimento, a afirmação de certezas arbitrárias.*

O locutor identifica tanto o povo brasileiro em geral quanto os acadêmicos brasileiros em particular à nomeação *olhos cegos,* parte da locução *vai dominando ante os olhos cegos de milhões de paspalhos.* Da mesma forma, tanto o movimento político comunista quanto o pensamento conservador são identificados como desconhecidos pelos brasileiros. Assim, o povo brasileiro é avaliado pelo locutor como *cego, derrotado e impotente,* isto é, como aquém do alcance de determinados conhecimentos intelectuais. *Ante os olhos cegos* indica, portanto, posição anterior a espaço intelectual. Esses conhecimentos são considerados importantes pelo locutor, uma vez que vêm gerando política de atuação que *vai dominando* espaço da *América Latina,* em que se inclui o Brasil. A locução *vai dominando ante os olhos cegos de milhões de paspalhos* tem, para o locutor, a referência de ação em espaço físico anterior ao limite do espaço intelectual ocupado por milhões de brasileiros.

Ante, em *vai dominando ante os olhos cegos de milhões de paspalhos,* tem a referência de situação em espaço físico anterior a limite de espaço intelectual. *Ante* refere a espaço físico e intelectual.

A preposição *até*

> Enunciado 2 – *Todos admiramos os vitoriosos. Atletas como Guga e Daiane, entretanto, invadem nossas vidas com uma intensidade que ultrapassa a lógica das vitórias. Minha tese é de que eles habitam o coração e a fantasia de milhões de brasileiros por sintetizarem, sobretudo no caso de Daiane, as desconcertantes contradições de que somos feitos. O que significa para essa garotinha negra, nascida em família humilde, viver as contradições de ser/fazer tudo de forma tão improvável, quebrando paradigmas a cada salto? O que significa – para além do imediatismo do ouro, da prata, do bronze ou do nada, que é o que para muitos significa ser o primeiro – ser Daiane sem deixar de ser Dos Santos? As respostas estão na fala que se seguiu ao quinto lugar. Sem negar a tristeza decorrente das próprias falhas ("A pior derrota é quando você perde para si mesma.") ou da responsabilidade pelos próprios erros ("Errei o movimento anterior ao esticado. Sei que poderia ter feito melhor e não fiz."), Daiane ensinou ao mundo inteiro com rara singeleza e maturidade: "Esporte é isso aí. A gente perde, às vezes, e é preciso ter forças para recomeçar." O alcance das lições que essa menina, com seu profissionalismo e sua humanidade, tem dado aos excluídos e incluídos deste nosso país apenas a História terá condições de avaliar. Mas o que fez até agora já é definitivo: lembrou-nos de que viver é arriscar-se além dos limites possíveis; de que nem sempre nossos resultados trarão o ouro, mas certamente serão a base que nos dará o impulso para recomeçar. (ZH, 26 ago 2004).*

o que fez até agora

138 Enunciação e gramática

A locução *o que fez até agora* faz parte de *mas o que fez até agora já é definitivo*, tendo o valor de ação que atinge limite temporal presente. A locução *o que fez até agora* (está em integração, por correferência, com *lembrou-nos de que viver é arriscar-se além dos limites possíveis* e com *nem sempre nossos resultados trarão o ouro, mas certamente serão a base que nos dará o impulso para recomeçar*). *Ouro* está em integração com *vitoriosos*, em *admiramos os vitoriosos. Atletas como... Daiane, entretanto, invadem nossas vidas* e com *ouro, prata, bronze* em, *para além do imediatismo do ouro, da prata, do bronze ou do nada*. A locução está em integração com *Daiane* e com *essa garotinha negra, nascida em família humilde*. A locução *o que fez até agora* está em integração, por correferência com *ser/ fazer tudo de forma tão improvável, quebrando paradigmas a cada salto* e com *fala que se seguiu ao quinto lugar*. A locução *o que fez até agora* está em integração, por correferência, com *...as lições que... tem dado aos excluídos e incluídos deste nosso país apenas a História terá condições de avaliar*, com *invadem nossas vidas com uma intensidade que ultrapassa a lógica das vitórias* e com *habitam o coração e a fantasia de milhões de brasileiros*.

A integração entre a locução *o que fez até agora, ser/fazer tudo de forma tão improvável, quebrando paradigmas a cada salto* e *fala que se seguiu ao quinto lugar*, integradas a *essa garotinha negra, nascida em família humilde,* mostram que o locutor reúne um conjunto de ações, atitudes e características de Daiane dos Santos para avaliar a repercussão positiva que a atleta tem juntamente aos brasileiros, entre os quais se inclui. A integração entre *admiramos os vitoriosos. Atletas como... Daiane, entretanto, invadem nossas vidas, para além do imediatismo do ouro, da prata, do bronze ou do nada* e *lembrou-nos... de que nem sempre nossos resultados trarão o ouro* mostra que o locutor modifica sua posição quanto aos atletas que merecem sua atenção, a saber, os que alcançam medalhas de ouro, etc., tendo em vista a *admiração* que a atleta Daiane inspira. A integração entre *as lições que tem dado... apenas a História terá condições de avaliar,* em que *lições... tem dado* corrobora a consideração da repercussão do conjunto das ações sucessivas de Daiane, e *mas o que fez até agora já é definitivo,* em que *mas... já é definitivo* produz uma antecipação da repercussão positiva das ações de Daiane junto aos brasileiros, isto é, uma antecipação de tal repercussão à sua conquista de medalhas de ouro ou à avaliação histórica, faz com que a locução *o que fez até agora* tenha a referência de conjunto de ações/atitudes que atinge culminância de repercussão positiva antes do tempo esperado, isto é, no presente.

As preposições **139**

Até, em *o que fez até agora,* tem a referência, para o locutor, de alcance de culminância de ação/atitude adiantada ao presente. Essa culminância é da ordem do tempo físico e do tempo de aprendizagem.

A preposição *com*

> Enunciado 3 – *Com cordões de isolamento, viaturas e policiais à paisana, a China impediu ontem qualquer protesto que lembrasse os 15 anos do massacre da Praça da Paz Celestial, temendo que mesmo a menor manifestação ameace o Partido Comunista. Na madrugada de 4 de junho de 1989, centenas de manifestantes foram mortos quando os soldados do exército, apoiados por tanques, abriram caminho a tiros pela Avenida Changan, que estava bloqueada pela população, e enfrentaram estudantes para retomar o controle da praça. – Fiz três minutos de silêncio em casa porque não podia sair. Há mais de 10 policiais do lado de fora – disse Jiang Qisheng, que foi negociador por parte dos estudantes em 1989 e passou 18 meses preso. O dissidente, <u>hoje com 55 anos,</u> disse que planeja "acender uma vela de noite"* (ZH, 05 jun 2004).

> *hoje com 55 anos*

A locução *hoje com 55 anos* faz parte de *O dissidente, hoje com 55 anos, disse que planeja "acender uma vela de noite"*, tendo o valor de duração de vida considerada até o presente. Há integração, por correferência, entre *o dissidente* e *Jian Qisheng,* parte de *disse Jiang Qisheng, que foi negociador por parte dos estudantes em 1989 e passou 18 meses preso. Em 1989* está em integração, por correferência, com *na madrugada de 4 de junho de 1989,* em *na madrugada de 4 de junho de 1989, centenas de manifestantes foram mortos. Hoje,* parte da locução *hoje com 55 anos,* está em integração com *ontem,* parte de *a China impediu ontem qualquer protesto que lembrasse os 15 anos do massacre da Praça da Paz Celestial.* Há integração, por correferência, entre *dez policiais do lado de fora,* em *há mais de dez policias do lado de fora, disse Jiang Qisheng,* e *policiais à paisana,* em *com... policiais à paisana, a China impediu ontem qualquer protesto...*

O locutor ilustra a presença ostensiva da polícia nas ruas para interditar protestos lembrando o massacre de 1989 por meio da presença da mesma à porta do dissidente Jiang Qisheng. Jiang é participante de protestos que ocasionaram o massacre histórico. O locutor mostra que o dissidente mantém-se protestando, ainda que silenciosamente. Assim, a locução *hoje com 55 anos* não tem simplesmente, para o locutor, a referência de tempo da vida de Jiang

140 Enunciação e gramática

até o presente, e sim a referência de duração de vida de participante de protesto histórico até o presente protesto lembrando esse evento. Esse fato é corroborado pela identificação entre *hoje,* na locução *hoje com 55 anos,* e *ontem,* relativo à interdição de protesto.

Com, em *hoje com 55 anos,* indica duração de tempo de ordem física e de ordem histórica.

A preposição *de*

> Enunciado 4 – *Diários de Motocicleta foi apresentado à imprensa nacional na última segunda-feira, em sessão especial seguida de entrevista coletiva com a presença do diretor, dos protagonistas Gael García Bernal e Rodrigo de la Serna e de Alberto Granado – parceiro de Ernesto Guevara em uma viagem de motocicleta de mais de 12 mil quilômetros pela América do Sul, da Argentina até a Venezuela. Se a estrela do evento de divulgação de Diários de Motocicleta era o galã mexicano Gael García Bernal, 25 anos, que encarna no filme o estudante de Medicina argentino Ernesto Guevara, quem conquistou a plateia de jornalistas com sua simpatia, lucidez e bom humor foi Alberto Granado, 82 anos. Morando atualmente em Havana, em Cuba, disse que na época já intuía que levava na garupa um grande homem. – O mais bonito do filme é que o diretor e os atores entraram no espírito dos diários. <u>Sou de Córdoba</u> e temos um sentido muito particular de humor. Depois de uma queda de motocicleta, é muito melhor rir – disse Granado, lembrando que Diários de Motocicleta é baseado tanto em Notas de Viaje, texto mais solene escrito por Guevara, quanto em Con el Che por Sudamérica, relato bem-humorado de autoria do próprio Granado* (ZH, 28 abr 2004).

sou de Córdoba

A locução *sou de Córdoba* faz parte de *disse Granado,* tendo o valor de afirmação de pertença a uma cidade, origem. *Sou de Córdoba* está em integração com *temos um sentido muito particular de humor. Temos um sentido muito particular de humor* está em integração, por correferência, com *Depois de uma queda de motocicleta, é muito melhor rir, disse Granado* e com *Diários de Motocicleta é baseado.... em Con el Che por Sudamérica, relato bem-humorado de autoria do próprio Granado. Temos um sentido muito particular de humor* está em integração, por correferência, com *quem conquistou... os jornalistas com sua simpatia, lucidez e bom humor foi Alberto Granado, 82 anos. Alberto Granado, 82 anos* está em integração com *galã mexicano Gael García Bernal, 25 anos.*

Granado, ao qual se integra a locução *sou de Córdoba*, é entrevistado em evento de divulgação do filme *Diários de Motocicleta*, do qual é personagem e escritor. O locutor, ao assinalar a relação entre as características *sou de Córdoba* e *senso de humor*, mostra que a boa disposição de Granado não é apenas ocasional, mas sim uma característica relacionada à índole de sua cidade de origem. O locutor integra a juventude dos 25 anos de Gael Bernal à jovialidade dos 82 anos de Granado, para ressaltar a vitalidade desse último. Ao relacionar o comportamento bem humorado do velho Granado na presente entrevista no Brasil às risadas do jovem Granado após queda de motocicleta, o locutor corrobora a permanência do temperamento vivaz de Granado em qualquer hora e lugar. O uso de *sou*, parte da locução *sou de Córdoba*, integrado a *temos*, confirma o sentido de característica plenamente assumida como relacionada a um determinado lugar. O locutor marca que a locução *sou de Córdoba* tem a referência de afirmação de pertença a um lugar caracterizado pela índole bem humorada de seu povo.

De, na locução *sou de Córdoba*, não tem apenas a referência de pertença a espaço físico, e sim a referência de pertença a espaço físico e a espaço caracterizado por estilo de vida. Este espaço é de ordem física e de identidade.

A preposição desde

Enunciado 5 – *Depois do artigo sobre Platão, vieram outras perguntas sobre o estudo da filosofia, a maioria delas na linha: o que ler e como ler? A receita é: no começo, poucas leituras, muito bem selecionadas, feitas lentamente, de lápis na mão, com um dicionário de filosofia ao lado para tirar cada dúvida, e repetidas tantas vezes quantas você precise para tornar-se capaz de expor o argumento ainda mais claramente do que o fez o autor. Depois, aos poucos, vá ampliando o círculo, abrangendo estudos eruditos sobre pontos determinados, até conseguir dominar a história inteira das discussões sobre cada tópico. Decida-se a consagrar a essa leitura alguns meses, como quem só tivesse um livro para ler até o fim da vida. Se quiser usar o método de leitura de Mortimer J. Adler (Como Ler um Livro, editora UniverCidade), isso não lhe fará mal algum, mas saiba desde já que nenhum método serve para todos os livros: cada um exigirá uma estratégia diferente, que você mesmo irá descobrindo. Tenha sempre à mão uma ou várias obras de história da filosofia e não tema interromper a leitura principal para vasculhá-las em busca de comparações, voltando àquela em seguida. Vá dos clássicos para os modernos e contemporâneos, e não ao contrário* (ZH, 05 set 2004).

saiba desde já

142 Enunciação e gramática

A locução *saiba desde já* faz parte de *mas saiba desde já que nenhum método serve para todos os livros*, tendo o valor de injunção à ação com duração temporal a partir do limite presente, o qual antecede outra ação. Há integração, por correferência, entre *no começo poucas leituras* e *depois... vá ampliando o círculo*, ambas parte de *a receita*. *A receita* está em integração, por correferência, com *o método de leitura de... Adler. Nenhum método serve para todos os livros*, em que a locução toma parte, está em integração, por correferência, com *receita* e com *o método de leitura de... Adler. A receita* está em integração, por correferência, com *não tema interromper a leitura principal para vasculhá-las em busca de comparações, voltando àquela em seguida* e com *Vá dos clássicos para os modernos e contemporâneos*.

O locutor procura ensinar a leitores principiantes como ler obras de filosofia através de uma *receita*. Para isso, ele a organiza em conselhos ordenados por etapas de tempo, a saber, *no começo das leituras* e *depois vá ampliando o círculo*. A locução *saiba desde já*, em sua relação com *mas*, aponta um conselho que se opõe aos anteriores, pois se antecipa a outros conselhos e atravessa todas as etapas de leitura. O locutor, com *mas saiba desde já*, faz a ressalva de que sua receita não impõe um único método para todos os livros. Tal receita, na verdade, impõe a atitude de descoberta de um método particular para cada livro. Após a ressalva, o locutor segue dando conselhos ordenados por etapas de tempo. Através de um deles, a saber, *não tema interromper a leitura principal*, o locutor enfatiza a necessidade de que principiantes tomem iniciativa frente a sua leitura, o que inclui começá-la a qualquer tempo. O uso de *saiba* combinado a *desde* ressalta o sentido de temporalidade indefinida. *Desde, em saiba desde já,* tem a referência de injunção à ação com duração temporal a partir do presente dizer do locutor, a qual antecede outras ações de leitura bem como a referência de injunção à ação com duração temporal a partir de qualquer tempo de ação do alocutário que anteceder as outras ações de leitura.

Desde indica um duplo limite temporal: presente, para o locutor, e atemporal, para o alocutário. Este tempo é da ordem do dizer e da ordem do fazer.

A preposição *entre*

> Enunciado 6 – *O presidente Luiz Inácio Lula da Silva completa hoje 500 dias no comando do Palácio do Planalto com uma coleção de desgastes. Sem forças para romper as amarras da política econômica e desnorteado pelas críticas, Lula se aproxima da metade do segundo ano de mandato ainda em*

busca de rumo. A pressa tem levado o presidente a anunciar medidas que ainda não foram completamente definidas por sua equipe. Em 26 de abril, Lula prometeu como "boa notícia" a correção da tabela do Imposto de Renda. A Receita Federal tinha apenas estudos embrionários sobre o reajuste. Em 500 dias, Lula admitiu que o tempo de bravatas virou recordação do período em que agitou a oposição no Brasil. Também percebeu que o discurso mágico deveria ceder lugar ao realismo político. A promessa: – Em agosto de 2003, o presidente garantiu que o Primeiro Emprego geraria 250 mil postos de trabalho para jovens entre 16 e 24 anos em 2004. A situação atual: – Em maio, o governo resolveu alterar as regras do programa para torná-lo mais atraente. As novas normas foram anunciadas ontem. A meta de 2004 foi reduzida para 50 mil jovens empregados. A proposta, sancionada em outubro de 2003 pelo presidente como um trunfo na geração de empregos, fracassou. Apenas 700 empregos teriam sido criados, segundo o Ministério do Trabalho. Por meio do Primeiro Emprego, empresas cadastradas contratariam jovens entre 16 e 24 anos, faixa etária que concentra 45% dos desempregados (ZH, 14 maio 2004).

> *para jovens entre 16 e 24 anos*

A locução *jovens entre 16 e 24 anos* faz parte de *o presidente garantiu que o Primeiro Emprego geraria 250 mil postos de trabalho para jovens entre 16 e 24 anos*, tendo o sentido de grupo caracterizado por idade no intervalo temporal de dois limites numéricos. *Jovens entre 16 e 24 anos* está em integração com *empresas cadastradas contratariam jovens entre 16 e 24 anos, faixa etária que concentra 45% dos desempregados.* Há integração, por correferência, entre *jovens entre 16 e 24 anos* e *faixa etária que concentra 45% dos desempregados. Em agosto de 2003, o Primeiro Emprego geraria 250 mil postos de trabalho para jovens entre 16 e 24 anos* está em integração com *A meta de 2004 foi reduzida para 50 mil jovens empregados,* com *O presidente Luiz Inácio Lula da Silva completa hoje 500 dias no comando do Palácio do Planalto com uma coleção de desgastes* e com *Em 500 dias, Lula admitiu que o tempo de bravatas virou recordação do período em que agitou a oposição no Brasil.*

O locutor, ao produzir integração entre *jovens entre 16 e 24 anos* e *faixa etária que concentra 45% dos desempregados,* concebe a locução como referindo a pessoas em situação econômica de desemprego no intervalo temporal entre dois limites numéricos. Ao produzir a identidade entre a locução *para jovens entre 16 e 24 anos, o presidente completa... 500 dias... com uma coleção de desgastes* e *em 500 dias, Lula admitiu que o tempo de bravatas*

144 Enunciação e gramática

virou recordação do passado..., o locutor avalia o grupo caracterizado por situação temporal-econômica como estando à mercê do tempo de ajustes de governabilidade de um determinado presidente (*Lula*). A locução *Jovens entre 16 e 24 anos* indica grupo com situação temporal-econômica submetida à situação temporal de aprendizagem de governar de uma pessoa.

Entre, na locução *para jovens entre 16 e 24 anos*, indica, para o locutor, situação temporal-econômica de um grupo submetida à situação temporal-política de uma pessoa.

A preposição *perante*

> Enunciado 7 – *Ao discursar ontem na solenidade de posse do novo presidente da Associação Nacional de Jornais (ANJ), Nelson Sirotsky, o presidente Luiz Inácio Lula da Silva assumiu uma posição de defesa aberta da liberdade de imprensa. Seu discurso foi interrompido pelos aplausos à chegada de Nelson Sirotsky no palco. Embora não tenha anunciado diretamente a retirada de seu apoio à criação do Conselho Federal de Jornalismo (CFJ), Lula assegurou que os tempos de censura não voltarão ao Brasil. Minutos antes, Nelson Sirotsky havia discursado criticando a criação do Conselho. Em seu discurso, Lula afirmou que "erros, problemas e distorções existem nos jornais, nos governos e em todas as atividades humanas" e afirmou que devem ser corrigidos "durante a caminhada". Pediu que os jornalistas continuem a fiscalizar as autoridades e que a liberdade de imprensa seja sempre preservada. Lula disse não se importar com as críticas que eventualmente recebe de jornalistas, mas se incomodar com a censura nos jornais, numa referência ao período em que o noticiário estava sujeito ao exame prévio de censores, durante o regime militar. – E isso não vai voltar a acontecer no Brasil – <u>enfatizou</u> o presidente, <u>perante uma plateia de 15.300 pessoas</u> (ZH, 15 set. 2004).*

---

enfatizou..., perante uma plateia de 300 pessoas

A locução *enfatizou..., perante uma plateia de 300 pessoas* faz parte de *enfatizou o presidente, perante uma plateia de 300 pessoas*, tendo o valor de atitude discursiva de anterioridade a um limite espacial. *O presidente* está em integração, por correferência com *o presidente Luiz Inácio Lula da Silva. Uma plateia de 300 pessoas* está em integração, por correferência, com *a solenidade de posse do novo presidente da Associação Nacional de Jornais* e com *jornalistas. Nelson Sirotsky* está em integração, por correferência, com *jornalistas. Enfatizou o presidente, perante uma plateia de 300 pessoas* está em integração, por correferência, com *minutos antes, Nelson Sirotsky havia discursado criticando a criação do Conselho...* Há integração, por correferência, entre *Embora não tenha anunciado diretamente a retirada de seu apoio à criação do Conselho Federal de Jornalismo (CFJ), Lula afirmou que "erros, problemas e distorções existem...", pediu que os jornalistas continuem a fiscalizar as autoridades* e com *Lula disse não se importar com as críticas que eventualmente recebe de jornalistas.* Há integração, por correferência, entre a locução *enfatizou..., perante uma plateia de 300 pessoas, Lula assegurou que os tempos de censura não voltarão ao Brasil, erros... devem ser corrigidos "durante a caminhada", que a liberdade de imprensa seja sempre preservada* e *se incomodar com a censura nos jornais...*

O locutor mostra que o discurso do presidente acerca da criação do Conselho Federal de Jornalismo está adaptado ao espaço da solenidade em que tomam parte 300 jornalistas, os quais rejeitam a criação do Conselho. Além disso, pela identidade entre a locução *enfatizou... perante uma plateia de 300 pessoas* e *minutos antes Nelson Sirotsky havia discursado criticando a criação do Conselho,* o locutor mostra que o discurso de Lula se adapta ao discurso anterior do representante dos jornalistas. Com isso, o locutor mostra que Lula se posiciona sutilmente a favor da criação do Conselho Federal de Jornalismo, *mas* contra possíveis limitações que tal Conselho imporia às atividades jornalísticas, tal como realizado nos *tempos de censura.* Tal adaptação ou desvio no posicionamento do presidente é igualmente observado pela identidade entre *embora, e* e *mas,* os quais expõem o processo de atenuação de efeitos desfavoráveis da criação do Conselho para os jornalistas. Logo, *perante* não tem apenas o valor de "em frente". A locução *enfatizou..., perante uma plateia de 300 pessoas* tem, para o locutor, a referência de afirmação de posição de discurso de anterioridade ao limite de espaço jornalístico.

Perante, em *enfatizou... perante uma plateia de 300 pessoas,* tem a referência de posição discursiva de anterioridade a limite de espaço jornalístico. Esse espaço é de ordem física e discursiva.

A preposição *sem*

> Enunciado 8 – *Em cinco anos, o número de processos para cada juiz de primeiro grau da Justiça Comum praticamente dobrou no Estado. Em 1999, em municípios de diferentes regiões do Estado, como Canoas, Bagé, Charqueadas, Erechim ou Capão da Canoa, cada juiz lidava em média com 6 mil a 10 mil ações. O corregedor-geral do Tribunal de Justiça (TJ), desembargador Aristides Pedroso de Albuquerque Neto, afirma que o ideal é que essa relação*

146 Enunciação e gramática

não superasse 300 por um. – Isso compromete a agilidade e a qualidade dos julgamentos. Mas o Judiciário não é moroso, e sim o sistema legal, passível de recursos infindáveis que complicam ainda mais o problema – afirma o desembargador. Para que esse acúmulo fosse eliminado em um ano, <u>sem tempo para comer ou dormir</u>, os juízes <u>teriam de julgar</u> pelo menos nove processos por dia – o que corresponderia à divulgação de uma sentença a cada duas horas e meia. – O excesso de processos no Judiciário reflete a falta de políticas públicas, a ausência de uma sociedade igualitária. Cada plano econômico gera milhões de ações – explica o corregedor-geral. Uma das principais consequências dessa situação é a morosidade (ZH, 21 jun 2004).

> *sem tempo para comer ou dormir,... teriam de julgar*

A locução *sem tempo para comer ou dormir,... teriam de julgar* faz parte de *sem tempo para comer ou dormir, os juízes teriam de julgar pelo menos nove processos por dia*. A locução *sem tempo para comer ou dormir,... teriam de julgar* tem o valor de tempo de trabalho subtraído de atividades de sobrevivência. *Nove processos por dia* está em integração, por correferência, com *recursos infindáveis que complicam ainda mais o problema*, em *mas o Judiciário não é moroso, e sim o sistema legal, passível de recursos infindáveis que complicam ainda mais o problema*. *Juízes* está em integração, por correferência, com *Judiciário*. Há integração entre *sistema legal*, em *mas o Judiciário não é moroso, e sim o sistema legal*, e *políticas públicas*, em *O excesso de processos no Judiciário reflete a falta de políticas públicas, a ausência de uma sociedade igualitária*.

A oposição feita entre *Judiciário*, do qual fazem parte *os juízes*, e *sistema legal ou políticas públicas*, evidenciada por *mas*, é argumento para que o locutor livre completamente os juízes da responsabilidade pelo acúmulo de processos existente. Assim, com a locução *sem tempo para comer ou dormir,... teriam de julgar*, o locutor elabora solução do excesso de processos que ele mesmo não toma seriamente. A locução *sem tempo para comer ou dormir* tem a referência de subtração absurda de tempo dos juízes, uma vez que essa subtração extrapola não apenas o encargo profissional de um juiz, mas invade o tempo de sobrevivência necessário a um ser humano. Além disso, na locução *sem tempo para dormir ou comer,... teriam de julgar*, o uso de *teriam de julgar*, indicando possibilidade remota, relacionado a *sistema legal, passível de recursos infindáveis* que, pela relação entre *-vel, pass-* e *infind-* indica hipótese *impossível*, logo, tida como ultrapassando a capacidade humana, corrobora o valor de subtração absurda que

As preposições **147**

a locução possui. O locutor procura criticar a situação de *morosidade* no julgamento dos processos, através de argumento hipotético de subtração de tempo. A locução *sem tempo para comer ou dormir,... teriam de julgar* tem a referência de subtração de tempo absurda de atividades de sobrevivência.

Sem, em *sem tempo para comer ou dormir*, tem a referência, para o locutor, de subtração de tempo físico e hipótese de tempo argumentativo.

A preposição *sob*

Enunciado 9 – *A camaradagem que marcou as relações do Movimento dos Trabalhadores sem terra com o governo, no ano passado, está sendo substituída por um clima de confronto que deixa no ar um cheiro de ruptura. Durante a madrugada, um grupo invadira a sede do Incra em Brasília, aproveitando-se da anunciada greve dos servidores federais para tomar o prédio e pendurar a bandeira do MST na porta – embora o movimento diga que o grupo não pertence a seus quadros. A reação do Ministério do Desenvolvimento Agrário foi emitir uma nota condenando a "ocupação sem justificativa". Se os sem-terra estão frustrados com o escasso número de assentamentos, o governo está aborrecido com a falta de solidariedade dos antigos parceiros. O ministro Miguel Rossetto pede paciência e promete que 2004 será um grande ano para a reforma agrária, mas passados os primeiros meses a tolerância de quem vive sob lonas pretas à beira das estradas começa a diminuir* (ZH, 11 maio 2004).

vive sob lonas pretas à beira das estradas

A locução *vive sob lonas pretas à beira das estradas* faz parte de *a tolerância de quem vive sob lonas pretas à beira das estradas começa a diminuir*. A locução *vive sob lonas pretas à beira das estradas* tem o valor de condição de espaço de moradia abaixo de um limite. *A tolerância de quem vive sob lonas pretas à beira das estradas começa a diminuir* está em integração, por correferência, com *a camaradagem... está sendo substituída por um clima de confronto que deixa um cheiro de ruptura*. Há integração, por correferência, entre *Movimento dos Trabalhadores sem terra* e *quem vive sob lonas pretas à beira das estradas*.

Há mudança no relacionamento entre o governo e os sem-terra. Ao produzir identidade entre *Movimento dos Trabalhadores sem terra* e *quem vive sob lonas pretas à beira das estradas,* o locutor produz um efeito favorável aos sem-terra. Tal efeito é o de condição de moradia situada abaixo do limite da dignidade aceitável socialmente. Essa condição é corroborada pela integração entre *vive sob lonas pretas* e *à beira das estradas*. O locutor, ao grafar as

148 Enunciação e gramática

palavras do governo *"ocupação sem justificativa"* entre aspas, mostra que se distancia da opinião do governo quanto às atitudes dos sem-terra. Com isso, o locutor visa fazer com que o alocutário veja que se os sem-terra invadem espaços governamentais, como o Incra, como forma de protesto, tal fato é justificado pela sua permanência na presente condição de moradia indigna. A locução *vive sob lonas pretas à beira das estradas* tem a referência de condição de moradia abaixo de limite de dignidade.

Sob, em *vive sob lonas pretas à beira das estradas,* tem, para o locutor, a referência de ocupação de espaço de moradia abaixo do limite socialmente aceitável. Esse espaço é de ordem física e social.

Ilustramos a passagem do sentido não enunciativo das preposições, isto é, de seu *valor* enquanto signo, ao sentido enunciativo, isto é, de sua *referência* enquanto signo-palavra, para cada uma das preposições analisadas.

Vejamos o quadro abaixo:

Locução	Valor	Referência
Ante os olhos cegos de milhões de paspalhos	situação anterior ao espaço ocupado por pessoas	situação em espaço físico anterior a limite de espaço intelectual
O que fez até agora	alcance de limite presente	alcance de culminância de ação/atitude adiantada ao presente
Hoje com 55 anos	duração de tempo	duração de tempo de ordem física e de tempo de ordem histórica
Sou de Córdoba	pertença a espaço	pertença a espaço físico e a espaço caracterizado por estilo de vida
Saiba desde já	injunção à ação com duração temporal a partir do limite presente, o qual antecede outra ação	injunção à ação com duração temporal a partir do presente dizer do locutor, a qual antecede outras ações de leitura bem como a referência de injunção à ação com duração temporal a partir de qualquer tempo de ação do alocutário que anteceder as suas ações de leitura

Jovens *entre 16 e 24 anos*	intervalo temporal de trabalho, delimitado por faixa etária entre dois limites numéricos	intervalo temporal delimitado internamente aos limites numéricos pela realidade do trabalho e delimitado externamente aos limites numéricos por uma definição sociopolítica de trabalho infantil
Perante uma plateia de 300 pessoas	anterioridade a limite de espaço físico	posição discursiva de anterioridade a limite de espaço físico e discursivo
Sem tempo para comer ou dormir	Subtração de tempo de atividades de sobrevivência	subtração de tempo absurda de atividades de sobrevivência
Sob lonas pretas à beira das estradas	Condição de espaço de moradia abaixo de um limite	condição de espaço de moradia abaixo do limite socialmente aceitável

Quadro 2 – Descrição enunciativa das preposições.

Análises comparativas da preposição

Neste item, fazemos análises enunciativas de uma preposição, a saber, *até*, por meio de comparação dos sentidos da preposição em uma mesma locução em dois enunciados.

A locução *estudou até* + *escolaridade*: acerca do sentido de *tempo* de *até*

> Enunciado 1 – *Um dos principais líderes da invasão da Fazenda Coqueiros, Ledovatto, integrante do MST desde a sua fundação, participou dos episódios mais traumáticos do movimento no Estado. Quando 17 sem-terra e quatro PMs eram feridos à bala na Fazenda Santa Elmira, em Salto do Jacuí, em 1989, policiais federais prendiam Ledovatto em Porto Alegre. Ele e outros sem-terra haviam invadido o Instituto Nacional de Colonização e Reforma Agrária (Incra). No ano seguinte, o homem conhecido como "apaziguador" peleava com PMs na Praça da Matriz, em Porto Alegre. É por isso que seus colegas de coordenação*

150 Enunciação e gramática

> *do movimento o destacaram para Coqueiros do Sul, onde uma queda de braços com o governo federal se desenrolava desde 2 de abril. – Os companheiros não confiam mais no governo. Até agora pela manhã (ontem) tinha gente querendo permanecer na fazenda – disse a jornalistas Ledovatto, que <u>estudou até o 1º ano do Ensino Médio</u>. Mas mesmo quem estava do outro lado da trincheira, e percebia a tensão, via em Ledovatto um negociador confiável (ZH, 14 maio 2004).*

estudou até o 1º ano do Ensino Médio

A locução *estudou até o 1º ano do Ensino Médio* faz parte de *Ledovatto*, tendo o sentido de atividade de alcance de limite temporal de escolaridade. A locução está em integração com *participou dos episódios mais traumáticos, em 1989... haviam invadido o... Incra, policiais federais prendiam Ledovatto, no ano seguinte... peleava com PMs. Ledovatto* está em integração, por correferência, com *um dos principais líderes da invasão da Fazenda Coqueiros, integrante do MST desde a sua fundação* e *o homem conhecido como "apaziguador"*. Há integração, por correferência, entre *quem estava do outro lado da trincheira* e *governo*. Há integração, por correferência, entre *via em Ledovatto um negociador confiável* e *o homem conhecido como "apaziguador"*.

As ações de invadir e de pelear, as quais se relacionam à locução *estudou até o 1º ano do Ensino Médio*, mostram que o sem-terra Ledovatto vem se reafirmando, ao longo do tempo, como alguém capaz de ajudar a atingir os objetivos dos sem-terra, sendo, por isso, destacado para a presente invasão de Coqueiros do Sul. Pela integração entre *um dos principais líderes* e *um negociador confiável*, Ledovatto é visto como líder confiável não apenas pelos sem-terra como também pelo governo. O locutor, no entanto, ao grafar *"apaziguador"* entre aspas e ao integrar a locução a *policiais federais prendiam Ledovatto*, assinala que Ledovatto não deveria receber a confiança do governo na presente invasão de Coqueiros do Sul, uma vez que ele, em invasões passadas, entrou em atrito com o governo. Com a integração entre *via em Ledovato um negociador confiável* e *o homem conhecido como "apaziguador"*, o locutor considera o líder dos sem-terra como alguém que, conseguindo manter a confiança do governo até o presente, ultrapassa a confiança que o próprio locutor depositaria em Ledovatto. Assim, *Ledovatto* é visto pelo governo como alguém que tem grande conhecimento como negociador, visão esta não assumida pelo locutor. A locução *estudou até o 1º ano do Ensino Médio* tem a referência de atividade de alcance de limite de conhecimento que ultrapassa o limite de conhecimento atribuído pelo locutor. *Até*, em *estudou até o 1º ano do Ensino Médio*, não tem a referência de limite passado de escolaridade, e sim limite presente de conhecimento atingido para além do aceito pelo locutor, logo, limite estendido. *Até* não marca simplesmente tempo físico, e sim tempo físico e avaliativo.

> Enunciado 2 – *Luiz Inácio Lula da Silva nunca escondeu seu gosto por um copo de cerveja, uísque ou, melhor ainda, uma dose de cachaça. Mas alguns de seus compatriotas começam a questionar se a predileção de seu presidente por bebidas fortes estaria afetando sua performance no cargo. Os simpatizantes e a equipe de Lula sustentam que tais deslizes são apenas ocasionais, esperados de um homem que gosta de falar de improviso, e não tem nenhuma ligação com o consumo de álcool, descrito por eles como moderado, seja qual for a situação. Para eles, Lula é avaliado em um padrão diferente – e injusto – do de seus antecessores, por ser o primeiro presidente da classe trabalhadora e só <u>estudou até a sexta série do primário</u>. – Qualquer um que já foi a uma recepção formal ou informal em Brasília testemunhou presidentes tomando uísque. Mas você nunca leu nada a respeito de outros presidentes, só sobre Lula. Isso é preconceito. – escreveu o colunista Ali Kamel, do jornal O Globo. São muitas as histórias de bebedeira protagonizadas por Lula. Certa noite, no final dos anos 80, quando era deputado federal, Lula errou o andar ao sair do elevador e tentou derrubar a porta de um apartamento que achou ser o seu. O episódio é contado por políticos e jornalistas locais, além de ex-moradores do prédio. De acordo com um artigo publicado no jornal* Folha de São Paulo, *"durante o governo Lula, a caipirinha se tornou a bebida nacional por decreto presidencial"* (ZH, 11 maio 2004).

estudou até a sexta série do primário

A locução *estudou até a sexta série do primário* faz parte de *Lula*, em *para eles, Lula é avaliado em um padrão diferente – e injusto – do de seus antecessores por... e só estudou até a sexta série do primário*. A locução tem o sentido de atividade de alcance de limite temporal de escolaridade. *Para eles, Lula é avaliado em um padrão diferente – e injusto* está em integração, por correferência, com *Os simpatizantes e a equipe de Lula sustentam que tais deslizes são apenas ocasionais*. *Deslizes... apenas ocasionais* está em integração, por correferência, com *consumo de álcool, descrito por eles como moderado*. *Os simpatizantes... de Lula* está em integração, por correferência, com *Ali Kamel*. *Lula é avaliado em um padrão diferente – e injusto – do de seus antecessores* está em integração com *Qualquer um que já foi a uma recepção... em Brasília testemunhou presidentes tomando uísque. Mas você nunca leu nada a respeito de outros presidentes, só sobre Lula. Isso é preconceito.*

152 Enunciação e gramática

Alguns de seus compatriotas começam a questionar se a predileção de seu presidente por bebidas fortes estaria afetando sua performance no cargo está em integração com *Lula nunca escondeu seu gosto por um copo de cerveja, uísque,* com *São muitas as histórias de bebedeira protagonizadas por Lula,* e com *quando era deputado federal, Lula errou o andar... O episódio é contado por políticos e jornalistas locais, além de ex-moradores do prédio.*

O locutor apresenta a opinião dos simpatizantes de Lula acerca da crítica realizada ao presidente sobre suas recentes bebedeiras e igualmente sua opinião acerca da interpretação dos simpatizantes. Estes admitem que a condição de escolaridade de Lula é baixa. Tal fato é corroborado pela combinação entre a locução *estudou até a sexta série do primário* e *só.* No entanto, eles refutam a correlação entre a baixa escolaridade de Lula e o seu hábito atual de beber em demasia. Além disso, para os simpatizantes de Lula, a crítica ao presidente é injusta, uma vez que, segundo eles, Lula bebe socialmente, como todos os outros presidentes o fizeram. Para o locutor, identificado ao grupo dos não simpatizantes, a locução *estudou até a sexta série do primário* mostra o quão limitada é a interpretação dos simpatizantes acerca da crítica dos não simpatizantes – ou dos *compatriotas* – ao comportamento negativo de Lula. A interpretação é considerada imitada uma vez que a crítica dos não simpatizantes não se assenta sobre o fato expresso pela locução. *Estudou até a sexta série* é apresentada no espaço do discurso indireto, distanciada da opinião do locutor. A crítica do locutor não se dá sobre característica de Lula, a saber, *estudar até a sexta série,* e sim sobre a publicidade dos deslizes do mesmo. Assim, a locução *estudou até a sexta série do primário* não tem a referência de atividade de alcance de limite negativo de escolaridade, isto é, limite aquém do esperado, tal como elaborada pelos simpatizantes de Lula. A locução tem a referência de enunciação de terceiros que alcança o limite de argumento aceito pelo locutor para a defesa de Lula, mas que é argumento aquém de sua crítica. *Até,* em *estudou até a sexta série do primário,* tem o sentido de alcance de limite mínimo de argumento aceito pelo locutor, logo, limite restringido.

Até marca tempo físico e tempo argumentativo.

> Enunciado 3 – *Tipicamente amazônica, a extração de goma das árvores forjou comunidades de trabalhadores que trocaram a pesca e a lavoura por matas de pínus isoladas no Litoral Sul. São os resineiros, que chegam a ficar 10 horas por dia embrenhados nas florestas encravadas entre o mar e a Lagoa dos Patos. A rotina se resume a extrair resina de pelo menos 1,5 mil árvores por dia. O salário médio de R$ 400, segundo os resineiros, justifica o esforço. Vonildo e outros 15*

resineiros vivem em uma comunidade montada no mato, no interior de São José do Norte. O grupo é comandado por outro ex-pescador, Fabiel Silva de Farias, 21 anos, que responde pelos trabalhadores. Farias <u>estudou até a 4ª série do Ensino Fundamental</u> e ganha salário fixo de R$ 600. – O pior é cumprir a meta e motivar os outros a fazerem o mesmo. Quando falta alguém, coloco a mão na massa, pois precisamos produzir. Vale a pena porque ganho 100% mais do que antes – afirma o capataz. Para ganhar tempo – normalmente os matos são plantados em áreas inóspitas –, algumas resineiras montam pequenos vilarejos junto às florestas. Em cada lado, há uma cozinha e um quarto para duas pessoas. Não há banheiro nem energia elétrica. O chuveiro campeiro montado em um casebre anexo – a ducha fica presa em um latão que é abastecido com água aquecida em uma fogueira – ajuda na higiene. – Sem mulher, dá para enforcar o banho – conta Vilmar Miguel, 44 anos (ZH, 11 jul. 2005).

> *estudou até a 4ª série do Ensino Fundamental*

A locução *estudou até a 4ª série do Ensino Fundamental* faz parte de *Farias estudou até a 4ª série do Ensino Fundamental*, tendo o sentido de alcance de limite temporal de escolaridade. *Farias* está em integração, por correferência, com *trabalhadores que trocaram a pesca e a lavoura por matas de pínus isoladas no Litoral Sul*, com *resineiros, que chegam a ficar 10 horas por dia embrenhados nas florestas encravadas entre o mar e a Lagoa dos Patos* e com *o capataz*. A locução *estudou até a 4ª série do Ensino Fundamental* está em integração com *...e ganha salário fixo de R$ 600.* A locução está em integração, por correferência, com *o salário médio de R$ 400, segundo os resineiros, justifica o esforço* e com *Quando falta alguém, coloco a mão na massa... Vale a pena porque ganho 100% mais do que antes – afirma o capataz. O esforço* está em integração com *A rotina se resume a extrair resina de pelo menos 1,5 mil árvores por dia*, com *chegam a ficar 10 horas por dia embrenhados nas florestas* e com *Para ganhar tempo... algumas resineiras montam pequenos vilarejos junto às florestas. ...Não há banheiro nem energia elétrica.*

O locutor mostra o cotidiano de trabalho dos resineiros, a maioria dos quais abandonara outras atividades realizadas *antes* como *a pesca e a lavoura.* Ao integrar *esforço* a *ficar 10 horas embrenhados nas florestas* e a *pequenos vilarejos... não há banheira nem energia elétrica*, o locutor mostra que as condições de trabalho do resineiro Farias representam um *esforço,* isto é, são um tanto penosas. No entanto, para os resineiros, esse esforço é compensado pelo *salário médio de R$ 400,* considerado mais vantajoso *segundo eles*

154 Enunciação e gramática

do que o recebido pelo trabalho realizado anteriormente, como se verifica no depoimento do resineiro Farias: *Quando falta alguém, coloco a mão na massa... Vale a pena porque ganho 100% mais do que antes – afirma o capataz.* A locução *estudou até a 4ª série do Ensino Fundamental,* ao se integrar a *e ganha salário fixo de R$ 600,* tem a referência, para o locutor, de alcance de delimitação de escolaridade que define grupo de pessoas que se submetem a trabalho penoso para ampliar o limite de seus salários. Tal definição é feita por outras características, como *trabalhadores da lavoura e da pesca, resineiros, 21 anos, dá para enforcar o banho. Até,* na locução *estudou até a 4ª série do Ensino Fundamental,* indica delimitação de perfil escolar de grupo com o qual o locutor não se identifica, ou seja, limite afastado.

Até marca tempo físico de escolaridade e tempo de auge de compensação salarial.

Vimos que a locução *estudou até + escolaridade* apresenta referências diversas em dois enunciados. No enunciado 1, *estudou até o 1º ano do Ensino Médio* tem a referência de alcance de limite além do esperado pelo locutor, enquanto, no enunciado 2, *estudou até a sexta série do primário* tem a referência de alcance de limite mínimo aceito pelo locutor, e no enunciado 3, *estudou até a 4ª série do Ensino Fundamental,* tem a referência de alcance de (de)limitação de perfil escolar de grupo com o qual o locutor não se identifica. No enunciado 1, a preposição *até* indica tempo de ordem física e avaliativa, no enunciado 2, por sua vez, a preposição indica tempo de ordem física e argumentativa, e no enunciado 3, a preposição indica tempo físico de escolaridade e tempo de auge de compensação salarial. Além disso, o enunciado 2 apresenta uma complexidade enunciativa que o enunciado 1 e o enunciado 3 não têm, a saber, dois enunciadores, gerando, com isso, dois sentidos para a preposição *até,* os quais são englobados pela referência produzida pelo locutor.

Façamos um quadro comparativo:

A forma / O sentido	*Até* na locução *estudou até + escolaridade*
Enunciado 1	limite além do aceito pelo locutor – limite estendido
Enunciado 2	limite mínimo aceito pelo locutor – limite restringido
Enunciado 3	(de)limitação pelo locutor – limite afastado

Quadro 3 – Sentidos da preposição *até* **na locução** *estudou até + escolaridade.*

	O sentido de *tempo* de *até*
Enunciado 1	tempo físico e avaliativo
Enunciado 2	tempo físico e argumentativo
Enunciado 3	tempo físico e de auge de compensação salarial

Quadro 4 – Sentidos de tempo da preposição *até*.

A locução *verbo de movimento* + *até* + *local*: acerca do sentido de espaço de *até*

Enunciado 1 – *Passo Fundo, no norte do Estado, entrou ontem na rota dos ativistas do Greenpeace. Um grupo de 26 pessoas, das quais 12 estrangeiros, entrou no pátio da unidade da multinacional Bunge Alimentos, localizada no km 2 da rodovia Passo Fundo-Tio Hugo (RST-153). O gerente administrativo da Bunge de Passo Fundo, César Stalhschmidt, <u>foi até o local</u>, mas recusou-se a conversar com os manifestantes enquanto eles estivessem dentro da área da empresa. Com a chegada da Brigada Militar, o grupo desocupou o pátio e iniciou um protesto com cartazes do lado de fora. A direção da empresa não recebeu os manifestantes e registrou queixa por quebra da tranquilidade alheia* (ZH, 12 maio 2004).

foi até o local

A locução *foi até o local* faz parte de *O gerente... foi até o local,* tendo o valor de deslocamento a um limite espacial. *Local* está em integração, por correferência, com *multinacional Bunge Alimentos. O gerente... foi até o local* está em integração com *mas recusou-se a conversar com os manifestantes enquanto eles estivessem dentro da área da empresa.* Há integração entre *um grupo entrou no pátio da multinacional... e o grupo desocupou o pátio e iniciou um protesto com cartazes do lado de fora. O gerente administrativo da Bunge de Passo Fundo* está em integração, por correferência, com *A direção da empresa. O gerente... foi até o local* está em integração, por correferência, com *A direção da empresa não recebeu os manifestantes e registrou queixa por quebra da tranquilidade alheia.*

A locução *foi até o local* não marca apenas um limite de deslocamento espacial, mas assinala que tal deslocamento não é suficiente para se manter um diálogo entre pessoas de posições diferentes, ou seja, um *gerente administrativo* e *ativistas do Greenpeace*. Em outras palavras, um gerente de uma empresa

156 Enunciação e gramática

multinacional ir até o local onde estão manifestantes que se opõem à empresa não é necessariamente um gesto de abertura a negociações. Isso é plenamente corroborado pela integração entre *foi até o local* e *mas recusou-se a conversar*. Com a integração entre a locução *foi até o local* e *não recebeu os manifestantes e registrou queixa por quebra da tranquilidade alheia*, o locutor mostra que o gerente tinha o firme propósito de limitar a ação dos manifestantes na empresa, qualquer que fosse a reação que os mesmos apresentassem. Assim, o locutor mostra que a finalidade do gerente atinge o limite – ou o extremo – permitido a um gerente para coibir a ação de manifestantes. A locução *foi até o local* tem a referência de deslocamento a um limite espacial com finalidade diversa.

Até não marca simplesmente limite de espaço físico, e sim limite de espaço físico e de espaço de poder.

> Enunciado 2 – *O novo filme de Harry Potter teve sua pré-estreia mundial no último domingo, quando os célebres bruxinhos de Hogwarts <u>voaram até Nova York</u> para juntar-se a um público estimado em 6 mil pessoas no evento realizado no Radio City Music Hall, com direito a tapete vermelho. A primeira exibição de Harry Potter e o Prisioneiro de Azkaban, que estreia no Brasil em 4 de junho, gerou uma grande expectativa, e uma multidão lotou a calçada do cinema para ver de perto o ator de 14 anos que faz o papel de Harry, DanielRadcliffe, e seus colegas de elenco Emma Watson (Hermione) e Rupert Grint (Ronnie Weasley). Na sessão de pré-estreia, o público aplaudiu com entusiasmo os três atores protagonistas e oito outros membros do elenco que subiram ao palco antes de o filme começar, incluindo Robbie Coltrane, que representa o gigante de boa índole Hagrid, e Alan Rickman, o sinistro professor de poções mágicas Severo Snape (ZH, 26 maio 2004).*

voaram até Nova York

A locução *voaram até Nova York* faz parte de *os... bruxinhos... voaram até Nova York,* tendo o sentido de deslocamento a um limite espacial. *Nova York* está em integração, por correferência, com *a primeira exibição de Harry Potter* e com *na sessão de pré-estreia. Os... bruxinhos* está em integração, por correferência, com *o ator de 14 anos que faz o papel de Harry... e seus colegas* e com *os três atores protagonistas. Os... bruxinhos... voaram até Nova York* está em integração com *para juntar-se a um público estimado em 6 mil pessoas. Os... bruxinhos... voaram até Nova York* está em integração, por correferência, com *A primeira exibição de Harry Potter... gerou uma grande expectativa; Na sessão de pré-estreia, o público aplaudiu com entusiasmo; uma multidão lotou a calçada... para ver de perto o ator de 14 anos que faz o papel de Harry... e seus colegas; o público aplaudiu...os três atores protagonistas... que subiram ao palco antes de o filme começar.*

O locutor produz integração entre a locução *voaram até Nova York* e *para juntar-se ao público,* assinalando, com isso, um deslocamento a um lugar com finalidade de aproximação com o público do referido lugar. Tal finalidade é bem-sucedida, evidenciada pelo encontro muito próximo entre os atores e o público, como se observa pela integração da locução com *o público aplaudiu com entusiasmo.* Dessa forma, a locução *voaram até Nova York* tem, para o locutor, a referência de deslocamento a limite espacial plenamente atingido. *Até,* na locução *voaram até Nova York,* tem a referência de deslocamento a um limite com finalidade plenamente realizada.

Até marca espaço físico e de intenção.

> Enunciado 3 – *Um prédio da Rua Frei Germano, a uma quadra da Avenida Ipiranga, na zona leste da Capital, hospeda uma missão nobre: proteger 38 adolescentes deixados ao cuidado do poder público. O que se vê diante desse abrigo, ao anoitecer, é bem diferente disso. Garotos fogem pelo telhado para consumir drogas na calçada, perambular em busca de esmola e até mesmo cometer assaltos. Para alcançar a rua sem passar pelos guardas municipais e pelos monitores, um garoto de casaco alaranjado subiu até o telhado. Caminhou sobre as telhas e entregou uma sacola para os amigos da rua. Às 21h50min, um guarda foi até a calçada, observou o grupo e voltou para dentro do abrigo. Os garotos brincavam, cantavam e dançavam embalados pelo cheiro de loló e por tragadas de cigarros de maconha. Às 23h, ainda havia guardas na calçada, e um adolescente de 15 anos pulou do telhado e caminhou em direção à Ipiranga* (ZH, 06 maio 2004).

foi até a calçada

A locução *foi até a calçada* faz parte de *um guarda foi até a calçada,* tendo o sentido de deslocamento a um limite espacial. A locução está em integração, por correferência, com *observou o grupo* e com *voltou para dentro do abrigo. Às 21h50min, um guarda foi até a calçada* está em integração, por correferência, com *Às 23h, ainda havia guardas na calçada. Guardas* está em integração, por correferência, com *Um prédio da Rua Frei Germano,* em *Um prédio da Rua Frei Germano... hospeda uma missão nobre: proteger 38 adolescentes...* e com *poder público. Hospeda uma missão nobre* está em integração com *disso,* em *o que se vê diante desse abrigo,... é bem diferente*

158 Enunciação e gramática

disso. O que se vê está em integração com *um guarda foi até a calçada, observou o grupo e voltou para dentro do abrigo* e com *os garotos brincavam, cantavam e dançavam embalados pelo cheiro de loló e...*

Ao integrar a locução *foi até a calçada* a *observou o grupo* e a *voltou para dentro do abrigo*, e ao integrar *os guardas* a *poder público*, o locutor mostra que a instituição pública responsável por cuidar para que jovens não voltem a delinquir não consegue cumprir minimamente suas tarefas, uma vez que *ir até a calçada* não significa trazer os adolescentes para *dentro* do abrigo. Tal ineficácia é corroborada pela integração entre *às 23h, ainda havia guardas na calçada,* em que *ainda* indica que o locutor esperava que os guardas não estivessem na rua àquela hora observando os garotos, e *garotos brincavam... embalados pelo cheiro de loló.* A locução *foi até a calçada* tem a referência, para o locutor, de deslocamento a um limite espacial cuja finalidade não é minimamente cumprida. *Até,* na locução *foi até a calçada,* tem a referência de alcance de limite espacial sem alcance da finalidade esperada pelo locutor.

Até marca espaço de ordem física e de atuação institucional.

Vimos que a locução *estudou até + escolaridade* apresenta referências diversas em dois enunciados. No enunciado 1, a locução *foi até o local* tem a referência de deslocamento a um limite espacial com finalidade diversa, enquanto, no enunciado 2, a locução *voaram até Nova York* tem a referência de deslocamento a um limite com finalidade plenamente realizada. Em contrapartida, no enunciado 3, a locução *foi até a calçada* tem a referência de deslocamento a um limite espacial cuja finalidade não é minimamente cumprida. No enunciado 1, *até* indica espaço físico e de poder, enquanto, no enunciado 2, *até* marca espaço físico e de intenção. Já no enunciado 3, *até* indica espaço físico e de atuação profissional. Façamos um quadro comparativo:

A forma O sentido	Verbo de movimento + até + lugar
Enunciado 1	limite espacial com finalidade diversa
Enunciado 2	limite espacial com finalidade realizada
Enunciado 3	limite espacial sem finalidade realizada

Quadro 5 – Sentidos da locução *verbo de movimento + até + lugar.*

	O sentido de *espaço* de *até*
Enunciado 1	espaço físico e de poder
Enunciado 2	espaço físico e de intenção
Enunciado 3	espaço físico e de atuação profissional

Quadro 6 – Sentidos de espaço da preposição *até*.

Consequências descritivas e teóricas

A necessidade de descrever o sentido enunciativo da preposição faz com que a *locução* seja simultaneamente tomada como *forma* em *dissociação* a unidades de nível inferior e como *sentido* em *integração* a unidade de nível superior. Em um dos enunciados anteriores, preposição *ante*, por exemplo, para compreender que o sentido da preposição na locução *vai dominando ante os olhos cegos de milhões de paspalhos* é de anterioridade a espaço intelectual, é necessário observar sua relação sintática imediata tanto com o sujeito *o comunismo* quanto com *olhos cegos de milhões de paspalhos,* ou seja, na integração destes três signos-palavra com a unidade de nível superior que os contém. Como se pode ler na interpretação de Benveniste (1989: 144) da locução *chorar de alegria,* o sentido da preposição *de* – "posição que se ocupa e direção para onde se vai sob o efeito de impulso que vem de trás, impulsionando para frente" – advém do sentido de impulso emocional de *alegria* que resulta em um estado involuntário, *chorar,* para um sujeito. Ou seja, para se compreender o sentido enunciativo da preposição é necessário observar a integração de *todos* os elementos sintáticos imediatos à unidade de nível superior que os contém.

Com isso, diferentemente da análise do sentido não enunciativo das preposições em que o sentido da preposição é determinado pela *regência* na unidade do *predicado verbal,* isto é, em uma relação de dominância de sentido de um *signo* sobre outro; em uma análise enunciativa, a *referência* das preposições é determinada pela *corregência* na unidade do *enunciado,* isto é, em uma relação de codeterminação do sentido dos *signos-palavra* entre si.

Eis aqui a *sintaxe da enunciação*: *múltipla,* uma vez que leva em consideração *todos* os signos-palavra contínuos e descontínuos à preposição, e *total,* uma vez que unifica tais elementos em um único *sentido.*

160 Enunciação e gramática

Notas

[1] As gramáticas pesquisadas são as seguintes: Almeida (1999), Bueno (1956), Lima (1998), Said Ali (1964), Luft (1976), Luft (1979), Cunha (1970), Cunha (1975), Cunha e Cintra (1985), Mateus et al. (1989), Macambira (1997), Bechara (1961), Bechara (1999), Perini (1996) e Neves (2000). Destas 16 gramáticas, 8 apresentam uma seção com o *significado das preposições*.

[2] Conforme Barbisan (2004b: 71-2), a coexistência metodológica entre níveis semiótico e semântico não adquire, para Benveniste, outro valor senão o de uma articulação na enunciação.

[3] A tomada deste ponto de vista analítico pode ser igualmente observada em Authier-Revuz (1998: 16), a qual declara sua filiação teórica ao que chama de "neoestruturalismo", representado por Benveniste e outros. Vejamos: "identificar, inventariar, classificar e descrever as formas através das quais se realiza o desdobramento metaenunciativo; relacionar tais formas a posições enunciativas particulares a discursos, gêneros e sujeitos."

[4] Um estudo decorrente desta hierarquização apontaria, como temos observado *grosso modo*, que as preposições *de* e *com* são as mais utilizadas no português contemporâneo, com cerca de 16 mil ocorrências cada uma em um *corpus* de 206 mil palavras, e que a preposição *ante* é a menos utilizada, com cerca de 7 ocorrências no mesmo *corpus*.

[5] O critério da escolha das locuções é a coocorrência das preposições com expressões de espaço *bem como* de tempo, a qual produz o *sentido geral das preposições* (Benveniste, 1989: 140-2). Destarte, das três locuções analisadas para cada preposição, *uma* traz *sentido geral* de espaço e a *outra* de tempo. Estamos cientes de que não poderíamos abordar todas as locuções existentes em nosso *corpus* de fatos.

Enunciação e aspecto verbal

Este capítulo apresenta princípios para o estudo enunciativo da categoria verbal *aspecto*. A partir da problematização da noção de dêixis, objetivamos estudar o *aspecto* na perspectiva enunciativa, abordando-o como um indicador de subjetividade na linguagem, a exemplo de outras categorias do verbo como o tempo, o modo e a pessoa.

Como se sabe, há certa unanimidade na literatura de referência sobre o *aspecto* quanto à impossibilidade de estudá-lo, levando em consideração a dêixis. No entanto, do nosso ponto de vista, é possível propor uma abordagem dêitica do *aspecto* desde que se considere a dêixis do prisma enunciativo, e não do prisma lógico-formal.

Antecedentes da questão

Comecemos com uma definição de *aspecto* cujos méritos são inegáveis. Segundo Mattoso Câmara (1986: 60-1), *aspecto* é a

> propriedade que tem uma forma verbal de designar a duração do processo (momentâneo ou durativo) ou o aspecto propriamente dito sob que ele é considerado pelo falante (ex.: em seu começo – incoativo; em seu curso e ainda inconcluso – imperfeito; em seu fim já concluso – perfeito; concluso mas permanente em seus efeitos – permansivo). O aspecto coexiste ao lado da categoria de tempo [...] (1986: 60-1).

Acrescenta Mattoso Câmara que, em português, o agrupamento das formas verbais se dá, em princípio, em função dos tempos verbais; "[...] mas manteve-se a oposição entre imperfeito (aspecto inconcluso) e perfeito (aspecto concluso)" (Câmara, 1986: 60-1). O exemplo dado pelo autor é a diferença existente entre *falava* e *falou*. No primeiro caso, a *fala* é apresentada no passado, em sua realização; no segundo caso, a *fala* é apresentada no passado, depois de concluída.

162 Enunciação e gramática

Inúmeros são os trabalhos que se dedicaram ao estudo da categoria verbal *aspecto* em língua portuguesa. Para além das especificidades de cada um, há um ponto que parece ter unanimidade entre os autores. O *aspecto* verbal diferencia-se da categoria tempo verbal em função da dêixis. Testemunha isso a lembrança de significativas obras que tratam do assunto. Alguns dos mais sérios trabalhos de descrição da categoria *aspecto*, em português, como Castilho (1967), Costa (1990), Travaglia (1981), Barroso (1994), Corôa (1985), Mateus et al. (1989) e também os clássicos como Jakobson (1963), indicam que a oposição entre tempo e *aspecto* deve-se ao fato de que o primeiro é uma categoria dêitica, característica esta ausente do segundo.

Entretanto Benveniste, em suas reflexões a respeito da subjetividade na linguagem, afirma a natureza dêitica da categoria sem, contudo, desenvolver esta tese. Em "A natureza dos pronomes", diz que: "todas as variações do paradigma verbal, aspecto, tempo, [...], pessoa etc. resultam desta atualização e desta dependência em face da instância de discurso [...]" (Benveniste, 1988: 282).

Chama a atenção tal afirmação, principalmente, se for considerado que o autor, neste texto, define os indicadores de subjetividade – pronomes, advérbios, locuções adverbiais – pela relação que têm com a instância de discurso que contém *eu,* indicador de pessoa por excelência. Acrescenta o autor que "não adianta nada definir estes termos e os demonstrativos em geral pela dêixis, como se costuma fazer, se não se acrescenta que a dêixis é contemporânea da instância de discurso que contém o indicador de pessoa [...]" (Benveniste, 1988: 280).

Ao vincular o fenômeno da dêixis à contemporaneidade da instância de discurso que contém o indicador de pessoa, Benveniste parece evocar uma noção de dêixis, no mínimo, diferente daquela utilizada para opor a categoria de tempo à de *aspecto*. Assim, é necessário perscrutar o entendimento de Benveniste a respeito da dêixis como forma de compreender o que o autor quer dizer quando afirma que o *aspecto* resulta da dependência diante da instância de discurso.[1]

Das questões fundamentais sobre as categorias *tempo* e *aspecto* e sua relação com a dêixis

Para introduzir a questão do *aspecto* como um problema de investigação, tomamos por base o trabalho de Costa (1990), que, além de ser de grande circulação no Brasil, tem o mérito de sistematizar um quadro da conjugação aspectual, utilizando os verbos *ser, estar, ficar, andar, continuar, permanecer,* denominados de "auxiliares aspectuais". A estes acrescenta a autora os verbos *começar, ir* e *acabar,* os quais permitiriam a construção de perífrases imperfectivas[2] de fase inicial, intermediária e final.

De acordo com a autora, se estão presentes no lexema verbal o traço [+ durativo], o número verbal singular[3] e o tempo não gnômico, é possível a expressão imperfectiva (com pequenas restrições) dos verbos do português em todos os tempos, nos modos indicativo e subjuntivo e nas vozes ativa e passiva.

A perspectiva de Costa parte do pressuposto da existência de universais linguísticos – dentre estes a categoria tempo – que funcionariam como um suporte das construções linguísticas em língua natural. Das entidades que podem ser localizadas no tempo, a autora concentra-se nos acontecimentos, atos, processos, atividades e estados, atribuindo-lhes os traços semânticos [+/– durativo], [+/– dinâmico], [+/– permanente] e [+/– agente].

Destes, considera que as entidades que atualizam a categoria *aspecto* são aquelas que comportam, na descrição lexemática, o traço [+ durativo]. No entanto a autora destaca que a ausência desse traço não inviabilizaria a imperfectização, mas apenas operaria uma restrição. Assim, a ausência do traço [+ durativo] em um verbo como *quebrar*, por exemplo, não impediria a atualização do *aspecto,* desde que se imaginasse uma situação X para sua realização. Para Costa a realização do *aspecto* independe da sua vinculação à dêixis.

Segundo a autora, dêixis "[...] é a faculdade que têm as línguas de designar os referentes através da sua localização no tempo e no espaço, tomando como ponto de referência básica o falante" (Costa, 1990: 15). Assim, tempo-lugar no qual está o falante para organizar sua própria fala é um recurso que ele tem à sua disposição. O ponto-dêitico é, portanto, "[...] o ponto espacial e temporal em que o falante está situado no momento em que fala [...]" (Costa, 1990: 16). Em português, a categoria de pessoa é o eixo da dêixis, já que é ela que instaura o ponto-dêitico na enunciação.

O tempo está marcado na língua em morfemas, lexemas e perífrases por meio dos quais os atos são posicionados em relação ao ponto-dêitico. Dessa forma, o tempo seria uma categoria dêitica, ou seja, o fato enunciado pode ser posterior (futuro), anterior (passado) ou simultâneo (presente) ao ponto-dêitico.

O *aspecto* não diz respeito à localização do fato no tempo da enunciação, mas do tempo no fato. As noções semânticas relevantes deixam de ser o presente, o passado e o futuro e passam a ser as de duração, instantaneidade, começo,

164 Enunciação e gramática

desenvolvimento e fim. A consequência deste raciocínio é que o *aspecto* é visto como uma categoria temporal não dêitica. Diz Costa que (1990: 20) "enquanto a categoria Tempo trata do fato enquanto ponto distribuído na linha do tempo, a categoria de Aspecto trata o fato como passível de conter frações de tempo que decorrem dentro de seus limites". Desse prisma, o traço [+ durativo] seria aquele que melhor informaria sobre a constituição temporal interna e que, portanto, implicaria uma atualização da categoria *aspecto*.[4] O traço [+ durativo] no lexema verbal ou em perífrases é o elemento que possibilita a oposição dêixis/ não dêixis.[5] Em outras palavras, o lexema caracterizado semanticamente por esse traço estabelece a temporalidade interna sem referência dêitica.

Em resumo, uma diferença importante entre tempo e *aspecto* salientada pela autora é a forma como cada categoria se relaciona à dêixis. Ambas as categorias são temporais, pois se referem ao tempo físico, entretanto diferem entre si do ponto de vista semântico, já que uma se refere ao tempo interno (*aspecto*) e a outra ao tempo externo (o tempo); nesse último caso, ao contrário do primeiro, a referência se dá pela via da dêixis.

Sobre a noção de dêixis e sua relação com o aspecto

A pergunta que se coloca de imediato aqui é a seguinte: sendo o *aspecto* uma categoria não pertencente ao paradigma da *pessoa*, portanto integrante do paradigma da *não pessoa*, poderia ele ser descrito com relação à dêixis? Acreditamos que sim na perspectiva da teoria enunciativa benvenistiana, graças a um motivo: o conceito de dêixis, em uma teoria enunciativa, é diferente do conceito em outros quadros teóricos.

Como foi dito em seção anterior, a *não pessoa*, tal como Benveniste a apresenta, quer entendida como pronome *ele*, quer entendida como um nome, o "objetivo" ou o cognitivo, não tem como referência o *externo*, mas a instância de discurso. A *não pessoa*, sob a noção de intersubjetividade, é um *dêitico*; então, sob essa noção, *toda a língua* é dêitica.

Como já dissemos, o conceito de dêixis é rigorosamente estudado por Lahud (1979). Segundo ele, a definição referencial dos dêiticos, cujo bom exemplo é Frege, considera que a significação de um dêitico deve fornecer uma indicação que permita a identificação do objeto denotado, de forma que o conhecimento das circunstâncias da situação seja uma condição necessária para a determinação singular. Em Frege, os dêiticos são pensados numa estrutura ternária (sinal/sentido/referência), na qual há uma relação fundamental do sentido com a referência.

Diferentemente de Frege e seus seguidores, Benveniste concebe a Teoria da Enunciação em consonância com alguns dos principais estandartes saussurianos, entre eles, o princípio do signo como uma entidade pertencente à língua e que nela tem um funcionamento regido pelo sistema, portanto independente da relação referencial. A semântica benvenistiana é estrutural na justa medida em que a enunciação é apresentada como ato de utilização do sistema da língua por meio de um aparelho formal pertencente à língua. A noção de dêixis derivada de Benveniste não inclui a referência ao "mundo dos objetos", já que o contexto epistemológico no qual é concebida ignora a dimensão referencial dos signos.

A dêixis, na vertente enunciativa, é um fenômeno geral que não pode ser adequadamente descrito sem que os signos sejam referidos ao emprego que o sujeito deles faz. De outra forma, para Benveniste os dêiticos não apenas descrevem uma relação entre enunciado e enunciação, mas são elementos que permitem ao sujeito que enuncia, num dado momento, instaurar a relação do enunciado a si próprio.

Em Benveniste, a dêixis se organiza correlativamente aos indicadores de pessoa:

> Há aqui um traço novo e distintivo desta série: é a identificação do objeto por um indicador de ostensão concomitante com a instância de discurso que contém o indicador de pessoa: *este* será o objeto designado por ostensão simultânea à presente instância de discurso, a referência implícita na forma [...] associando-o a *eu*, a *tu* (1988: 279).

A partir do que foi exposto, é possível inferir que a definição não dêitica do *aspecto* verbal, clássica e inconteste, é uma decorrência do entendimento da dêixis como um mecanismo que coloca em relação a língua e o referente. As teorias que assim procedem, quando tratam da dêixis, circunscrevem-na à dimensão referencial da linguagem, ao contrário de Benveniste que interpreta a dêixis numa dimensão enunciativa da linguagem. O problema central aqui é que há diferença entre nível referencial e nível enunciativo. O primeiro diz respeito à relação entre a língua e a realidade; o segundo diz respeito à relação entre a língua e o sujeito que enuncia.

É somente na perspectiva da enunciação que se pode pensar no *aspecto* como uma categoria dêitica, já que também ele, a exemplo do resto da língua, teria sua existência vinculada à enunciação do sujeito.

166 Enunciação e gramática

A análise enunciativa do aspecto verbal

Da leitura das teorias não enunciativas, é possível deduzir que o léxico impõe certas restrições à atualização do *aspecto*. Assim, poderíamos conceber que haveria verbos que impediriam que fosse atualizado o *aspecto* imperfectivo, como, por exemplo, os verbos com traço [– durativo]. Nesses termos, a frase "O vaso permaneceu quebrando por alguns minutos" poderia facilmente ser considerada agramatical.

Ora, do ponto de vista da enunciação, parece possível considerá-la gramatical em determinados contextos de uso. A este exemplo, acrescentamos dois outros usos de verbos perfeitamente possíveis em linguagem cotidiana:

(1) Os pedreiros já *começaram a quebrar* a calçada.

(2) Minha cabeça *está estourando* de tanta dor.

Nestes dois exemplos, observamos que o uso de verbos com traço lexical [– durativo], isto é, *quebrar* e *estourar*, não impede que a ação verbal enunciada tenha o sentido de duração.

Não é difícil imaginar situação contrária, ou seja, em que a língua priorize o traço [+ durativo], podendo-se, inclusive, supor uma dada situação em que o verbo seja visto como parte de um processo maior.

(3) Gosto das manhãs: *levanto* cedo, *tomo* café, *caminho* e estou pronto para *começar a viver*.

Em (3), os verbos *levanto, tomo* e *caminho* são parte pontuada do processo sintetizado na ideia expressa pela perífrase *começar a viver*.

Considerados os exemplos (1), (2) e (3), não parece absurdo admitir que, mesmo a língua contendo o indicativo de qual traço é mais comum de ser atualizado, sempre é possível imaginar um contexto de uso em que se pode ver outras possibilidades.

O *aspecto* não foge a isso e podemos considerá-lo dêitico, no sentido enunciativo do termo, já que sua atualização depende da utilização que dele é feita por um sujeito face a uma instância de enunciação. O *aspecto* tem, em termos enunciativos, um componente dêitico porque marca uma continuidade que se realiza simultaneamente ao presente incessante da instância de discurso de *eu*, mas que o ultrapassa. Assim, é na emergência desta *continuidade indeterminada* que se encontra a fundação do *aspecto* na enunciação. Observe-se que estamos definindo o *aspecto* como categoria que emana do "centro único de referência" que é o *eu*, o qual, como já visto, é inaugurado pela língua exatamente no momento em que *eu* fala. Logo o momento de fala do *eu* é a matriz referencial da qual partem (e a qual retornam) todas as categorias dêiticas, incluindo o tempo e o *aspecto*.

Vejamos alguns outros exemplos:

(4) Eu *cantei* o dia inteiro.

(5) Eu *cantava* o dia inteiro.

Em (4), a forma perfectiva se define em relação ao *eu*, isto é, *cantei* é anterior ao momento da fala e é pontualmente conclusivo em relação a ele. Logo a oposição temporal é a seguinte: *antes do momento da fala/ no momento da fala (hoje)*. Já em (2), além de o *aspecto* se referir ao *eu* também, a divisão temporal possui uma dimensão ampliada: *antes/agora (hoje em dia)*, em que a própria língua provê termos diferentes para designar o tempo de forma não marcada em relação ao momento da fala. A forma imperfectiva é durativa em relação ao momento da fala. Ou seja, o verbo *cantar* aceita tanto a forma perfectiva quanto a imperfectiva, no entanto a atualização de cada uma delas depende do uso em uma dada instância. O mesmo podemos demonstrar em relação a um verbo [– durativo]. Vejamos os exemplos a seguir:

(6) Eu *quebro* copos.

(7) Eu *quebrei* copos.

(8) Eu *quebrava* copos.

A passagem de um verbo [– durativo] para [+ durativo] é bastante comum em português como nos exemplos (1) e (2). A transformação contrária, no entanto, é menos comum, mas também acontece, assegurando que o sujeito pode promover um rearranjo na oposição axial (duratividade/não duratividade). É sempre possível imaginar um contexto em que seja permitido enunciar (8).

Em uma enumeração de eventos, os verbos [+ durativo] podem ser vistos como pontuais, isto é, tornados [– durativo]. Observe-se abaixo:

(9) Eu *acordei* cedo, *levantei* da cama, *escovei* os dentes, *troquei* de roupa, *saí, caminhei* até a banca e *comprei* o jornal.

Em (9), a exemplo de (3), cada ação enumerada – *acordar, levantar, escovar, trocar, sair, caminhar, comprar* – é parte pontuada de um processo maior.

Considerando-se o que foi dito acima, podemos pensar que parte da atualização verbal do *aspecto* deve-se à instância de discurso. Assim, em *O pedreiro*

168 Enunciação e gramática

começou a quebrar a calçada repetidamente, o *aspecto* não é atualizado apenas pelas características do léxico e/ou da flexão verbal. Nesse caso, é possível considerar que o verbo *quebrar* [– durativo] é atualizado com traço [+ durativo]. Isso se deve à ocorrência em uma dada situação de enunciação. Vejamos, a seguir, alguns elementos considerados para a análise enunciativa do *aspecto* verbal.

Observações metodológicas

Analisaremos, adiante, ocorrências orais retiradas do *corpus* do projeto NURC (DID-POA) organizado por Hilgert (1997)[6] e do *corpus* VARSUL-POA.[7]

Tais ocorrências estão divididas em unidades que, por ora, denominamos *enunciados*, isto é, o produto discursivo a partir do qual localizamos as marcas de *enunciação*. Como se trata de dados orais, a transcrição[8] do par pergunta-resposta é essencial para apreender a *enunciação* uma vez que, considerada a enunciação, descrever a língua implica aceitar que, ao falarmos, recriamos o mundo para alguém, o *tu*. Evidentemente, a título de ilustração de como pode se dar o estudo enunciativo de uma categoria gramatical, as análises são referentes apenas a alguns tempos e modos e estão limitadas às ocorrências destacadas, portanto sem a pretensão de descrever integralmente o *aspecto* verbal em todos os tempos e modos do sistema verbal do português.

Os enunciados são observados a partir do que definimos, para este caso, como o mínimo necessário para uma análise enunciativa da linguagem, ou seja, o ato individual de enunciação, a(s) situação(ões) em que ele se realiza e os instrumentos de sua realização. Do reconhecimento desses elementos resulta o presente estudo do *aspecto* verbal. Em cada *enunciado* serão considerados:

a) os recursos linguísticos utilizados para a realização do *aspecto*;
b) o sentido aspectual produzido em relação à ancoragem na situação espaçotemporal;
c) a categoria de pessoa como centro de referência do discurso.

Da diferença entre presente simples e presente perifrástico gerundial

As formas verbais objetos de análise aparecem em destaque no enunciado.

Enunciado (10)

1. *Inf.* Marília também:: a Marília Pera: eu o Moacir
2. eu **assisto**... sempre... mas são pouquíssimos
3. os musicais que têm na televisão... no horário
4. que eu que eu **estou assistindo**... (DID-POA-121: 263)

Ao colocarmos em relação *assisto e estou assistindo* a primeira observação que podemos fazer é que, enquanto na forma perifrástica (*estou assistindo*) o fato verbal é referido num fragmento de tempo cuja estrutura interna permite uma visualização *em curso* do estado, na forma simples (*assisto*), há a negação dessa estrutura interna. Em *assisto,* há apenas a marcação de uma continuidade indeterminada (confirmada pelo circunstancial temporal *sempre*).

A ancoragem no aqui-agora da enunciação permite ver alguns pontos do sentido aspectual:

a) o presente simples de *assisto* é contemporâneo ao sujeito enunciador e ao presente da enunciação de (10), mas não coincide com eles. Em outras palavras, o sujeito diz que "assistir a musicais na televisão" é presente para ele, embora, evidentemente, isso não implique que esteja assistindo a tais programas no momento em que enuncia. Poderíamos chamá-lo de presente atemporal. Observe-se que é somente com referência a este contexto que podemos afirmar a habitualidade e a continuidade indefinida da forma simples *assisto*. O traço [+ durativo] atualiza-se na instância em que é proferido e neste contexto específico. O tempo é presente e o *aspecto* é de duratividade não marcada em relação ao tempo. A duratividade é atemporal (isso é corroborado por *sempre*);

b) o presente perifrástico, *estou assistindo,* para o caso de (1), coincide com o momento especificado por "... no horário que...". O fragmento de tempo que permite a visualização *em curso* do estado é presente e [+ durativo] na ancoragem dada pelo sujeito. Não fosse assim, a forma *estou assistindo*, descontextualizada, remeteria para um presente concomitante ao momento em que o sujeito a profere.

Levando em conta outros componentes linguísticos da instância de discurso considerada, podemos sistematizar o seguinte para as formas verbais:

- *Assisto*: o sujeito a considera presente em tempo/espaço indefinidos com *continuidade* indeterminada, em virtude da presença de *sempre*. A referência ao momento da fala é excluída, uma vez que a referência criada é atemporal, habituativa e contínua;

170 Enunciação e gramática

- *Estou assistindo*: é engendrado pelo sujeito como presente em curso no momento indicado por "... no horário que...". Exclui referência ao momento da fala, mas, ao contrário de *assisto*, depende necessariamente de uma marcação temporal objetiva ("no horário que") para excluir o momento da fala.

Isso permite pensar que a relação entre *assisto* e *estou assistindo* em (10) coloca o segundo – mais específico – como parte do primeiro – mais geral. A duratividade da forma perifrástica, já que é ancorada em uma referência específica ("...no horário que..."), é encarada como um recorte no processo temporal da forma simples. Esquematicamente, temos:

- (fato verbal global) – *assisto* sempre;
- (fato verbal que é parte do fato global) – no horário que eu que eu *estou assistindo...*

Nestes termos, uma primeira conclusão possível é que o caráter enunciativo do *aspecto* é definidor das formas de sua realização. Ambas as formas verbais, *assisto* e *estou assistindo*, fazem referência indeterminada e podem ocasionar um efeito de hábito, mas somente a forma perifrástica *estou assistindo* depende de uma ancoragem em "...no horário que..." para excluir o momento da fala, ao contrário de *assisto*, que também exclui o momento da fala, mas conjugando a duratividade do presente atemporal com o advérbio *sempre*.

Da ancoragem enunciativa do pretérito imperfeito

Observe-se, abaixo, a ancoragem enunciativa do imperfeito (fases) no perfeito (fato global) numa fala do *corpus* de análise:

Enunciado (11)
1. *Inf.* **Estudei** lá... para fazer... o vestibular... para a
2. Faculdade de Medicina... antigamente... o
3. Vestibular era diferente... **nós estudá/**
4. **Fazíamos**... doze cad/matérias... e
5. **Dividíamos** geralmente fazendo quatro
6. Matérias para o por ano... **fazíamos**... um
7. Período de três anos... até completar as doze... e
8. Depois.... **íamos** pro vestibular na faculdade (DID-POA: 6-7)

Como se pode ver, *estudei lá para fazer o vestibular* é passado em relação ao presente de *eu* e também marca o fato verbal global dentro do qual

Enunciação e aspecto verbal 171

os fatos verbais parciais (de fase) na forma do imperfeito irão se desenrolar. Assim é que o bloco de ações no imperfeito (*fazíamos, dividíamos, fazíamos, íamos*) é, primeiramente, contemporâneo à instância do perfeito (*estudei*) e todas as formas pretéritas são passadas em relação ao *eu*. De imperfeito para imperfeito também temos contemporaneidade de ações, a qual só é quebrada pelo advérbio temporal *depois*, sendo que *íamos* é posterior a *fazíamos*, mas ambos são contemporâneos do tempo de *estudei lá*.

Esquematicamente, temos o seguinte:

- (fato verbal global) – *Estudei lá...* para fazer ... o vestibular;
- (fatos verbais que são fases do fato global) – *estuda/fazíamos*
    dividíamos
    fazíamos

(e

depois)

íamos

O sentido aspectual do imperfeito, neste uso, é de marcação de duratividade e é visto em relação ao sentido aspectual do perfeito que é o de marcar um fato global, pontual. Vimos que, a partir da rede de referências que se coloca na enunciação de *eu* é que se interrelacionam formas para veicular sentidos. O *aspecto*, analisado como categoria de discurso, toma em conjunto uma diversidade de fatos que configura um processo em que cada fato verbal pode ser visto como uma fase da constituição interna de outro fato verbal mais amplo.

Como já dissemos em vários momentos, a referência em enunciação é única, pois relaciona o *eu* às formas que diretamente comanda. Se entendermos que a enunciação é um processo que comporta a referência, notaremos em (11):

- que a relação entre o bloco formado pelo uso do imperfeito e do perfeito é dêitica, tendo em vista as formas aspectuais individualizadas pela relação *eu-tu*;
- que todos os fatos verbais são dêiticos, no sentido enunciativo desse termo, pois passados em relação ao presente da fala de *eu*;
- que é em relação ao *eu* do discurso que se estabelece a simultaneidade e/ ou sequencialidade dos fatos verbais.

Em resumo, em (11), podemos considerar que o imperfeito marca as fases aspectuais do fato global marcado no perfeito.

172 Enunciação e gramática

Enunciado (12)
1. (...) nós **estudávamos** lá... as
2. aulas teóricas na faculdade e a parte de
3. laboratório também na PRÓpria faculdade... e::
4. a parte prática nós **íamos** fazer na Santa Casa
5. depois... do quarto ano nós então **íamos** ter aula
6. na Santa Casa... aí nós **começávamos** a ter (DID-POA-6: 333)

Podemos observar, em relação à organização discursiva de (12), que não somente o perfeito serve como fato verbal global de fases expressas pelo imperfeito (como em (11)), mas também que o imperfeito pode ocupar esse lugar em relação a outros fatos verbais parciais no imperfeito.

Esquematicamente, tem-se:
• (fato verbal global) – nós *estudávamos* lá ...
• (fatos verbais que são fases do fato global)   – *íamos*
                              íamos
                              começávamos

Das relações enunciativas entre o passado e o futuro

Benveniste (1989: 77) escreve: "Há uma diferença entre a temporalidade retrospectiva, que pode assumir várias distâncias no passado de nossa experiência, e a temporalidade prospectiva, que não entra no campo de nossa experiência [...]". Vejamos:

Enunciado (13)
1. *Doc.* (...) o senhor considera que a:: na escola era uma
2. escola bem aparelhada assim em matéria de
3. departamen::tos...?
4. *Inf.* (...) nós estudávamos lá... as
5. aulas teóricas na faculdade e a parte de
6. laboratório também na PRÓpria faculdade... e::
7. a parte PRÁtica nós íamos fazer na Santa Casa
8. depois... do quarto ano nós então íamos ter aula
9. na Santa Casa... aí nós começávamos a ter
10. contato com os doENtes... só aí... que até então...
11. nós só tínhamos... de huMAno na nossa
12. FRENte... os cadáveres... então nós íamos pro
13. necrotério e fazíamos nossos estudos... nos
14. cadáveres... e depois então nós íamos pra Santa
15. Casa... (...) (DID-POA-6: 333)

Enunciado (14)

1. *Doc.* quais o cursos que o senhor fez até chegar a
2. Universidade?
3. *Inf.* (...) estudei lá... para fazer... o vestibular... para a
4. Faculdade de Medicina... antigamente... o
5. vestibular era diferente... nós estuda/
6. fazíamos... doze cad/doze matérias... e
7. dividíamos geralmente fazendo quatro
8. matérias para o por ano... fazíamos... um
9. período de três anos... até completar as doze... e
10. depois... íamos pro vestibular na faculdade (DID-POA-6: 1)

Nos dois enunciados acima, vemos que o sujeito *eu* organiza o tempo de sua fala em aspecto global de resumo dado pela primeira oração de cada enunciado (linhas 4 do enunciado (13) e 3 do enunciado (14), ação verbal esta que situa os fatos verbais conseguintes, também passados, fatos estes que são parciais. Tanto a forma no imperfeito quanto a forma no perfeito do indicativo serviram como ponto de referência para as ações posteriores. No enunciado (13), observamos que o uso de advérbios temporais não apenas faz avançar temporalmente os fatos narrados por *eu* (*depois...* do quarto ano... linha 8), colocando o segundo fato verbal como mais próximo, mais presente de *eu*, mas também que os advérbios temporais como (*só aí... que até então,* linha 10*)* fazem com que a ação posterior retroceda, isto é, seja temporalmente anterior àquela que precede.

A primeira oração de cada enunciado mantém o tempo e a forma verbal em que foi feita a pergunta, para garantir que esta seja bem respondida, garantindo a conversão de sentido da fala e, consequentemente, da intersubjetividade. O verbo *estudar* (linhas 4 do enunciado (13) e 3 do enunciado (14), que possui *aspecto* atélico, isto é, sem fim, não acabado, foi usado como acabado dentro do qual se desenvolvem atividades. Isso ocorre nos dois casos: no primeiro, por sua posição no enunciado, que é de *aspecto* de fase global; no segundo, pelo tempo verbal – perfeito – e por sua posição. No enunciado (14), há apenas avanços temporais. No entanto, a sequência de orações das linhas 5 a 9 poderia ser chamada de sinônima o que permite afirmar que estes fatos de *aspecto* verbal parcial param o tempo, tempo este interno à primeira oração, pois espacializado.

É a simultaneidade temporal entre a primeira oração do enunciado (14) e as orações seguintes que nos permite falar em *aspecto* discursivo. A primeira oração marca *aspecto* global (pontual no sentido de ser resumo), enquanto as seguintes marcam aspectos parciais (durativo no sentido de ser detalhamento).

174 Enunciação e gramática

No entanto os advérbios também são capazes de organizar a ação a partir do centro de referência (presente) de *eu*. Vejamos:

Enunciado (15)
1. (...) fui representante da minha série
2. junto à Federação **antigamente**... tinha uma
3. Federação Acadêmica... esta Federação
4. Acadêmica... era composta... de: alunos de
5. Todas as faculdades... e era um represenTANte
6. De cada escola... formava então a diretoria da
7. Federação...(...) (DID-POA-6: 155)

Observamos o uso do advérbio *antigamente* (linha 2), que reorganiza a ação a partir do presente, fazendo a oposição hoje/antigamente. Assim é que no enunciado (15), apesar de o perfeito introduzir o fato verbal como concluído no passado, o advérbio reorganiza a divisão temporal porque estabelece um período de tempo entre *antigamente* e *hoje em dia* (tempo em que as ações citadas não mais ocorrem), dentro do qual situa os fatos acabados (*fui representante da minha série*) e os durativos passados *(tinha uma Federação Acadêmica)*. Qual a relação entre a forma do perfeito e as do imperfeito, neste caso? A oposição aspectual fato durativo concluso *vs.* fato durativo indeterminado (*fui vs. tinha*) não é produzida pelo advérbio, mas por uma cristalização do uso que torna pouco aceitável o seguinte: "teve uma Federação Acadêmica" (pretérito perfeito) com sentido de *existiu*. Essa cristalização é do uso, pois não ocorre com todos os verbos de estado visto que o enunciado "houve uma Federação Acadêmica", também com uso do pretérito perfeito, é possível.

Enunciado (16)
1. *Doc.* e quando a senhora era mais... mocinha assim o
2. que que a senhora fazia? Continuavam os
3. piqueniques ou havia outros passatempos?
4. *Inf.* Bom nós íamos muito também meu avô tinha
5. uma chácara lá em Caí
(...)
6. (...) e outra vez o
7. meu avô... era destes brasileiros muito
8. descanSAdos... foi buscar umas galinhas... e::
9. trouxe tudo dentro dum saco... (...)
10. (...) quando ele chegou em casa
11. e começou a tirar aquelas galinhas era só

Enunciação e aspecto verbal **175**

12. galinha morta que saía... cada galinha que saía
13. a minha:: avó gritava mais... velho
14. maLUco ((risos)) (...) (DID-POA-45: 488)

No enunciado (16), na sequência *e começou a tirar aquelas galinhas...* (linha 11), temos dois valores aspectuais imbricados,[9] ou seja, a união de dois valores aspectuais dentro de *uma* unidade de análise: o *aspecto* de fase inicial e o frequentativo. O *aspecto* de fase inicial é dado lexicalmente (*começou a tirar...*) e discursivamente por sua posição inicial no enunciado. O *aspecto* frequentativo dá-se pelo enunciado seguinte: *cada galinha que saía* (linha 13). Em *meu avô era... destes brasileiros muito descansados* (linha 7), observamos que há uma interação entre o *aspecto* lexical, o tempo e o *aspecto* discursivo para a configuração do sentido de um enunciado que não é propriamente uma ação. A interação do verbo de estado com o tempo passado e com *aspecto* de duração indeterminada marca a existência do *avô* em uma narrativa, mas esta existência não se circunscreve à experiência de *eu*.

Enunciado (17)
1. *Doc.* Seu time qual é?
2. *Inf.* Ah eu não tenho time... meu marido jogava
(...)
3. (...) no tempo de solTEIro ele jogava no::
4. no colégio e depois jogou um tempo no Força e
5. LUZ:: no Cruzeiro mas foi pouco tempo... mas (DID-POA-45: 300)

Na linha 3 do enunciado (17), *no tempo de solteiro ele jogava no colégio*, quando de seu momento de enunciação, não fica claro se *eu* situa a ação (*o jogo*) relativamente a um tempo pontual, que poderia ser especificado por *no tempo de solteiro* (linha 3), ou a uma situação durativa indeterminada dentro do período compreendido por *no tempo de solteiro*.

Logo a seguir, o *eu* toma *no tempo de solteiro* (linha 3) como referência, para considerar o fato verbal *jogava* (linha 3) em relação a *jogou* (linha 4) como aspectual do tipo eventual. Isso é reforçado pelo sintagma preposicional definido *no Força e Luz* (linhas 4-5) e pela relação de *foi pouco tempo* (linha 5) e *um tempo* (linha 4), ambos mediados por *depois* (linha 4), que, por sua vez, coloca as ações das linhas 3 e 4 em relação sequencial.

Tais relações enunciativas colocam em suspenso a biunivocidade entre sentido aspectual e forma. Ou seja, o imperfeito pode veicular sentido pontual em virtude do uso linguístico.

176 Enunciação e gramática

Enunciado (18)
1. *Doc.* Me diz, foi fácil encontrar colégio pras
2. crianças aqui? Pro menino, né?
3. *Inf.* Foi. Eu [tive que fazer] - como ele já
4. fe- fez o pré o ano passado, então ele já
5. tinha uma vaga mais ou menos garantida, né?
6. no Leopoldina. *E aí ele já está ali, já
7. fez matrícula, já vai começar daqui a pouco.
8. *Não foi difícil, não. *Meu outro agora vai
9. entrar no pré ali, o ano que vem ele [já] - já
10. entra no primeiro ano. (VARSUL-POA-8: 199)

A partir de (18) constatamos a possibilidade de análise discursiva do *aspecto* no tempo futuro.[10] Primeiramente, o que se percebe em (18) é que não há uma oração que marque um fato global do qual *internamente* se desdobrem outras ações. Há apenas marcação de *aspecto* pontual. Pode-se observar que não são propriamente os verbos que garantem a noção de futuro, mas um jogo entre estes e os advérbios. Assim: *agora* (linha 8) marca presente enquanto *vai entrar* (linhas 8-9) remete a ação para o futuro. *Ano que vem* (linha 9*)* continua marcando a ação futura enquanto *entra* (linha 10) marca presente. O uso de *entra* em vez de *vai entrar*, neste caso, atenua um possível sentido de dúvida, incerteza que o futuro poderia marcar.

No *corpus* estudado, há ainda um caso mais interessante. Veja-se o enunciado (19):

Enunciado (19)
1. *Doc.**Ah! *Uma coisa que eu queria falar, é que eu
2. acho que a sua voz é muito boa, né? da gente
3. ouvir. *Vocês **treinavam** a dicção [pra]- [pra
4. trabalhar na rádio ou é uma coisa natural?]
5. *Inf.* *[Eu nunca tive, eu <nunc->] não, eu nunca
6. tive, vamos dizer, uma- Nunca **participei** de
7. uma escola de rádio, teatro que existia em Porto
8. Alegre, (est) uns anos depois que eu comecei a
9. trabalhar em rádio. (...)
(...)
10. *Aí um dia o Seu Peri Borges chegou pra mim
11. e disse: "*Seu Luion-" (...)
12. "*Seu Luion-" *Ele, um
13. homem de- *Acho que tinha [cinco]- quarenta e

Enunciação e aspecto verbal **177**

14. tantos anos, e chamar um guri de dezesseis de
15. senhor. "*Amanhã o senhor **vai estrear.**" "*Sim,
16. senhor." "*Você **leva** o script pra casa, **lê**
17. bem, **ensaia** e amanhã **vem** pro ensaio às
18. onze e meia." *Que era a novela da meia
19. hora que eu ia estrear, aí chegou o dia e
20. tal, eu fui pra lá cedo, onze horas eu estava
21. na rádio, (inint), ensaiei, ensaiei, ensaiei,
22. me corrigiram, né? (VARSUL-POA-21: 832)

Trata-se de um uso em que há marcação de fases internas relativamente a um fato global de fase final no tempo futuro. Os fatos verbais: *leva, lê, ensaia, vem* (linhas 16 a 18) são internos, pois anteriores e logicamente determinando o fato global *amanhã o senhor vai estrear* (linha 15). A utilização do imperativo coloca a ação como futura. A sequência de fatos é parafraseada pelo locutor a seguir, em primeira pessoa do singular, e utilizando o pretérito perfeito do modo indicativo (modo da certeza), para confirmar a realização da ação ordenada, *eu fui* (linha 20), *ensaiei, ensaiei, ensaiei* (linha 21). Assim, o futuro é visto de forma iterativa e em várias fases situadas globalmente a partir de um fato passado.

O enunciado (19) é um exemplo de que a temporalidade prospectiva marca uma visão subjetiva sobre o tempo, uma vez que o futuro que, a princípio, não pertence à experiência do locutor, é tomado como ponto de referência posterior a um fato passado, e não a um fato presente. Com isso, conclui-se que a rede de referências da enunciação é variável, e *as formas de futuro, neste enunciado, apresentam uso singular.*

Considerações sobre o uso da categoria *aspecto*

A dependência do *aspecto* em relação à situação de enunciação mostra que, por exemplo, o pretérito imperfeito pode adquirir o sentido de *aspecto* de fase parcial (durativo) ou de *aspecto* de fase global de resumo (pontual), devido a sua posição no enunciado de *eu*. Vê-se também que o futuro pode apresentar *aspecto* pontual e mesmo durativo, pois no caso deste último a ação é confirmada (para mostrar sua realização) com enunciados de passado (ver enunciado (19)).

Tais conclusões, mesmo que parciais, sinalizam que o *aspecto* é uma categoria dêitica desde que analisado no uso linguístico e do ponto de vista

178 Enunciação e gramática

enunciativo. Isso não implica criar uma nova definição de *aspecto*. Na perspectiva enunciativa a categoria continua sendo tratada como tempo interno a um fato verbal localizado pela categoria de tempo. No entanto, do nosso ponto de vista, o *aspecto*, como categoria semântica, tem sua atualização feita conjuntamente pela relação dos fatos verbais entre si, isto é, de uma enunciação a outra, e pela relação das formas gramaticais do verbo com outros elementos do enunciado (os advérbios temporais e aspectuais, por exemplo).

Notas

[1] Saliente-se que não se encontra, na bibliografia específica, questionamentos quanto à disparidade conceitual entre Benveniste e os demais autores, exceção feita ao texto de Fuchs (1988), no qual a autora propõe uma abordagem dêitica do aspecto com base em uma noção de "relevância temática" como dimensão dêitica fundamental. Fuchs faz isso não sem antes dizer, em nota, que Benveniste é um dos poucos autores que reconhece a vinculação do aspecto à dêixis.

[2] Para um trabalho detalhado da realização perifrástica em português, ver também Barroso, (1994).

[3] A autora, baseada em Eugênio Coseriu, não trata o número verbal ligado à categoria de pessoa, mas à presença (ou não) da repetição do fato verbal o que proporciona a oposição entre *semelfactivo* (fato verbal que ocorre uma vez) e *repetido* (fato verbal expresso no iterativo ou frequentativo). Ex.: saltar *versus* saltitar.

[4] Não se pode concluir disto que há identidade entre o durativo e o imperfectivo, visto que a duração é apenas uma das formas aspectuais (aquela que indica continuidade), e o imperfectivo, por sua vez, também expressa fases internas e estado resultativo. A oposição aspectual fundamental em português é a que coloca em contraste a não referência à constituição temporal interna com a referência interna do fato, isto é, entre termo não marcado e termo marcado, ou ainda, entre perfectivo e imperfectivo.

[5] Como se pode concluir, as gramáticas de língua portuguesa e os estudos linguísticos, em geral, não consideram o aspecto depende da situação discursiva. O verbo traria esse significado de forma imanente porque depende do lexema do verbo, do sufixo, da flexão e da perífrase. Em outras palavras, o verbo veicula necessariamente o sentido a ele atrelado linguisticamente: se alguém diz, por exemplo, "Eu cantava muito ontem com meus amigos", necessariamente faz ocorrer aspecto durativo e não acabado, frequentativo.

[6] O projeto NURC (Norma Urbana Culta) é uma coletânea de inquéritos da língua falada documentados na década de 70. O volume utilizado refere-se à língua culta da cidade de Porto Alegre e contém 8 inquéritos.

[7] O projeto VARSUL (Variação Linguística da Região Sul) faz o trabalho de coleta dos dados de língua falada, transcrição e pesquisa na área de Variação Linguística, dos três estados da Região Sul. Os inquéritos utilizados pertencem ao VARSUL de Porto Alegre e se referem a entrevistas da década de 1990.

[8] Optamos por manter as marcas de transcrição originais dos *corpora*, mesmo que tais marcas não sejam de especial relevância para os propósitos da análise que fazemos.

[9] A imbricação de sentidos aspectuais, no âmbito da frase, também é abordada por Travaglia (1981).

[10] Travaglia (1981: 152) considera que o futuro, por ter natureza virtual, é não aspectual. Ele expressaria apenas a categoria de modalidade (desejo, dúvida). Observemos dois de seus exemplos: a) *Plantaremos muitas árvores no quintal.* b) *Eu serraria as tábuas para você se tivesse um serrote.* Costa (1990:54-74), por sua vez, propõe o que chama de *conjugação aspectual.* Nela, a autora inclui o futuro como tempo em que o aspecto se atualiza nas perífrases verbais como em: *Estarei lendo/ Estarás lendo.* Segue-se a isso a série de auxiliares como *ficarei, andarei, continuarei, permanecerei, começarei,* formando o que a autora chamou de "perífrases imperfectivas possíveis". Esse é o caso em que Travaglia (1981) admite a expressão do aspecto no tempo futuro. Exemplo: *Às quatorze horas, estarei conversando com os professores* (imperfectivo, não acabado, cursivo, durativo).

Enunciação e o ensino
de língua portuguesa

Chegamos ao fim do nosso livro e queremos brevemente considerar algumas questões que dizem respeito ao ensino da língua. Como professores que somos, interessa-nos o entrave que acompanha a vida acadêmica do professor e do aluno quando se trata de língua materna. Há um abismo entre o desejo de ensinar do professor e a vontade de aprender do aluno.

Entretanto muito se tem debatido entre o emaranhado de propostas, noções, conceitos, teorias, pontos de vista etc., visando ao aprimoramento das condições de ensino/aprendizagem. Como fazer do estudioso da língua um intérprete atento, um leitor analista, um pesquisador profícuo, um escritor proficiente?

Discutimos eternamente o que é saber português, qual língua deve ser ensinada, a pertinência do estudo da gramática, a importância da análise do texto, o necessário conhecimento dos gêneros textuais e discursivos, a coesão e a coerência etc. E enquanto estes debates acontecem, continuamos priorizando a diferença entre um dígrafo e um grupo consonantal, entre um hiato e um ditongo, entre uma oração coordenada sindética explicativa e uma oração subordinada adverbial causal, na certeza de que estas diferenças farão toda a diferença para o aprendiz.

É desconcertante que se tenha tanto desconforto em ensinar uma língua. Gostaríamos que este quadro mudasse. O estudo que apresentamos ao longo dos capítulos do livro pretende desenhar um novo olhar, o olhar enunciativo, para as questões linguísticas.

Benveniste acredita que a

> linguística é a tentativa de compreender este objeto evanescente: a linguagem, para estudá-la como se estudam os objetos concretos. Trata-se de transformar as palavras que voam – o que Homero chamava as "palavras aladas" – em uma

180 Enunciação e gramática

> matéria concreta, que se estuda, que se disseca, onde se delimitam unidades, onde se isolam níveis. É pelo menos uma tendência desta disciplina, procura se constituir como, ciência; quer dizer, procura primeiro constituir seu objeto, definir a maneira pela qual ela o examina e procura em seguida forjar os métodos próprios para delimitar, para analisar esta matéria (1989: 29).

As palavras de Benveniste dizem bem do nosso caminho neste livro: constituímos nosso objeto, forjamos o método, empreendemos as análises.

Como é grande a nossa preocupação com as questões gramaticais, nosso objeto de pesquisa e de análise partiu da morfologia e da sintaxe da Gramática Normativa, submetendo-as, entretanto, ao viés enunciativo. Todavia, como já foi enfatizado anteriormente, qualquer fenômeno linguístico "pode receber o olhar da linguística da enunciação, basta que para isso seja contemplado com referência às representações do sujeito que enuncia, à língua e a uma dada situação" (Flores, 2001: 58).

Vejamos exemplarmente o que Benveniste nos ensina sobre as categorias gramaticais de tempo e pessoa, quando contempladas pela enunciação:

> As formas que revestem estas categorias são registradas e inventoriadas nas descrições, mas suas funções não aparecem claramente senão quando se as estuda no exercício da linguagem e na produção do discurso. [...] e nas quais vemos a experiência subjetiva dos sujeitos que se colocam e se situam na e pela linguagem. [...] duas categorias fundamentais do discurso, aliás necessariamente ligadas, a de pessoa e a de tempo (1989: 68).

Nos capítulos anteriores acompanhamos a distinção que a Teoria faz entre pessoas e não pessoa. Ficou claro, portanto, que a categoria gramatical pessoa corresponde à parte subjetiva da língua.

O que queremos deixar absolutamente esclarecido é que a não pessoa é tão passível de ser analisada como os fenômenos responsáveis pela subjetividade na linguagem, e esta é a razão da escolha de nossos objetos: eles são a não pessoa.

As análises de não pessoa que realizamos, isto é, pronomes indefinidos, preposições, aspecto verbal, são exemplos do que é possível empreender quando o ponto de vista é enunciativo. Comprovamos que toda a língua, pessoa e não pessoa, está na dependência da enunciação e como tal deve ser estudada.

O que a Linguística da Enunciação propõe é um olhar diferente sobre a materialidade da língua, vendo-a como produtora de sentido e referência em relação a sujeitos, espaço e tempo.

Procedemos, neste livro, como foi visto, à análise de fatos linguísticos, no intuito de exibir a diferença que se estabelece em relação ao sentido e à referência de palavras e frases que canonicamente se enquadrariam na morfologia e na sintaxe, mas semantizadas pelo viés enunciativo adquirem novo estatuto na linguagem.

Ao apresentar a descrição de fatos linguísticos cujo sentido emana da língua em funcionamento, mostramos que não podemos determinar um sentido *a priori,* porque a situação enunciativa é singular e corresponde a um sempre novo aqui-agora do sujeito. Os pronomes indefinidos, por exemplo, nem sempre têm o sentido de indefinição e a preposição *até* marca, entre outros sentidos, tempo físico e argumentativo ou tempo físico e avaliativo.

A *gramática da língua-discurso* considera sentido e referência; o sentido de uma palavra é seu emprego, e a referência é o objeto particular a que a palavra corresponde no caso concreto da circunstância ou do uso; o sentido de uma frase é a ideia que ela expressa, e a referência é o estado de coisas que a provoca, a situação de discurso ou de fato a que ela se reporta e que *nós não podemos jamais prever ou fixar* (Benveniste, 1989: 231).

Podemos perceber, pela noção de referência, que, na Teoria da Enunciação, de Benveniste, o sentido não pode ser fixado nem previsto. É o ato de enunciação que confere sentido aos enunciados em uma dada situação de enunciação.

As análises são ilustrativas deste processo. Mostramos que só é possível estudar enunciativamente questões linguísticas colocando o sujeito em um quadro intersubjetivo da linguagem, no qual ele se constitui pela correferência dialética com o outro.

Uma gramática da língua-discurso trata dos aspectos envolvidos no uso da língua em uma dada situação. É a intersubjetividade que viabiliza o uso da língua, o sujeito é o centro de referência e é a partir dele que se instauram as coordenadas espaciais e temporais do discurso. Dizendo de outro modo, o exame ou a análise de enunciados, produto da enunciação, considera a atribuição de referência a uma determinada situação enunciativa que pressupõe pessoa, tempo e espaço.

E é exatamente o que propomos quando falamos em ensino enunciativo da língua portuguesa.

Bibliografia

ALMEIDA, N. M. *Gramática metódica da língua portuguesa*. 44. ed. São Paulo: Saraiva, 1999.

ARRIVÉ, M. *Linguagem e psicanálise, linguística e inconsciente*. Rio de Janeiro: Zahar, 1999.

ARNAULD, LANCELOT. *Gramática de Port-Royal*. São Paulo: Martins Fontes, 1992.

AUTHIER-REVUZ, J. *Ces mots qui ne vont pas de soi*: boucles réflexives et non-coïncidences du dire. Paris: Larousse, 1995.

_____. *Palavras incertas*: as não coincidências do dizer. Campinas: Unicamp, 1998a.

_____. Psychanalyse et champ linguistique de l'énonciation: parcours dans la méta-énonciation. In: ARRIVÉ, M.; NORMAND, C. *Linguistique et psychanalyse*. Colloque International de Cerisy-La Salle, 1998b.

_____. O lugar do outro em um discurso de falsificação da história: a respeito de um texto que nega o genocídio dos judeus no III Reich. In: ___. *Entre a transparência e a opacidade*: um estudo enunciativo do sentido. Porto Alegre: EDIPUCRS, 2004, p. 239-57.

BARBISAN, L. B. Por uma abordagem argumentativa da linguagem. In: GIERING, M. E.; TEIXEIRA, M. (orgs.). *Investigando a linguagem em uso*: estudos em Linguística Aplicada. São Leopoldo: Unisinos, 2004a, p. 57-77.

BARBISAN, L. Língua e fala: conceitos produtivos de teorias enunciativas. *Letras de Hoje*, Porto Alegre, v. 39, n. 4, dez. 2004b, p. 67-78.

BARROSO, H. *O aspecto verbal perifrástico em português contemporâneo*: visão funcional/sincrônica. Porto: Porto Editora, 1994.

BARTHES, R. Por que gosto de Benveniste. *O rumor da língua*. Lisboa: Edições 70, 1984.

BECHARA, E. *Moderna gramática portuguesa*. Rio de Janeiro: Nacional, 1961.

_____. *Moderna gramática portuguesa*. Rio de Janeiro: Lucerna, 1999.

BENVENISTE, E. *Problemas de linguística geral I*. Campinas: Pontes, 1988.

_____. Estruturalismo e linguística. *Problemas de linguística geral II*. Campinas: Pontes, 1989.

BRÉAL, M. *Ensaio de semântica*: a ciência das significações. São Paulo: Pontes/Educ-Puc-SP, 1992.

BRESSAN, N. T. W. *A tríade enunciativa*: um estudo sobre a não pessoa na teoria de Émile Benveniste. Porto Alegre, 2003. Dissertação (Mestrado em Teorias do Texto e do Discurso) – Instituto de Letras, Universidade Federal do Rio Grande do Sul.

BUENO, F. S. *Gramática normativa de língua portuguesa*. São Paulo: Saraiva, 1956.

BORBA, F. S. *Dicionário gramatical de verbos do português contemporâneo do Brasil*. São Paulo: Unesp, 1991.

BORBA, F. S. *Dicionário de usos do português do Brasil*. São Paulo: Ática, 2002.

BOUQUET, S. *Introduction a la lecture de Saussure*. Paris: Payot, 1997.

CÂMARA, J. M. *Estrutura da língua portuguesa*. Petrópolis: Vozes, 1982.

_____. *Dicionário de linguística e de gramática*. Petrópolis: Vozes, 1986.

_____. *Problemas de linguística descritiva*. Petrópolis: Vozes, 1991.

CAMPOS, O. G. L. et al. A flexão modo-temporal no Português Culto do Brasil: formas de pretérito perfeito e imperfeito do indicativo. *Gramática do português falado*. v. 4: Estudos descritivos. Campinas: Unicamp/Fapesp, 1996.

CASTILHO, A. T. Introdução ao estudo do aspecto verbal na língua portuguesa. *ALFA*, v. 12, 1967, p. 7-135.

CEGALLA, D. P. *Novíssima gramática da língua portuguesa*. São Paulo: Nacional, 1970.

COELHO, Eduardo Prado. "Introdução a um pensamento cruel: estruturas, estruturalidade, estruturalismos". In: _____. (org.) *Estruturalismo*: antologia de textos teóricos. São Paulo: Martins Fontes, 1967.

184 Enunciação e gramática

CORÔA, M. L. M. S. *O tempo nos verbos do português*: uma introdução à sua interpretação semântica. Brasília: Thesaurus, 1985.

COSTA, S. B. B. *O aspecto em português*. São Paulo: Contexto, 1990.

CREMONESE, L. E. *Bases epistemológicas para a elaboração de um dicionário de Linguística da Enunciação.* Porto Alegre, 2007. Dissertação (Mestrado em Teorias do Texto e do Discurso) – Instituto de Letras, Universidade Federal do Rio Grande do Sul.

CUNHA, C. F. *Gramática da língua portuguesa.* Rio de Janeiro: MEC-Fename, 1975.

CUNHA, C.; CINTRA, L. *Nova gramática do português contemporâneo.* Rio de Janeiro: Nova Fronteira, 1985.

CUNHA, Celso Pedro. *Gramática da língua portuguesa.* Rio de Janeiro: MEC-Fename, 1970.

CULIOLI, Antoine. *Pour une linguistique de l'énonciation.* Paris: Ophrys, 1990, t. 1.

_____. *Pour une linguistique de l'énonciation.* Paris: Ophrys, 1999a, t. 2.

_____. *Pour une linguistique de l'énonciation.* Paris: Ophrys, 1999b, t. 3.

DAHLET, P. Dialogização enunciativa e paisagens do sujeito. In: BRAIT, B. (org.) *Bakhtin, dialogismo e construção do sentido.* Campinas: Unicamp, 1997, p. 59-87.

DANON-BOILEAU. *Énonciation et reference.* Paris: Ophrys, 1987.

DEDET, A. La référence à Saussure chez G. Guilhaume. In: ARRIVÉ, M; NORMAND, C. (org.). *Saussure aujourd'hui.* Colloque de Cerisy, Paris, Numéro Spécial de *LINX*, 1995, p. 461-8.

DOSSE, F. *História do estruturalismo.* v. 1. São Paulo: Ensaio; Campinas: Unicamp, 1993.

_____. *História do estruturalismo.* v. 2. São Paulo: Ensaio; Campinas: Unicamp, 1994.

DUBOIS, J. Énoncé et énonciation. *Langages.* Paris: Didier/Larousse, n. 13, 1969.

DUCROT, O. Structuralisme, énonciation, communication (à propos de Benveniste et Pietro). *Logique, structure, énonciation.* Lectures sur le langage. Paris: Les Editions de Minuit, 1989.

_____. Enunciação. *Enciclopédia Einaudi:* linguagem-enunciação. Lisboa: Imprensa Nacional-Casa da Moeda, 1984.

_____. *O dizer e o dito.* Campinas/São Paulo: Pontes, 1987.

DURRER, S. *Introduction à la linguistique de Charles Bally.* Paris: Delachaux et Niestlé, 1998.

ENCYCLOPÉDIE PHILOSOPHIQUE UNIVERSELLE. Les notions philosophiques, dictionnaire, 2t., Paris: PUF, 1990.

FÁVERO, L. L. *As concepções linguísticas do século XVIII:* a gramática portuguesa. Campinas: Unicamp, 1996.

FIORIN, J. L. *As astúcias da enunciação:* as categorias de pessoa, espaço e tempo. São Paulo: Ática, 1996.

FLORES, V. Para um estudo da categoria aspecto nos verbos do português do Brasil. *Letras de Hoje.* Porto Alegre, n. 116, jun. 1999a, p. 91-125.

_____. *Linguística e psicanálise:* princípios de uma semântica da enunciação. Porto Alegre: EDIPUCRS, 1999.

_____. Princípios para a definição do objeto da linguística da enunciação: uma introdução (primeira parte). *Letras de Hoje,* Porto Alegre, v. 36, n. 4, dez. 2001, p. 7-67.

_____. Por que gosto de Benveniste? Um ensaio sobre a singularidade do homem na língua. *Letras de Hoje.* Porto Alegre, v. 39, n. 4, dez. 2004, p. 217-30.

_____. *Sujeito da enunciação e/ou sujeito do enunciado? Exterioridade e interioridade teórica no campo da linguística da enunciação.* Conferência 7º CELSUL. Pelotas: UCPEL, 2006a (no prelo).

_____. Entre o dizer e o mostrar: a transcrição como modalidade de enunciação. *Organon.* Porto Alegre, 20, n. 40-41, dez. 2006b, p. 179-214.

FLORES, V. N; KUHN, T. Z. *Sobre a forma e o sentido na linguagem:* enunciação e aspectos metodológicos de estudo da fala sintomática. 7º Encontro Nacional de Aquisição de Linguagem – ENAL. Porto Alegre, 2006.

FLORES, V.; SILVA, S. Aspecto verbal: uma perspectiva enunciativa do uso da categoria no português do Brasil. *Letras de Hoje.* Porto Alegre, v. 35, n. 3, set. 2000, p. 35-67.

_____. Aspecto discursivo: um estudo da sua realização nos tempos pretéritos e futuro no português falado. *Uniletras.* Ponta Grossa, n. 24, dez. 2002, p. 107-20.

_____. Enunciação e léxico: sobre os processos de delocutividade verbal no português. *ANALECTA,* Guarapuava, v. 7, n. 2, jul/dez. 2006, p. 119-32.

FLORES, V.; TEIXEIRA, M. *Introdução à linguística da enunciação.* São Paulo: Contexto, 2005.

FRANCKEL; PAILLARD. Aspects de la théorie d'Antoine Culioli. *Langages.* Paris, n. 129, 1998, p. 52-63.

FUCHS, C. As problemáticas enunciativas: esboço de uma apresentação histórica e crítica. *Alfa.* São Paulo, 1985, p. 111-29.

FUCHS, C. O aspecto verbal e dêixis. *Cadernos de Estudos Linguísticos.* Campinas, n. 15, 1988.

Fuchs, C. O sujeito na teoria enunciativa de A. Culioli: algumas referências. *Cadernos de estudos linguísticos,* 7, 1984, p.77-85.

Bibliografia **185**

FUCHS, C.; LE-GOFFIC, P. *Linguistiques contemporaines*. Paris: Hachette, 1975.
GADET, F. Jakobson sous le pavillon saussurien. Em ARRIVÉ, Michel; NORMAND, Claudine (org.). *Saussure aujourd'hui*. Colloque de Cerisy. Paris, n. spécial *LINX*, 1995, p. 449-60.
GODÓI, E. *Classes aspectuais revisitadas*. Anais do 1º Encontro do Celsul. Florianópolis, 1997.
GUIMARÃES, E. *Os limites do sentido*: um estudo histórico e enunciativo da linguagem. Campinas: Pontes, 1995.
HAGÈGE, Claude. *L'Homme de Parole*. Paris: Folio-Fayard, 1985 (Col. Le temps des sciences).
HILGERT, J. G. (org.). *A linguagem falada culta na cidade de Porto Alegre*: materiais para o seu estudo. Passo Fundo: EDIUPF; Porto Alegre: Ed. UFRGS, 1997.
HOUAISS, A.; VILLAR, M. *Dicionário Houaiss de Língua Portuguesa*. Rio de Janeiro: Objetiva, 2001.
ILARI, R. Sobre os advérbios aspectuais. In: ILARI, R. (org.). *Gramática do português falado*. v. 2. Campinas: Unicamp, 1996.
JAKOBSON, R. Linguística e poética. In: ____. *Linguística e comunicação*. São Paulo: Cultrix, 1974.
____. Les embrayeurs, les catégories verbales et le verbe russe. In: ____. *Essais de linguistique générale*. Paris: Les Éditions de Minuit, 1963.
KERBRAT-ORECCHIONI, C. *L'Enonciation*: de la subjectivité dans le langage. Paris: Armand Colin, 1980.
LAHUD, M. *A propósito da noção de dêixis*. São Paulo: Ática, 1979.
LICHTENBERG, S. *Usos de indefinidos do Português*: Uma abordagem enunciativa. Porto Alegre, 2001a. Dissertação (Mestrado em Teorias do Texto e do Discurso) – Instituto de Letras, Universidade Federal do Rio Grande do Sul.
____.Usos de *todo*: uma abordagem enunciativa. *Letras de Hoje*. Porto Alegre, v. 36, n. 4, dez. 2001b, p. 147-81.
____.Usos de *algo*: uma aplicação da teoria de Benveniste. *Organon*. Porto Alegre, v.16, n. 32 e 33, 2002, p. 149-60.
____. Para o estudo da sintaxe de enunciação. *Letras de Hoje*. Porto Alegre, v. 39, n. 4, dez. 2004, p. 185-96.
____. *Sintaxe da enunciação*: noção mediadora para reconhecimento de uma linguística da enunciação. Porto Alegre, 2006. Tese (Doutorado em Teorias do Texto e do Discurso) – Instituto de Letras, Universidade Federal do Rio Grande do Sul.
LIMA, C. H.da R. *Gramática normativa da língua portuguesa*. Rio de Janeiro: José Olympio, 1979.
LYONS, J. *Introdução à linguística teórica*. São Paulo: Ática, 1991.
LUFT, C. P. *Moderna gramática brasileira*. Porto Alegre: Globo, 1979 (1976).
____. C. P. *Gramática resumida*. Porto Alegre: Globo, 1976.
____. Introdução. In: ____. *Dicionário prático de regência verbal*. São Paulo: Ática, 1987.
MACAMBIRA, J. R. *A estrutura morfossintática do português*: aplicação do estruturalismo linguístico. São Paulo: Pioneira, 1997.
MALDIDIER, D.; NORMAND, C.; ROBIN, R. Discurso e ideologia: bases para uma pesquisa. In: ORLANDI, E. (org.). *Gestos de leitura*: da história no discurso. Campinas: Unicamp, 1994.
MARTINS, E. *Enunciação e diálogo*. Campinas: Unicamp, 1990.
MATEUS, M. H. et al. *Gramática da língua portuguesa*. Lisboa: Almedina, 1989.
MILNER, J-C. *El périplo estructural*: figuras y paradigma. Buenos Aires: Amorrortu, 2003.
____. *A vertente grega da gramática tradicional*. São Paulo: Hucitec, 1987.
NEVES, M. H. M. *Gramática de usos do português*. São Paulo: Unesp, 2000.
____. *Texto e gramática*. São Paulo: Contexto, 2006.
NORMAND, C. Linguistique et philosophie: un instantané dans l'histoire de leurs relations. *Langages*. Paris, n. 77, 1985a.
____. Le sujet dans la langue. *Langages*. Paris, n. 77, 1985b.
____. Benveniste: une linguistique saussurienne de la signification. *LINX*. Paris, 1992, n. 26, p. 49-75. CRL Université de Nanterre.
____. Os termos da eunciação em Benveniste. In: OLIVEIRA, S. et al. *O falar da linguagem*. São Paulo: Editora Lovise, 1996.
____. Émile Benveniste: quelle sémantique? Du dire et du discours. *LINX*. Paris, 1997, p. 221-8.
____. Linguistique et/ou psychanalyse: de leurs relation si elle existe. In: NORMAND, C; ARRIVÈ, M. (orgs.) *Linguistique et psychanalyse*. Colloque international de Cerisy-La Salle. Paris: Press Éditions, 2001.
ONO, Aya. *La notion d'enonciation chez Émile Benveniste*. Limoges: Lambert-Lucas, 2007.
OTTONI, P. John Langshaw Austin e a visão performativa da linguagem. *D.E.L.TA.*, 18:1, 2002, p. 117-43.
PERINI, M. *Gramática descritiva do Português*. São Paulo: Ática, 1996.
PONTES, E. *Sujeito*: da sintaxe ao discurso. São Paulo: Ática/INL/Fundação Nacional Pró-Memória, 1986.

186 Enunciação e gramática

Possenti. Sírio. O que significa "o sentido depende da enunciação". In: Brait, B. (org.). *Estudos enunciativos no Brasil*: histórias e perspectivas. Campinas: Pontes; São Paulo: Fapesp, 2001.

Risso, M. S. O articulador discursivo "então". In: (org.) *Gramática do português falado*. v. 4: Estudos descritivos. Campinas: Unicamp/Fapesp, 1996.

Rocha Lima, C. H. *Gramática normativa da língua portuguesa*. Rio de Janeiro: José Olympio, 1998.

Rosário, H. M. *A noção de referência em Benveniste*. Porto Alegre: UFRGS, 1999 (mimeografado).

Rudy, Stephen. *Roman Jakobson, 1896-1982*: a complete bibliography of his writings. Berlin/New York: Walter de Gruyter, 1990.

Said Ali, M. *Gramática secundária da língua portuguesa/Gramática histórica da língua portuguesa*. Brasília: UnB, 1964.

Silva, S. *Enunciação e sintaxe*: uma abordagem das preposições do português. Porto Alegre, 2005. Dissertação (Mestrado Teorias do Texto e do Discurso) – Instituto de Letras, Universidade Federal do Rio Grande do Sul.

Saussure, F. de. *Curso de linguística geral*. São Paulo: Cultrix, 1975.

Starobinski, J. *As palavras sob as palavras*: os anagramas de Ferdinand de Saussure. São Paulo: Perspectiva, 1974.

Teixeira. M. *Análise de discurso e psicanálise*: elementos para uma abordagem do sentido no discurso. Porto Alegre: EDIPUCRS, 2000.

Travaglia, L. C. O. *O aspecto verbal no português*: a categoria e sua expressão. Uberlândia: UFU, 1981.

_____. O discursivo no uso do pretérito imperfeito do indicativo no português. *Cadernos de Estudos Linguísticos*. Campinas, n. 12, 1987.

Weigert, T. O lugar epistemológico da não pessoa no quadro teórico da enunciação. *Letras de Hoje*. Porto Alegre, v. 39, n. 4, dez. 2004, p. 197-207.

Corpus de análise

Alencastro, Luiz Felipe de. As teles, a mídia e a democracia. *Veja*. São Paulo, n. 1553, jul. 1998, p. 22.

_____. Um dia de cão. *Veja*. São Paulo, n. 1640, mar. 2000, p. 21.

Bach, Alexandre. Lula assume compromisso com liberdade de imprensa. *Zero Hora*. Porto Alegre, 15 set. 2004. Disponível em: www.clickrbs.com.br/jornais/zerohora. Acesso em: 30/09/2004.

Bertoncello, Cleber. Manifestantes protestam em fábrica de Passo Fundo. *Zero Hora*. Porto Alegre, 12 maio 2005. Disponível em: www.clickrbs.com.br/jornais/zerohora. Acesso em: 30/06/2004.

Carvalho, Olavo de. O povo merece. *Zero Hora*. Porto Alegre, 16 maio 2004. Disponível em: www.clickrbs.com.br/jornais/zerohora. Acesso em: 30/06/2004.

Carvalho, Olavo de. Dicas de estudo. *Zero Hora*. Porto Alegre, 5 set. 2004. Disponível em: www.clickrbs.com.br/jornais/zerohora. Acesso em: 30/09/2004.

Castro, Cláudio de Moura. O custo da incivilidade. *Veja*. São Paulo, n. 1618, out. 1999, p. 20.

Cheuiche, Alcy. Os cegos podem ler. *Correio do Povo*. Porto Alegre, 19 maio 2000, p. 4.

Elmi, Alexandre. Governo Federal: 500 dias em busca de um rumo. *Zero Hora*. Porto Alegre, 14 maio 2004. Disponível em: www.clickrbs.com.br/jornais/zerohora. Acesso em: 30/06/2004.

Etchichury, Carlos. Questão Agrária: o "apaziguador" do MST. *Zero Hora*. Porto Alegre, 14 maio 2004. Disponível em: www.clickrbs.com.br/jornais/zerohora. Acesso em: 30/06/2004.

Falcão, Paulo Roberto. Homenagem. *Zero Hora*. Porto Alegre, 18 abr. 2000, p. 67.

Gonzatto, Marcelo. Cada juiz gaúcho cuida em média de 3,5 mil causas. *Zero Hora*. Porto Alegre, 21 jun. 2004. Disponível em: www.clickrbs.com.br/jornais/zerohora. Acesso em: 30/06/2004.

Irion, Adriana. Jovens fogem de abrigo à noite para se drogar. *Zero Hora*. Porto Alegre, 6 maio 2004. Disponível em: www.clickrbs.com.br/jornais/zerohora. Acesso em: 30/06/2004.

Kanitz, Stephen. A canoa furada dos impostos. *Veja*. São Paulo, n. 1604, jun. 1999, p. 21.

_____. O fim do contrato social. *Veja*. São Paulo, n. 1623, nov. 1999, p. 23.

_____. Pé direito, pessoal. *Veja*. São Paulo, n. 1628, dez. 1999, p. 20.

Lerina, Roger. Revolucionário sem pátria. *Zero Hora*. Porto Alegre, 28 abr. 2004. Disponível em: www.clickrbs.com.br/jornais/zerohora. Acesso em: 30/06/2004.

Mariani, Júlio. O dólar e o euro. *Zero Hora*. Porto Alegre, 12 maio 2000, p. 27.

Martins, Montserrat. Alertas da natureza. *Zero Hora*. Porto Alegre, 5 jun. 2004. Disponível em: www.clickrbs.com.br/jornais/zerohora. Acesso em: 30/06/2004.

Medeiros, Martha. Vestibular para adultos. *Zero Hora*. Porto Alegre, Caderno Donna, 28 nov. 1999, p. 4.

Bibliografia 187

MELLO, Hélio Campos. Os procuradores. *IstoÉ*. São Paulo, n. 1586, fev. 2000, p. 19.

MUNDELL, Walter. Com as barbas de molho. *América Economia*. São Paulo, ago. 2000, p. 9.

Novo voo de Harry Potter. *Zero Hora*. Porto Alegre, 26 maio 2004. Disponível em: www.clickrbs.com.br/jornais/zerohora. Acesso em: 30/06/2004.

OLIVEIRA, Rosane. Pratos trincados. *Zero Hora*. Porto Alegre, 11 maio 2004. Disponível em: www.clickrbs.com.br/jornais/zerohora. Acesso em: 30/06/2004.

PINTO, Maria Hilda Marsiaj. O Brasil quer impunidade? *Zero Hora*. Porto Alegre, 19 abr. 2000, p 25.

PORTILHO, Edson. Nada a comemorar. *Correio do Povo*. Porto Alegre, 21 maio 2000, p. 4.

PUGGINA, Percival. Golpe de mestre. *Correio do Povo*. Porto Alegre, 16 mar. 2000, p. 14.

_____. Outros 500. *Correio do Povo*. Porto Alegre, 28 abr. 2000, p. 4.

ROHTER, Larry. A paixão pelas novelas brasileiras. *Seleções*. Rio de Janeiro, n. 710, mar. 2001, p. 102.

ROHTER, Larry. Bebedeira de Lula vira preocupação nacional. *Zero Hora*. Porto Alegre, 11 maio 2004. Disponível em: www.clickrbs.com.br/jornais/zerohora. Acesso em: 30/06/2004.

SANT'ANA, Paulo. Dida, o morcego. *Zero Hora*. Porto Alegre, 29 nov. 1999, p. 55.

_____. Isto é a vida. *Zero Hora*. Porto Alegre, 18 abr. 2000, p. 75.

_____. Momentos. *Zero Hora*. Porto Alegre, 15 maio 2000, p. 63.

_____. O funil do vestibular. *Zero Hora*. Porto Alegre, 15 nov. 1999, p. 47.

_____. O parceiro rico. *Zero Hora*. Porto Alegre, 16 dez. 1999, p. 111.

_____. Um cálculo simples. *Zero Hora*. Porto Alegre, 18 nov. 1999, p. 95.

SCHILLING, Voltaire. O novo mundo do padre Vieira. *Zero Hora*. Porto Alegre, 9 maio 2000, p. 17.

SMITH, Marisa M. Ser Daiane sem deixar de ser Dos Santos. *Zero Hora*. Porto Alegre, 26 ago. 2004. Disponível em: www.clickrbs.com.br/jornais/zerohora. Acesso em: 30/09/2004.

SEHBE, Kalil. Crédito educativo ágil. *Correio do Povo*. Porto Alegre, 29 mar. 2000, p. 4.

SOMPRÉ, José Urubatan. Um grito preso há 500 anos. *Zero Hora*. Porto Alegre, 20 abr. 2000, p. 25.

STERNICK, Paulo. Excesso de intimidade do casal atrapalha a vida sexual. *Caras*. São Paulo, n. 361, out 2000, p. 80.

TOLEDO, Roberto Pompeu de. Figueiredo e o cabaré de Aldir Blanc. *Veja*. São Paulo, n. 1631, jan. 2000, p. 150.

TORMA, Caroline. Seringueiros do Sul. *Zero Hora*. Porto Alegre, 11 jul. 2004. Disponível em: www.clickrbs.com.br/jornais/zerohora. Acesso em: 30/09/2004.

Os autores

Valdir do Nascimento Flores é doutor em Linguística pela Pontifícia Universidade Católica do Rio Grande do Sul e tem pós-doutorado em Ciências da Linguagem pela Universidade de Paris XII (Paris-Val-de-Marne). É professor associado de Língua Portuguesa do curso de Graduação em Letras da Universidade Federal do Rio Grande do Sul e professor e orientador do Programa de Pós-Graduação em Letras da mesma universidade. É pesquisador produtividade em pesquisa do CNPq. Escreveu, em coautoria com Marlene Teixeira, o livro *Introdução à linguística da enunciação*, publicado pela Editora Contexto.

Sônia Lichtenberg é doutora em Letras pela Universidade Federal do Rio Grande do Sul, na qual obteve os títulos de licenciada em Letras – português e francês e respectivas literaturas – e de mestre em Letras.

Silvana Silva é mestre em Letras pela Universidade Federal do Rio Grande do Sul, na qual se licenciou em Letras com ênfase em português e inglês e respectivas literaturas. É professora da área de Língua Portuguesa do curso de Letras da Universidade do Vale do Rio dos Sinos.

Thaís Weigert é mestre em Letras pela Universidade Federal do Rio Grande do Sul e doutoranda junto ao Programa de Pós-Graduação em Letras da mesma universidade.